Crítica e Resignação

Gabriel Cohn (setembro de 1938) nasceu em uma família de alemães judeus imigrantes e viveu sua infância na área rural do Vale do Paraíba. Ingressou no curso de Ciências Sociais, da Universidade de São Paulo, em 1960. Em 1964 iniciava a carreira docente na mesma Universidade. Professor emérito da Faculdade de Filosofia, Letras e Ciências Humanas da Universidade de São Paulo (2011), atua sobretudo nas áreas de Ciência Política e Sociologia.

Gabriel Cohn

Crítica e Resignação

Max Weber e a teoria social

wmf martinsfontes

1ª edição *1979 (T. A. Queirós, Editor Ltda.)*
3ª edição atualizada *2023*

Editores *Pedro Taam e Alexandre Carrasco*
Acompanhamento editorial *Diogo Medeiros*
Revisão *Sandra Garcia Cortés*
Produção gráfica *Geraldo Alves*
Paginação *Studio 3 Desenvolvimento Editorial*
Capa *Katia Harumi Terasaka*

Dados Internacionais de Catalogação na Publicação (CIP)
(Câmara Brasileira do Livro, SP, Brasil)

Cohn, Gabriel
Crítica e resignação : Max Weber e a teoria social / Gabriel Cohn. – 3. ed. – São Paulo, SP : Editora WMF Martins Fontes, 2023.

Bibliografia.
ISBN 978-85-469-0464-8

1. Sociologia 2. Weber, Max, 1864-1920 I. Título.

23-154787 CDD-301

Índice para catálogo sistemático:
1. Sociologia 301

Tábata Alves da Silva – Bibliotecária – CRB-8/9253

Editora WMF Martins Fontes Ltda.
Rua Prof. Laerte Ramos de Carvalho, 133 01325.030 São Paulo SP Brasil
Tel. (11) 3293.8150 e-mail: info@wmfmartinsfontes.com.br
http://www.wmfmartinsfontes.com.br

ÍNDICE

"Aunque sepa los caminos
Yo nunca llegaré a Córdoba."
García Lorca

"Quem fala em vencer? Suportar é tudo."
Rilke

PREFÁCIO[1]

Sobre Max Weber, o sábio amargurado de Heiderberg, Gabriel Cohn pode ter dado a mais decisiva valoração crítica das últimas décadas, desde os estudos de Mommsem e Lefort. Mas, contornando a possibilidade de ser autor de um livro brilhante, Cohn escolheu o "outro caminho", o de escrever um livro importante, reelaborado a partir de uma tese de livre-docência da USP. Escolha na qual paira o caráter, o estilo e o destino weberiano: é possível ser sábio e não vítima do saber, é preferível acentuar a perdurabilidade institucional do importante, isto é, das continuidades, melhor do que essa intensidade carismática do brilho, que ilumina mas não conhece.

Cohn descobre a filiação da "resignação" de Weber, como momento inevitável dessa caminhada que leva o velho mestre afirmar a impotência implícita na neutralidade dos resultados da ciência. Porém, por que não ter aproveitado – já que todo o ensaio de Cohn é uma tenta-

---

1. Resenha de *Crítica e resignação* publicada na revista Leia Livros, novembro de 1979, ano II, n.º 19, p. 8.

dora preparação desse percurso viável – para unir as peças dispersas do que em Weber se perfila com uma incompleta mas sutil e vívida antropologia política?

Não emerge o espectro de Weber, a cada passo do trabalho de Cohn, como o próprio intérprete desses "sinais de salvação" que, em um mundo dominado pela razão burocrática, não conduzem ao encontro de uma "ética do político", uma vocação que deverá se sangrar ao tentar penetrar asceticamente em uma realidade convertida em "grossas vigas de madeira"? Não nos aparece Weber como aquele que dissolve a mesma sociologia que um momento antes foi capaz de anunciar, por ser ela inábil para reter as interpelações propriamente antropológicas que lhe envia a filosofia, perguntando-lhe pelo sentido da ação, pelo choque de valores no interior dos métodos de conhecer? E se tudo o que chega à sociologia deve se escapar dela, pois sempre se trata de dilemas éticos que se disseminam em todo o saber histórico, não seria isto uma verificação do destino circular que a obra de Weber contém como precioso paradoxo e segredo?

Gabriel Cohn poderia ter desvelado mais certeiramente esse caráter de obscura procura de uma "graça" antropológica nas raízes desencantadas do weberismo. Bastava não se empenhar em ser tão complacente ou cauteloso com a análise Weber-Nietzsche. E não só para explorar remotas mas identificáveis compatibilidades metodológicas, poupando o autor de *Economia e sociedade* dos rotineiros exercícios de perdas e ganhos do neokantismo. Também para imaginar o diálogo absurdo, mas possível e sobretudo imaginável, entre o puritano e Zarathustra.

Horácio Gonzales

INTRODUÇÃO

Este trabalho está voltado para a reconstrução crítica do esquema conceitual da Sociologia de Max Weber, visando a caracterizar o que ele tem de específico e assinalar o modo adequado de incorporá-lo e usá-lo. Obviamente ele reflete a minha própria concepção daquilo que é relevante e sobretudo atual no pensamento desse autor clássico. Por isso não tenho a pretensão de oferecer uma exposição didática e tampouco um exame exaustivo dos temas e problemas pertinentes. Neste ponto estou levando Weber ao pé da letra: assim como ocorre com o conjunto dos fenômenos sociais, uma obra científica não é suscetível de análise exaustiva mas só pode ser tratada de maneira fecunda mediante ênfase seletiva sobre aqueles aspectos que realmente importa explicar. O que fiz foi empenhar-me em não recuar diante de nenhuma questão relevante para a linha de argumentação adotada; muita coisa importante foi excluída, porém, não por negligência mas simplesmente porque do contrário se abriria ainda mais meu leque de preocupações, sem que o tratamento forçosamente sumário a que esses problemas seriam submetidos conduzisse a resultados apreciáveis.

Isso se aplica especialmente a tendências recentes de interpretação do pensamento weberiano e dos seus conceitos básicos. É por isso que certos nomes, cuja ausência no texto poderia causar estranheza a alguns, somente são mencionados ou simplesmente não aparecem. É o caso, por exemplo, do influente especialista em metodologia científica Carl Hempel (que compareceria como representante de toda uma tendência) ou então de um ilustre suposto precursor, o sociólogo Ferdinand Toennies, responsável pela disseminação do par conceitual "comunidade e sociedade", cuja irrelevância substantiva para meu tema nem me dei o trabalho de demonstrar. De certo modo, isso vale também para um tema encontradiço na bibliografia e que por isso mesmo não retomei mais detidamente, que é o das relações entre as obras de Weber e Marx. Aqui, o caso é um pouco diverso, pois, embora não haja um capítulo dedicado a ele, o confronto entre ambas é repetidamente apontado e constitui na realidade uma das fontes inspiradoras de todo o trabalho. Essa inspiração deriva da impressão, que se foi consolidando em mim ao longo dos anos, de que grande parte daquilo que passa por ser análise marxista na Sociologia é perfeitamente compatível com o esquema weberiano, sem que isso signifique em absoluto que essas duas linhas de pensamento sejam compatíveis entre si. Cada qual deve ser tomada pelos seus respectivos méritos – e é claro que se eu não estivesse convencido dos méritos intrínsecos do esquema weberiano não teria escrito este livro. De qualquer modo, não se trata de defender este contra aquele, mas de assinalar sem margem para equívocos a especificidade de cada qual e com isso recordar que também nesse caso as posições ecléticas são insustentáveis.

A organização básica do livro é a seguinte: na primeira parte procuro localizar as fontes do pensamento weberiano, numa perspectiva crítica que envolve o exame das implicações de linhas de pensamento usualmente associadas à obra de Weber, no mais das vezes com o fito de demonstrar que a relação entre elas e o esquema conceitual weberiano é mais tênue do que se supõe. Isso se aplica especificamente ao peso que, conforme sustenta a maioria dos comentaristas, a obra do filósofo Heinrich Rickert teria tido na elaboração das ideias fundamentais de Weber, o que no meu entender não ocorre. O trabalho já estava redigido quando meu colega José Jeremias de Oliveira Filho chamou-me a atenção para um livro recente do sociólogo americano Thomas Burger (citado na bibliografia) cuja tese é exatamente oposta à minha nesse particular e, por conseguinte, em todo o resto. A análise de Burger é de boa qualidade mas não me convenceu, o que não admira pois sou suspeito. Convém, portanto, que essa fonte alternativa fique aqui registrada, para exame pelos interessados.

Na segunda parte o pensamento de Weber assume o lugar central da análise e então todo o esforço se concentra na busca daquilo que é específico a ele e fecundo como perspectiva metodológica com validade atual. Nela procura-se demonstrar que os aspectos usualmente considerados fundamentais nesse esquema – especialmente o recurso à "compreensão" do sentido e a construção de "tipos ideais" – só ganham significado à luz daquilo que para mim constitui o aspecto decisivo e nuclear de toda a concepção metodológica de Weber: a ideia da autonomia das diferentes esferas da ação social.

O exame do esquema conceitual weberiano, feito com base no que ficou dito na primeira parte, tem como premissa a ideia de que se trata de uma linha de pensamento altamente coerente de ponta a ponta e de que, se ela conduz a dilemas insolúveis no seu interior, isso deriva da sua própria coerência e exprime não somente seus limites mas também sua força. Nisso está envolvida uma concepção que contrasta com numerosas interpretações correntes: a de que não há qualquer descompasso entre a metodologia formulada por Weber e suas análises concretas. É por isso que não me preocupo com a circunstância de que boa parte da minha argumentação está baseada nos textos metodológicos de Weber e de que não haja um exame específico e circunstanciado de pelo menos uma de suas análises de situações empíricas, visto que no meu entender aquilo que ele diz acerca do que pretende fazer realmente concorda com o que faz. A conclusão a que se chega, mais sugerida que examinada a fundo, é a de que o esquema weberiano é especialmente poderoso quando se trata de analisar processos que envolvam a caracterização da relação de forças num processo social dado e, de modo geral, que o seu ponto forte está na contribuição que pode dar ao estudo de situações empíricas de conflitos de interesses e de poder, sempre que eles sejam tomados nas suas manifestações particulares.

Do ponto de vista da leitura e levando-se em conta que um trabalho desta natureza inevitavelmente é denso, creio que, a despeito do encadeamento da argumentação, é perfeitamente possível partir diretamente para a segunda parte e somente depois completá-la com a primeira, sempre que a discussão de pontos mais específicos em Weber for de interesse prioritário para o leitor. Uma solução alternativa, para quem desejar abreviar a chegada ao tratamento de Weber sem deter-se de imediato nas elaborações mais amplas, seria a de ler primeiro os capítulos 1 e 5 da primeira parte e passar para a segunda parte, reservando-se os capítulos restantes para a complementação da leitura, sempre tendo em vista que do ponto de vista da obra como um todo eles são indispensáveis.

A circunstância de dedicar-se toda uma parte do trabalho à discussão de linhas de pensamento que têm afinidades reais ou supostas com a de Weber, e de constantemente introduzir-se no exame do próprio Weber referências comparativas a outros autores não significa que minha preocupação central seja a de rastrear eventuais influências sobre a obra weberiana, nem a de expor sua gênese e formação. Meu objetivo real é diverso e de certa forma mais ambicioso. Para além dos confrontos e aproximações entre o esquema weberiano e outros, interessa-me captar a presença do contexto em que a obra foi produzida no próprio interior dos seus conceitos básicos e da sua articulação, em que ele está presente sob a forma dos seus pressupostos fundamentais. No fundo o que importa é a análise imanente da obra, para mostrar como ela traz, inscrita em cada um dos seus conceitos e no conjunto deles, a marca e os limites das condições históricas e sociais concretas que orientaram sua produção. A referência a terceiros deve operar aí como elemento de controle e, em vários momentos, como dimensão polêmica contra as análises que buscam entender um pensamento coerente e original a partir do seu exterior; e nisto reflete-se também o próprio estilo de Weber, que sempre definiu suas ideias em contraste com as de outros.

Ainda quanto ao plano de trabalho, cabe observar que sua formulação original previa um exame crítico da incorporação de Weber pela reflexão sociológica brasileira, visto que sua presença é extremamente marcante entre nós e encontra-se nos trabalhos mais importantes. Como de resto seria de esperar, acabei constatando que esse tema exigiria um exame prolongado e com amplitude suficiente para constituir trabalho autônomo. Assim, acabei optando por somente indicar as grandes linhas em que isso poderia ser feito, embora continue achando que o tema vale a pena.

A primeira versão deste trabalho, que aqui se apresenta totalmente revisto e consideravelmente ampliado, foi apresentada em novembro de 1977 em forma de tese para concurso de livre-docência na Faculdade de Filosofia, Letras e Ciências Humanas da USP, quando foi arguida por banca formada pelos professores Mário Wagner Vieira da Cunha, Michel Debrun, Raymundo Faoro, Francisco Corrêa Weffort e Azis Simão. Receio não ter sabido incorporar devidamente as críticas e sugestões recebidas naquela ocasião; mas esforcei-me por fazê-lo.

Numerosos colegas e amigos incentivaram-me de variadas maneiras, todas extremamente significativas para mim, durante a realização do trabalho. Isso foi feito num clima de simpática espontaneidade, que não comporta a formalidade do agradecimento nominal. Espero poder manifestar-lhes minha gratidão no mesmo nível.

Quanto às vítimas diretas do penoso processo de gestação da coisa, só posso dizer que se conduziram estoicamente. Amélia Cohn soube, como sempre, dar seu apoio no momento certo e aparar com bom senso os meus delírios mais descabelados. Quanto a Clarice e Sérgio, ela já era veterana de cataclisma semelhante e ele soube suportar até o limite os horários absurdos e o comportamento particularmente estranho do pai. Enfim, souberam ambos, à sua maneira, compreender o sentido das minhas ações e fizeram o essencial de sempre, que é manter a casa cheia de alegria.

Finalmente, quero fazer uma referência especial àqueles que, numerosos demais para serem nomeados, são em boa medida os responsáveis pelo amadurecimento das ideias aqui apresentadas, ao longo dos anos em que tenho convivido com eles: os estudantes com quem tive oportunidade de debatê-las, no curso de Ciências Sociais da USP.

São Paulo, janeiro de 1979

INTRODUÇÃO À SEGUNDA EDIÇÃO

Este livro foi concebido para sustentar-se por si próprio. Não caberia, pois, tentar qualquer tipo de "atualização" no confronto com a bibliografia dos anos 80 e 90. O que fiz foi rever tudo, corrigir problemas na edição original e introduzir mudanças na redação e acréscimos em algumas passagens. Também foram modificados o subtítulo do livro, os títulos de ambas as partes e os de dois capítulos (o inicial e o final). Num ponto essencial, que consiste em dar mais relevo ao tema da "ação e renúncia", muito devo à dedicação do responsável pela excelente edição argentina do livro, Carlos Altamirano, e especialmente da sua tradutora, Ada Solari. No conjunto, trata-se mais de remanejamento do que de modificações de fundo, sempre obedecendo ao fito exclusivo de tornar mais explícitos e mais nítidos os argumentos. Como resultado, o livro mantém-se o mesmo no que diz respeito à concepção básica, à estrutura e à argumentação. Já no tocante à exposição, houve melhoras apreciáveis, parece-me.

Ainda que este livro não tenha sido concebido como obra de erudição no sentido convencional do termo – bibliografia exaustiva, nenhum passo sem referências precisas, e assim por diante –, cabe lembrar pelo menos uma obra que, devidamente considerada na ocasião, teria sido de grande valia para refinar os seus argumentos. Trata-se do livro publicado em 1952 pelo filósofo Dieter Henrich, sobre a unidade da concepção de ciência de Weber (*Die Einheit der Wissenschaftslehre Max Webers*). Com tudo que tem de problemático, esse trabalho muito provavelmente está entre os mais importantes já publicados sobre o tema. Seu foco é a unidade da obra weberiana, tanto entre as concepções metodológicas e os estudos empíricos como no ponto que mais importa aqui: aquilo que nele se designa como a unidade entre "metodologia" e "ética". O foco da obra é dado pela presença em Weber da ideia de "personalidade". Para Henrich essa ideia aponta para a figura limite do homem como ente totalmente integrado. A isso ele associa a ideia de que há em Weber uma aposta na "ousadia da razão": não tanto a razão emancipadora kantiana quanto uma razão apta a orientar decisões entre referências significativas estribadas em valores culturais conflitantes. É verdade que *Crítica e resignação* segue linha diferente. Desde logo, evita toda antropologia fundante em favor do contexto histórico e do conceito sociológico, tanto que fala de "agente" onde Henrich diria "homem". No conjunto, a figura de Weber que emerge no presente livro certamente é mais trágica do que a traçada por Henrich, que se interessa mais pela unidade do que pela divisão. Poderia, porém, ser mais bem delineada no confronto com ela. E, já que menciono insuficiências, cabe igualmente reconhecer o caráter no mínimo sumário da referência a Tönnies. Meu colega Orlando Miranda muito contribuiu para uma visão menos mal-humorada desse grande erudito. Posto que o mencionei, deveria apresentar argumentos para rejeitar a importância dele para Weber, e não decretar que sejam desnecessários. Tenho conhecimento, igualmente, de que meus colegas José Jeremias e Mário Eufrásio mal me perdoam por não ter dado a devida atenção ao livro pioneiro de Alexander von Schelting sobre a concepção de ciência em Weber – para não falar da sua biografia por Marianne Weber (de cuja edição brasileira estão cuidando).

É no mesmo espírito da obra original que lhe é aqui adicionado, como apêndice, um texto de meados dos anos 90, que trata do tema da racionalização por uma perspectiva que suscita a retomada de argumentos básicos seus. Reforça-os, na realidade, ao mostrar como a interpretação da obra de Weber desenvolvida neste livro foi mantida nos anos seguintes. Há mais uma razão, porém, para trazer esse texto. Sendo, na origem, o prefácio à tradução comentada de uma obra de Max Weber feita no início dos anos 90 pelo jovem sociólogo Leopoldo Waizbort, ele serve também para, indiretamente, prestar homenagem ao brilhante grupo de pesquisadores que, na última década ou pouco mais, vêm fazendo avançar significativamente a reflexão sociológica brasileira, em particular no campo de que trata este livro. A bibliografia sociológica brasileira sobre Weber, e também sobre a Escola de Frankfurt e especificamente sobre Habermas, muito vem se beneficiando do trabalho do próprio Leopoldo (autor também de importante livro sobre Simmel), de Jessé Souza, de Sérgio Costa, de Leonardo Avritzer, de José Maurício Domingues, de Josué Pereira da Silva, para não falar de mestres como Antônio Flávio Pierucci, todos eles com formação afim (e atentos, em algum momento, ao trabalho de Barbara Freitag).

Para encerrar, algo essencial para mim. Quero dedicar este livro a Amélia, Clarice e Sérgio, 25 anos depois.

São Paulo, maio de 2003.

PARTE I

O MUNDO DIVIDIDO

CAPÍTULO 1
A AÇÃO E A RENÚNCIA

No período 1911-1912 Max Weber estava no ápice da sua atividade intelectual. Preparava-se para produzir suas análises de maior fôlego, que resultariam nos trabalhos comparativos sobre a "ética econômica" das grandes religiões mundiais, ao mesmo tempo que já havia assumido a redação daquilo que seria *Economia e sociedade* e preparava o seu grande artigo, publicado em 1913, sobre "Algumas categorias da Sociologia compreensiva". Sua posição na vida intelectual alemã já estava consolidada pela publicação das suas grandes análises históricas, do estudo sobre *A ética protestante e o espírito do capitalismo* e seus desdobramentos, dos seus grandes escritos metodológicos; tudo isso concentrado, no essencial, no período 1903-1905. É nesse momento decisivo que ele, sempre interessado por música, toma conhecimento pela primeira vez do modo de apresentação das grandes partituras musicais. Por intermédio de uma pianista amiga, examina as partituras de *Tristão e Isolda*, de Wagner, e comenta:

> Essa é a técnica de escritura que me faz falta. Com ela à minha disposição eu poderia finalmente fazer o que deveria: dizer muitas coisas separadas, uma ao lado da outra, mas simultaneamente. (Baumgarten, 1964: 482-3.)

Essa frase define, como nenhum outra, o espírito do empreendimento científico weberiano. Não é difícil imaginar o fascínio de Weber por essa escritura que permite tratar de modo simultâneo o desenrolar rigorosamente coerente de temas que correm por linhas paralelas, conforme a lógica de cada qual, para no final formarem um todo construído pela vontade livre mas disciplinada de um pensamento criador: a obra. Esta obra específica, que poderia ser outra; e que demanda uma interpretação entre múltiplas possíveis, não porque careça de lógica própria, e sim porque a ordenação das suas partes não lhe é imposta de antemão mas resulta de um trabalho construtivo.

É um acaso feliz que essa constatação se desse no contacto com a obra de Wagner, essa figura que, ao lado de algumas outras da grande tradição cultural ambiguamente "burguesa" alemã – Goethe, Nietzsche, Thomas Mann, sem falar no acorde dissonante de Marx – ensejaria todo um ensaio específico sobre as "afinidades eletivas" que marcam o pensamento de Max Weber; coisa que, em ínfima parcela e entre outras, se procurará fazer aqui. Nesse caso específico, as afinidades e as diferenças fundamentais tornam-se nítidas se recorrermos aos comentários de Adorno sobre Wagner.

> Sob a tênue capa do andamento contínuo Wagner triturou a composição em *leitmotive* alegóricos enfileirados como coisas. Tais motivos escapam às exigências da totalidade formal da música tanto quanto às da "simbolização" estética. Subtraem-se, em suma, à tradição do idealismo alemão. Na medida mesma em que a música wagneriana

> se consuma como estilo, esse estilo não é sistema no sentido do fechamento logicamente consequente, da pura conexão imanente entre o todo e as partes. Precisamente isso tem seu aspecto revolucionário. Na arte, tanto quanto na Filosofia, os sistemas buscavam engendrar, a partir de si próprios, a síntese da multiplicidade. Nisso eles na realidade se orientavam sempre para uma totalidade já dada mas tornada problemática, cujo direito de existir contestavam, para tornar a criá-la por seu próprio intermédio. É nisso que Wagner põe um fim (...). Wagner torna o material incomparavelmente mais maleável para o compositor do que jamais o fora. A máxima dessa concepção de forma está enunciada de maneira lapidar no diálogo estético dos *Mestres Cantores*: "Como devo começar segundo as regras? – Proponham-nas vocês próprios, e depois sigam-nas." (Adorno, 1964: 47-9.)

Até aqui predominam as afinidades, como se procurará demonstrar mais adiante. A diferença fundamental, que aos menos em parte reflete meio século de distância na história alemã, encontra-se precisamente na concepção final da relação entre as partes e o todo, uma vez atomizado o todo para compor a obra. Segundo Adorno, em Wagner, "a postura apologética e retrógrada em face da burguesia tem como contrapartida que ele não aceita sem quebras o cosmo das formas burguesas". Nele, "o todo deve tornar-se dominável pela divisão nas suas unidades mínimas, obedecendo à vontade do sujeito livre de qualquer legado". Contudo, "o momento totalitário-dominador da atomização já predomina, na desvalorização do momento singular em face da totalidade (...)". Neste ponto cessam as afinidades. A relação de Weber com a burguesia é outra. Nada tem de apologética nem de retrógrada. É crítica, no sentido de identificação ativa, marcada pela exigência (que no entanto sabe ser vã) de que as "classes burguesas"às quais proclama pertencer realizem a ação progressista que a história lhes abre (ou ainda não lhes fechou). As afinidades com Wagner, na medida em que possam ser traçadas nos seus diferentes campos de ação, concentram-se no ato inovador wagneriano, mas não o acompanham na reconstituição apologética da totalidade dominante. A subordinação da instância individual ao império de uma totalidade recomposta na obra, que constitui a figura wagneriana da dominação, é substituída, em Weber, pela disputa interminável por capacidade de dominação pelos entes individuais em que o todo foi desmembrado. A contrapartida disso, na dimensão analítica da construção da obra científica em Weber, consiste no caráter construtivo racional dos "tipos", em contraste com a rejeição wagneriana das figuras típicas pré-moldadas pela tradição em favor de motivos gerados pela mera vontade do autor. No caso de Wagner, mas com perturbadoras ressonâncias em Weber, isso tem um significado preciso:

> Não é a nulidade do singular que confere à totalidade o seu caráter perverso, mas sim que o átomo, o motivo característico, por imposição mesmo do seu ser característico, tem que aparecer como se fosse algo, e nunca cumpre essa pretensão. Assim, os temas e os motivos combinam-se para converter-se em algo como uma pseudo-história. (Adorno, 1964: 51.)

Em suma, Wagner procede com seus motivos atomizados no domínio da arte tal como Weber se sentirá tentado a fazer no domínio da ciência: de modo estritamente "nominalista", mas tendo como alvo chegar a um todo significativo com validade objetiva enquanto *obra*, ou, mais precisamente, enquanto *composição*.

Composição. Essa é realmente uma palavra-chave para o adequado entendimento da obra de Max Weber e para sua correta assimilação na pesquisa. Ela aparece com toda a clareza numa advertência de fundamental importância que Weber faz já na sua obra mais célebre, *A ética protestante e o espírito do capitalismo*. Ao dispor-se a falar sobre o "espírito do capitalismo", ele assinala que tal entidade não pode ser definida de antemão, mas que corresponderia a um "indivíduo histórico" construído para fins de pesquisa e conforme o ponto de vista do seu significado cultural. A ênfase no caráter *construtivo* da formação de conceitos na análise histórica e sociológica já é evidentemente fundamental, e desde logo permite distinguir Weber do seu antípoda Durkheim, para quem a adequada *definição* prévia do domínio a ser coberto pela pesquisa no interior de um sistema objetivamente já dado é condição primordial para qualquer análise sociológica. Mas Weber vai mais adiante.

> Tal conceito histórico – escreve ele –, uma vez que se refere em seu conteúdo a um fenômeno significativo por sua *particularidade* individual, não pode ser definido (ou seja: "delimitado") segundo a fórmula *genus proximum, differentia specifica*, mas deve ser gradualmente *composto* a partir das suas partes constitutivas singulares, a serem tomadas da realidade histórica. (Weber, 1972: 30.)

Mais adiante este ponto será retomado no presente trabalho, na medida em que uma das suas teses centrais é a de que muitos dos equívocos cometidos por comentaristas e seguidores de Weber derivam da insuficiente atenção prestada a esse ponto nuclear do pensamento weberiano. Seguramente são raros os comentaristas que se dão inteiramente conta da importância dessa formulação, e não será por acaso que entre esses poucos esteja novamente Adorno. É verdade que, em outra ocasião (na *Dialética negativa*), ele faria a Weber o reparo de que sua referência à composição só contempla o "momento subjetivo" do processo de produção da obra, científica no caso. Incorpora, porém, a analogia da obra científica e da obra musical, para observar que ambas somente são bem resolvidas quando a dimensão subjetiva é absorvida na obra, plasmando-se nela com suas dimensões objetivas – coisa que concede a Weber (Adorno, 1975: 166).

O exemplo da reação de Weber à técnica de escritura musical remete ainda a outro aspecto significativo, que também tem a ver diretamente com as bases mesmas do seu estilo de pensamento. Ele diz respeito à sua atitude diante do problema da divisão do trabalho, sobretudo na área intelectual. Weber sentiu, como poucos, as consequências daquilo que, como lembra Lukács em passagem a ele dedicada na qual retoma de maneira sumária seu estudo sobre a reificação em *História e consciência de classe*, é um traço específico do próprio desenvolvimento do capitalismo, ou seja, nele "as classes dominantes também estão submetidas à divisão do trabalho" (Lukács, 1968: 49-55). Se admitirmos que Weber nunca abandonou a posição assumida de maneira um tanto brusca no seu Discurso Inaugural como professor de "Ciência do Estado" na Universidade de Freiburg, em 1895:

> Sou membro das classes burguesas, sinto-me como tal e fui educado nas suas concepções e ideais (Weber, 1971: 20),

e se lembrarmos ainda que, segundo ele próprio, essas "classes burguesas" não revelavam qualificações políticas para preencherem plenamente os papéis dirigentes na nação alemã (Weber, 1971: 23), então sua posição crítica e ambígua em relação a esse problema constitui tema a ser mais bem examinado.

O exame desse tema, que nos ocupará nesta primeira parte do trabalho, permitirá destacar as soluções metodológicas e os conceitos fundamentais a que Weber chegou, num processo que tem algo de paradoxal, à luz das suas formulações metodológicas explícitas. Com efeito, todo o arcabouço metodológico weberiano está construído sobre uma sequência de dualidades, articuladas em torno de uma que é dominante: racional/não racional. Entre os polos dessas dualidades supõe-se que as opções dos agentes deveriam ser inequívocas, no caso puro. Ocorre que, na trajetória intelectual que conduziu à elaboração do seu esquema, Weber viu-se continuamente engajado em polêmicas que envolviam posições fortemente contrastantes. E as soluções por ele propostas no mais das vezes envolviam à primeira vista mais propriamente um compromisso que adesão clara a uma posição e rejeição da outra. Enfim, Weber tinha uma profunda experiência pessoal de que, se podemos construir analiticamente opções puras, no universo empírico seus limites são mais difíceis de serem traçados. É como se as suas dificuldades para aderir a uma posição inequívoca e exclusiva no interior dos embates teóricos e metodológicos em que se envolveu se refletissem às avessas na ênfase rigorosamente dualista do seu esquema analítico.

Na realidade, a atitude de Weber em face da divisão de trabalho intelectual, cujas manifestações e efeitos ele acompanhava de perto na sua atividade acadêmica, é igualmente ambígua. Entre a especialização fragmentadora e a síntese integradora, ele acaba recusando ambas; uma posição difícil, sem dúvida, mas responsável por uma das múltiplas dimensões em que o pensamento weberiano ganha dinâmica a partir da tensão sempre presente entre oposições insolúveis. Sua solução pessoal, explicitamente entendida como um ato heroico – "quero ver quanto consigo suportar"–, consistiria em percorrer, como uma espécie de negação individual da especialização, o domínio das mais variadas áreas de investigação histórico-sociais: da História à Teoria do Direito, da Economia à Sociologia e, permeando tudo isso, a Teoria Política e a intervenção ativa nos problemas contemporâneos. "Cabe-nos – dizia ele inspirando-se em Goethe – fazer frente às exigências do dia."

Essa absorção infatigável de conhecimentos não conduziu, no entanto, a uma síntese teórica acabada, e muito menos deu-lhe condições para estabelecer quaisquer nexos que não externos entre teoria e prática. E, o que é essencial, esse erudito universal repudiava qualquer busca de sistemas totalizadores, tanto no domínio das ideias quanto na realidade empírica. O resultado é que temos em Weber uma figura proteiforme, capaz de assumir as mais diversas formas e ocupar os mais diferentes lugares na sua vida intelectual, sem na realidade definir-se por nenhuma delas nem buscar articulá-las entre si, salvo no plano de uma coerência puramente subjetiva, que ganharia forma conceitual na sua ideia de uma "ética de responsabilidade". O homem que se apresenta, numa primeira aproximação, como a negação individual do parcelamento das atividades no plano social acaba se revelando um indivíduo tanto mais dividido internamente, e consciente disso: "limitar-se a um trabalho especializado, renunciando por conseguinte à universalidade faustiana do homem, é condição de toda atividade valiosa no mundo moderno; assim, hoje, a 'ação' e a 'renúncia' condicionam-se inexoravelmente uma à outra" (Weber, 1972: 203).

Onde Weber foi buscar os fios para sua infindável urdidura? A resposta é tão desconcertante quanto a sua figura e a sua obra: do conjunto da cultura alemã da sua época, nada menos. Não houve uma só corrente de pensamento à qual ele tenha ficado indiferente e, o que é mais importante, não há tendência particular à qual ele possa ser filiado. Considerá-lo, como é comum, um representante nas ciências sociais de tal ou qual escola filosófica "neokantiana" da época é uma grosseira simplificação. Pode-se, no máximo, sugerir que há uma figura singular no pensamento alemão em relação à qual as afinidades de Weber são nítidas: Friedrich Nietzsche. De qualquer forma, a universalidade do pensamento weberiano comporta uma restrição importante. É que ele absorveu as mais variadas tendências da cultura *alemã* da sua época. Isso inclui, é claro, a inevitável viagem à Itália em busca de formação artística (visto que a viagem aos Estados Unidos lhe rendeu mais material para investigação do que inspiração intelectual nova). Nos seus escritos, pelo menos, relativamente pouco transparece de um contato mais íntimo com o pensamento europeu em geral, embora ele obviamente existisse, sobretudo na esfera artística. Sua universalidade, assim como muito de sua reflexão política, está sob o signo da *nação*.

Uma nação bem singular, por sinal. Retardatária no cenário europeu, unificada por Bismarck à custa de numerosos compromissos, industrializada mas sem uma burguesia capaz de disputar a hegemonia com os grandes senhores rurais, dotada ao mesmo tempo do mais poderoso e bem organizado (em termos de ação rotineira) movimento operário da Europa. Uma nação cuja visão política se lançava para o Leste e a cultural para o Oeste, como aponta o autor da caracterização da Alemanha como "nação retardatária" e que, citando Nietzsche, vê os alemães como sendo "de anteontem e de depois de amanhã, mas não de hoje" (Plessner, 1974: 54). Enfim, uma nação dividida e defasada, cujo peso na reflexão weberiana só pode ter contribuído para acentuar o caráter da sua trajetória, marcada por dilemas insolúveis. Pode-se mesmo adiantar, neste contexto, que não terá sido a presença de um capitalismo moderno na Alemanha que levou Weber a concentrar sua atenção sobre a relação entre a conduta econômica racionalizada em moldes capitalistas e uma ética religiosa de fundo puritano. Muito mais que isso, sua pesquisa serviu-lhe para visualizar por mais um ângulo a singularidade da sua nação, na qual a ética religiosa predominante era de cunho luterano, bem mais congruente com uma postura de súdito obediente do que com uma ação inovadora, como assinalou o próprio Weber (e, antes dele, Marx).

Seria precipitado, no entanto, deduzir disso a ideia de que ao pensamento de Weber falte coerência. Ao contrário, o ponto de vista a ser aqui defendido é o de que a reflexão weberiana desemboca em dilemas insolúveis precisamente por ser implacavelmente coerente e impelida por uma audácia intelectual que não permite recuos fáceis diante das suas consequências. Os próprios compromissos que não raro ele busca entre linhas de pensamento opostas deverão ser examinados menos como recuos do que como passos no estabelecimento de uma orientação própria e inovadora; naquilo que lhe pareciam questões de base ele nunca transigiu. Nesse ponto fundamental não há como discordar da posição assumida por um intérprete tão qualificado como Wolfgang Mommsen:

> Durante toda a sua vida Max Weber empenhou-se a fundo, com um rigorismo quase autodestrutivo, em pensar as suas posições radicalmente até o fim, ao invés de contentar-se com vias médias e compromissos cômodos, mesmo quando isso conduzia, no final, a contradições e mesmo aporias insolúveis. (Mommsen, 1974: 455.)

A questão, com a qual Mommsen necessariamente só se preocupa de passagem, consiste em rastrear as marcas disso na obra weberiana, até mesmo na formação dos fundamentos teóricos da sua análise.

Na realidade, se em relação a Weber pode-se falar em compromissos buscados entre posições divergentes, é preciso esclarecer desde logo que eles assumem uma forma muito singular na sua obra. Jamais derivam do empenho em aceitar e tornar compatíveis posições opostas entre si, mas, ao contrário, decorrem de uma postura de refutação polêmica das posições dadas, tais como se apresentam, e da busca de uma *solução própria* para as questões tratadas. A autonomia, o caráter independente da sua ação também como cientista, eram para ele ponto de honra, de tal forma que, na maioria das ocasiões em que tomou posição diante das controvérsias do dia, sua primeira atitude parecia ser a de desejar "a plague on both your houses". Acompanhemos, então, esse processo de constituição do pensamento weberiano, nos seus pontos fundamentais.

Todo o período de formação do pensamento de Max Weber se dá num contexto intelectual marcado pela preocupação com um tema que só faz sentido numa nação retardatária, às voltas com dificuldades para a construção da sua própria história. Essa questão dizia respeito à natureza e à própria inteligibilidade do processo histórico. Em nenhum lugar da Europa do século XIX a História, como decurso real e como objeto do conhecimento, foi tão levada a sério como na Alemanha (ou naqueles Estados que, após 1870, iriam constituir a nação unificada sob a égide da Prússia). O problema da História era a obsessão de uma sociedade que oscilava entre encarar as revoluções burguesas europeias, que acompanhara à distância mas cujos desdobramentos sentira diretamente nas guerras napoleônicas, como uma carência ou então como uma ameaça; e que mal tinha tempo para deter-se nisso, diante da presença cada vez mais marcante das "massas" populares na sua vida política.

É no domínio da reflexão alemã que se constituiu, sobretudo após a Restauração pós-napoleônica, a mais vigorosa corrente de pensamento conservador de cunho historicista. Vale dizer, daquela modalidade de pensamento que se opunha ao ímpeto racionalista, universalizante e analítico das ideias iluministas que iriam, em boa medida, alimentar o liberalismo e o positivismo de meados do século em diante. Captação, por processos irredutíveis à razão analítica, de totalidades históricas singulares e concretas, de cujo caráter orgânico o próprio estudioso é participante. Essa era a palavra de ordem do historicismo conservador, contra a busca de elementos e regularidades universais no decurso histórico, articuláveis num quadro teórico de aplicação e validade gerais; ou seja, contra o "naturalismo" positivista. Servia ela também para combater a ideia de que o presente pudesse ser encarado de outra forma que uma totalidade espiritual, cujo caráter único retire sua legitimidade incontestável do próprio processo espontâneo da sua constituição ao longo dos séculos; ou seja, contra qualquer variante de "materialismo". Na realidade,

> a Alemanha fez com a ideologia do conservantismo o que a França fez com o Iluminismo. Explorou-a até o limite das suas conclusões lógicas. (Mannheim, 1959: 82.)

No caso, esse limite era dado por uma concepção radicalmente irracionalista e relativista do problema do conhecimento histórico-social. Tudo se passava como se a carência de uma unidade econômica, política e social que se configurasse numa efetiva integração nacional, ainda a ser forjada, fosse compensada pela ideia de uma unidade cultural, traduzida na noção de "espírito de um povo". A expressão final disso era a rejeição de qualquer teoria (o pensamento conservador sempre teve o fascínio pelo "concreto"), em nome de um empirismo extremado que, a bem da verdade, ensejou um grande desenvolvimento das técnicas de pesquisa historiográfica.

Entre os nomes responsáveis pelo desenvolvimento da pesquisa histórica nesse período não é difícil encontrar um engajamento bastante claro nos problemas políticos contemporâneos. O mais ilustre entre eles, Leopold von Ranke, que tem seu nome ligado tanto a uma profissão de fé empirista – "narrar os fatos tal como ocorreram" – quanto antiorganicista e antievolucionista – "cada época é imediata a Deus" (Holanda, 1979: 54) –, nunca deixou de ser um porta-voz do pensamento conservador durante sua longa carreira. Na década de 30, combatia a ideia de transformações gerais no cenário europeu, sustentando que, "passados os efeitos das guerras revolucionárias, cada Estado voltará ao seu desenvolvimento particular" (Meinecke, 1919: 306). Após 1848, presta assessoria ao rei Frederico Guilherme IV, preconizando uma regulamentação das atividades dos trabalhadores manuais inspirada na disciplina militar (Hamerow, 1966: 211) e, mais tarde, converte-se em ideólogo do bismarckismo (Meinecke, 1919: 308 ss.).

O engajamento, no entanto, não era só do lado conservador. Sobretudo após 1840, quando a divisão entre o campo conservador e o liberal passa a ganhar contornos mais nítidos, numerosos intelectuais e cientistas assumem a causa liberal e a reivindicação burguesa da unificação alemã. Agora, não se tratava só de literatos e historiadores (como o historiador Theodor Mommsen, que manifestaria o desejo de ter em Weber o seu sucessor) mas o recrutamento se dava em todas as áreas do saber. Um veículo para essas ideias era dado pelos congressos científicos, que reuniam representantes das várias regiões (Mommsen, 1949: 25-6).

A frustrada revolução de 1848 ensejou uma reorientação do campo de forças políticas, com a definitiva entrada em cena dos assalariados e pequenos proprietários urbanos, o que provocou uma rápida aproximação entre a aristocracia rural conservadora e a burguesia urbana liberal diante do "perigo vermelho". O grau em que a presença política do "Quarto Estado" desconcertou e alarmou os grupos dominantes na década de 40 pode ser avaliado se considerarmos que, ainda em 1830, um porta-voz conservador podia sustentar que

> as classes baixas do povo como tais não representam uma força política durável. Essa só pode ser transitória, como instrumento do partido mais atilado. (Mommsen, 1949: 171.)

Já em 1848, a mobilização autônoma dos assalariados e do artesanato urbanos já foi encarada pelos próprios representantes mais avançados do movimento liberal burguês como um componente de peso no processo. Assim, o então ainda jovem fisiólogo Rudolph Virchow escrevia, em 1848, ao seu não menos liberal pai:

> Você está certo quando sustenta que foram essencialmente os trabalhadores que decidiram a revolução, embora eu creia que você, na província, não percebe plenamente que essa revolução não é simplesmente política mas fundamentalmente social. (Hamerow, 1966: 102.)

Na realidade, Virchow compartilhava neste ponto, com o sinal trocado, da mesma ilusão que enchia de pânico os conservadores. É necessário lembrar que a Alemanha de 1848 ainda era fundamentalmente uma sociedade de base agrária (cerca de 75% da sua população era rural), e que as reações dos seus grupos dominantes aos sinais de diferenciação social e política que pressentiam eram desproporcionais em relação às condições especificamente alemãs, mas refletiam muito mais o temor da repetição daquilo que ocorria em outros países, especialmente a França. O essencial é que, desproporcionais ou não, essas concepções não eram totalmente destituídas de fundamento, e que, no conjunto, o processo contribuía muito mais para debilitar a burguesia alemã que para fortalecê-la, a ponto de Engels, em sua análise da revolução e contra-revolução na Alemanha, poder observar que ela se desfigurava como classe e se convertia numa espécie de "estamento" totalmente na defensiva.

As mudanças estruturais da sociedade, que ainda operavam mais no plano das ideias que no da realidade em 1848, converteram-se em processo real no quarto de século imediatamente seguinte. O crescimento econômico, a industrialização e a urbanização se desencadearam com um ímpeto sem precedentes na história europeia. Multidões de camponeses foram expelidos das terras que ocupavam e nas quais ainda há pouco reinava um regime de vassalagem, seja por não poderem pagar as rendas aos grandes senhores rurais, seja porque estes passaram a adotar a seu modo procedimentos capitalistas, preferindo contratar mão de obra sazonal e barata a operar com arrendatários ou assalariados permanentes. Este último aspecto, por sinal, foi analisado por Weber em relação à Prússia Oriental quando, no seu Discurso Inaugural de 1895, apontava os riscos para a integridade nacional alemã representados pela contratação em massa de trabalhadores poloneses para tarefas específicas, em detrimento dos camponeses alemães.

Nos centros industriais, uma sociedade ainda "arcaica" sob muitos aspectos lutava com os problemas da incorporação acelerada da tecnologia mais avançada, fazendo aquilo que Veblen, no seu estudo sobre *A Alemanha imperial e a revolução industrial*, caracterizaria como uma combinação entre "o estádio mais avançado e mais eficiente das artes industriais" e o "medievalismo quase intacto do esquema institucional" (citado em Dahrendorf, 1969: 32-3). Isso significava, desde logo, uma atenção especial para a pesquisa pura e aplicada no domínio dos processos naturais: químicos, físicos e conexos. Daí deriva o desenvolvimento de um estilo de pensamento de fundo positivista, que viria a ser representado pela figura caracteristicamente alemã do cientista-filósofo, como Helmholtz, Hertz, Mach. Ao mesmo tempo, no domínio da reflexão sobre os processos histórico-sociais, não só se fazia sentir a influência das tentativas de fundo positivista para construir teorias gerais da sociedade em contraposição ao empirismo particularizante do historicismo, como ganhava impulso o pensamento materialista revolucionário, especialmente de raiz marxista e vinculado à própria expansão de um movimento político operário organizado. Finalmente, não devem ser desprezadas as consequências da entrada tardia da Alemanha no cenário imperialista europeu, que lhe conferiu caráter especialmente agressivo e "voraz" (Lukács, 1959: 54) e contribuiu para a redefinição de qualquer componente "cosmopolita" nas concepções da realidade histórico-social que se iam formando.

A expressão disso tudo no tocante à pesquisa histórica e social pode ser identificada, no fundamental, por um ponto: a passagem de uma etapa de historicismo avesso à reflexão teórica e seguro quanto aos resultados das pesquisas empíricas produzidas para outra, em que a ênfase vai-se deslocando da área das técnicas e resultados da coleta de dados para as questões de ordem teórica e metodológica. Os fundamentos teóricos e metodológicos do conhecimento nesse domínio assumem caráter problemático, e o mesmo ocorre com categorias básicas que antes norteavam a historiografia sem serem questionadas, a começar pela principal, que é a da "unidade orgânica" do objeto. Quanto mais a dinâmica histórica concreta ganhava corpo, mais a reflexão sobre ela se tornava problemática. Operando num espaço exíguo, o pensamento acadêmico alemão da época refluía sobre si próprio, interrogava-se sobre sua validade, questionava as condições mesmas para produzir um conhecimento científico do processo histórico-social que não subordinasse o transcorrer histórico à faticidade natural nem conduzisse a universidade, como organização burocrática a serviço do Estado burguês em constituição, a reforçar as correntes de pensamento contestador de tipo socialista. Em parte é por isso que a palavra de ordem "retorno a Kant" encontraria tanta receptividade; não apenas porque por essa via se procurava encontrar terreno seguro para retomar problemas como os da razão, do determinismo e da liberdade, mas também porque, entre a crítica do objeto e a crítica do conhecimento, prevalecia a segunda.

CAPÍTULO 2

DILTHEY E A HERMENÊUTICA

A característica mais geral desse processo é a cisão, que se ia estabelecendo em nome de uma crítica ao positivismo, entre as "ciências da natureza" e as "ciências do espírito", ou "da cultura".

O tema foi levantado com toda a nitidez por Dilthey, quando se propôs, a partir de 1883, encaminhar sua "crítica da razão histórica" através de um exame dos fundamentos das "ciências do espírito": expressão ambígua que fora criada quando da tradução alemã, em 1843, do *Sistema de lógica* de Stuart Mill, cujo Livro VI trata das "moral sciences". Claro que o empreendimento de Dilthey nada tem em comum com a postura positivista de Stuart Mill, antes se opõe a ela. Já houve quem comentasse que Dilthey combateu o positivismo com as próprias armas que ele lhe oferecia (Hughes, 1967: 191). Observação análoga poderia ser feita em relação à sua crítica àquilo que encarava como concepções metafísicas presentes na historiografia do seu tempo; a começar pela noção de "espírito objetivo", tão entusiasticamente incorporada pelos hegelianos de direita e à qual ele recorreria nas suas últimas obras, procurando convertê-la em conceito científico de base empírica. Sua busca de fundamentos mais sólidos para o estudo do universo histórico-social pode também ser encarada pelo prisma de sua resistência ao relativismo e ao "niilismo"(identificado com a obra de Nietzsche), que via como tendências nefastas em ascensão (Aron, 1964: 106-11; Glockner, 1968: 1046, 1049).

Dilthey revela em sua obra uma percepção muito aguda dos problemas que sua época levanta para o estudo dos fenômenos histórico-sociais. Seu pensamento articula-se em torno de três grandes oposições: entre o *mundo histórico* criado pelo homem e a *natureza* não criada por ele; entre a *explicação* dos fenômenos a partir do seu exterior, no caso da natureza, e a *compreensão* interna das obras humanas, no caso da história; e entre o *estudo de segmentos* isolados e atomizados do real, no caso da natureza, e a *apreensão integradora* de formas de vivência nas "ciências do espírito". Por trás disso transparece cada vez mais fortemente o contraste entre a *vida* como fluxo contínuo e inesgotavelmente rico da experiência humana e a *matéria* inerte, convite à abstração ou à ação meramente instrumental. Claro está que tudo isso implica traçar uma linha divisória nítida entre as "ciências da natureza"e as "ciências do espírito".

Interessa aqui assinalar, desde logo, o caráter problemático que a integridade do mundo humano assume para Dilthey. No seu pensamento redefine-se a ideia típica do pensamento conservador clássico, de que os homens têm os seus nichos assegurados num todo orgânico engendrado pelas ações dos seus antepassados e consolidado pelas suas próprias. Ao mesmo tempo, sua reserva com relação ao positivismo exprime sua relutância em aceitar não só a fragmentação de um mundo histórico em que a divisão do trabalho impõe a especialização crescente, mas também o caráter instrumental do pensamento técnico-científico, moldado para ensejar o controle do mundo exterior.

Nessas condições, Dilthey constrói, ao longo de quase meio século, um esquema teórico permeado de ponta a ponta por um motivo básico: a *unidade* para além da diversidade e, sobretudo, uma unidade cuja garantia de existência é a presença do *sentido*. O universo histórico-social, que é o objeto das "ciências do espírito", não é nem pode ser encarado como um grande agregado de eventos discretos. Há um processo maior que o atravessa, que é o da "vida"; e nessa noção jamais bem definida por Dilthey está a marca de uma concessão fatal a uma metafísica que ele desejava evitar tanto quanto o empirismo não reflexivo dos positivistas. Talvez pudéssemos interpretá-la, num plano simplesmente metodológico, como sua versão para uma ideia comum no idealismo alemão e que encontra uma expressão particularmente nítida no pensamento linguístico de W. von Humboldt, quando este sustenta que a linguagem deve ser tratada como uma *energeia* e não como um *ergon*; não como coisa feita mas como processo (Cassirer, 1962: 120-1), desde que fique claro que a característica básica desse processo é a de ser *criador* de significados, de exibir a marca de uma *poiesis*.

Entretanto, o que interessa a Dilthey não é simplesmente a noção genérica de "vida", mas sua unidade constitutiva, a *vivência*. Toda a experiência humana é formada por vivências, e essa experiência é de caráter intrinsecamente histórico. Aqui, num plano que ainda é referido ao indivíduo como entidade a ser considerada, na sua qualidade de "unidade psicofísica" (na fase, portanto, em que Dilthey ainda se propunha tomar uma psicologia "descritiva e desmembradora" como base para as ciências do espírito), três categorias comparecem para ordenar seu discurso. São elas: a *intersubjetividade*, a *memória* e a *biografia*, sendo que cada qual e elas entre si são articuladas pela presença do *significado*.

> A experiência na sua realidade concreta torna-se coerente através da categoria de sentido. Essa é a unidade que, através da memória, vincula o que foi vivido ou revivido. Seu significado não repousa em algo externo às experiências que lhes confira unidade, mas está contido nelas e constitui as conexões entre elas. (...) Onde se encontra o significado da vida de um indivíduo, de mim mesmo, de outro, ou de uma nação, não está claramente determinado pelo fato de tal significado existir. A sua presença é sempre certa para a pessoa que a recorda como uma série de experiências relacionadas. É apenas no último momento de uma vida que todo o seu significado pode ser captado. Em consequência, isso só pode ser feito por um momento, ou por outra pessoa que retraça essa vida. Assim, a vida de Lutero recebe o seu significado do fato de ela vincular entre si todos os eventos concretos nos quais a nova religiosidade foi aceita e absorvida. Isso forma, então, um segmento no contexto concreto mais abrangente do que ocorreu antes e depois. Aqui o significado está sendo considerado na sua forma histórica. Mas também é possível procurá-lo nos valores positivos da vida. Nesse caso, ele se relaciona com sentimentos subjetivos [de uma pessoa particular]. (Dilthey, 1968: 237.)

A experiência vivida, a vivência, não tem significado nem existência isolados, nem é indiferenciada. Ela pode ser examinada ao longo de dois eixos, claro que isoláveis só analiticamente. Um, horizontal, permite ver como se unifica nela o conjunto de relações que o sujeito mantém com outros, numa situação dada, de caráter intersubjetivo; outro, vertical, permite ver como, através da memória, as vivências se articulam ao longo do tempo para constituírem uma biografia, uma história de vida. Esse segundo ponto é fundamental. Ele levanta a ideia de que o conhecimento do sujeito passa necessariamente pela *compreensão* do processo significativo da sua formação. Sugere também que esse conhecimento, obtido por via compreensiva, sempre será parcial enquanto o processo de constituição do sujeito ainda estiver em curso; é só no seu término que a compreensão poderá ser abrangente, e mesmo assim apenas no que tange ao segmento do transcorrer histórico representado por essa entidade que aí desempenha o papel de sede unitária de vivências, que é o sujeito.

Nesse ponto introduz-se um segundo tema, que mostra como, na realidade, um psicologismo (no sentido de um reducionismo) nunca esteve no horizonte de Dilthey, apesar de tudo. É que o sujeito individual nunca é uma entidade isolada; ele se constitui intersubjetivamente, sua natureza é social e, sobretudo, cultural.

> O indivíduo isolado é ponto de cruzamento de uma multiplicidade de sistemas [como a arte, a religião e o direito] que se especializam de um modo cada vez mais sutil no curso do progresso da cultura,

escreve ele (Dilthey, 1956: 62-3), numa formulação que seria retomada, num registro mais especificamente sociológico, por Simmel. É por isso que

> a biografia [como recurso analítico] está limitada pelo fato de que movimentos universais se intersectam na vida individual; se quisermos compreendê-los precisamos buscar novos fundamentos fora do indivíduo. Não é possível

> para a biografia tornar-se científica. *Precisamos recorrer a novas categorias, figuras e formas de vida, que não emergem da existência individual*. O indivíduo é apenas o ponto de cruzamento para os sistemas e organizações culturais que fornecem a tessitura para a sua existência; como poderiam ser compreendidas através dele? (Dilthey, 1968: 251.)

Aqui atingimos o ponto fundamental, no qual entra a história.

> Todas as questões acerca do valor da história encontram sua resposta nisso – que, nela, o homem chega a se conhecer. Não é por introspecção que compreendemos a natureza humana (...) O homem apenas se conhece na história, nunca pela introspecção; no fundo, é só na história que o procuramos. (Dilthey, 1968: 250, 279.)

Ao mesmo tempo, a história é suscetível de conhecimento porque é obra humana; nela o sujeito e o objeto do conhecimento formam uma unidade.

> O indivíduo é, por um lado, um elemento das interações [no sentido de "efeitos recíprocos"] da sociedade (...) que reage com uma orientação volitiva e uma ação consciente à influência delas, e ao mesmo tempo é a inteligência que contempla e investiga tudo isso. (Dilthey, 1956: 49.) [Finalmente,] só o que o espírito cria é compreendido por ele. (Dilthey, 1968: 148.)

Nesse passo, chega-se à formulação final do esquema de Dilthey. Seus elementos são: *vivência*, *expressão* e *compreensão*. A vivência aparece, nesse ponto, como algo especificamente social (pela sua dimensão intersubjetiva) e cultural (pela sua dimensão significativa), para além do seu nível psicológico ou mesmo biológico. Trata-se de um ato de consciência, que propõe e persegue fins num contexto intersubjetivo. Das interações nas múltiplas esferas desse contexto resulta, no decurso do processo histórico, a expressão estruturada dessas vivências. A objetivação dos resultados das interações humanas ganha corpo nas diversas formas de manifestação de um "espírito objetivo", entendido aqui mais propriamente de modo análogo àquilo que hoje chamaríamos "sistema cultural", no sentido convencional que o termo assume nas ciências sociais, do que com referência às suas aparentes ressonâncias hegelianas. Arte, filosofia, religião, ciência são expressões desse caráter objetivo que a experiência histórica, intersubjetivamente constituída, assume.

> O mundo espiritual, como sistema de efeitos [recíprocos], distingue-se da ordem causal da natureza pelo fato de que, conforme à estrutura da vida espiritual, cria *valores* e realiza *propósitos* (...) A vida histórica é criativa; ela constantemente produz bens e valores e todos os conceitos disso são reflexos da sua atividade. (Dilthey, 1968: 153.)

Esse processo pode também ser interpretado, na melhor linhagem do pensamento idealista alemão, como um processo de *formação*, de "educação" ou, literalmente, "cultura" do gênero humano, na medida em que os produtos culturais que exprimem os resultados das interações dos homens são reincorporados por eles na sua experiência, num processo de reflexão (Habermas, 1971: 187). Essa concepção que supõe a persistência de vínculos orgânicos entre os sujeitos e os resultados da sua atividade seria abandonada pelos seguidores mais diretos de Dilthey, especialmente por Simmel.

O esquema de Dilthey articula-se, portanto, em torno do movimento de ir e vir que ocorre entre a vida (como conjunto de vivências) e as formas objetivas que seus resultados assumem na sua expressão, sendo que a categoria básica que permite entender essa passagem é a de compreensão. Trata-se de posição deliberadamente voltada contra os procedimentos abstratos de construção de hipóteses acerca dos dados, na medida em que ele nega que se possa, no domínio das ciências do espírito, "pressupor" algo acerca dos processos em estudo. A referência às "vivências" visa a preservar esse caráter imediato, não trabalhado previamente pelos conceitos, do acesso aos fenômenos nesse domínio, no qual só é possível compreender aquilo de que o próprio intérprete (pois é de *interpretação* que se trata, e não de observação) é também o produtor; ou seja, os propósitos, os fins e os valores, ainda que ao intérprete caiba mais propriamente *re*produzi-los, na sua tarefa de reconstituir o processo da sua produção primeira.

> As ciências da natureza *ordenam* os fenômenos *conforme os seus meios construtivos*, na medida em que promovem, através da abstração, a congruência entre os fenômenos a serem ordenados e esses meios construtivos. Em confronto com isso, as ciências do espírito ordenam na medida em que primordial e principalmente retraduzem para a vida espiritual, da qual se originou, a inesgotável realidade histórico-social, tal como ela somente nos é dada, na sua aparência externa ou nos efeitos ou como simples produto, como sedimento objetivado da vida. Naquelas, portanto, a abstração; nestas, inversamente, a retradução para o pleno processo vital, mediante uma espécie de transposição. (Dilthey, 1964: 265.)

Não se trata, portanto, de simples captação empática de processos psíquicos de sujeitos individuais, mas de compreensão ou decifração dos sistemas significativos gerados na existência histórica, numa caminhada contra a corrente, que vai do resultado ao processo da sua criação. O conhecimento do mundo cultural não se distingue daquele do mundo natural apenas porque é feito "a partir de dentro"e não pela observação e formação de hipóteses externas ao objeto. Importa também lembrar que a relação entre as partes e o todo nos sistemas culturais é intrinsecamente significativa. O seu caráter fundamental é que ela se dá pela presença do significado tanto na interação particular quanto na expressão objetiva dos seus resultados, permeando, portanto, a parte *e* o todo. Mesmo quando ainda procurava a base última para as ciências do espírito numa psicologia, Dilthey pensava em algo diverso de uma psicologia analítica, que perseguisse as unidades mínimas dos processos psíquicos. Sua atenção, ao contrário, concentrava-se em uma psicologia "descritiva", capaz de "desmembrar"o seu objeto, tomado como sistema, tendo em vista não apenas encontrar as articulações da sua estrutura mas reconstituir o processo da sua constituição. Tanto os elementos do sistema quanto ele próprio retiram o seu caráter significativo da sua própria constituição temporal, da sua formação biográfica ou histórica.

Entre biografia e história, por sua vez, há uma continuidade. Na realidade, Dilthey as vê como formas análogas de exercício de uma *memória*. A biografia individual, como sequência articulada de vivências, está saturada de história, e encontra nela a sua expressão final. De certo modo, Dilthey já levantava a questão que, duas gerações mais tarde, Wright Mills reclamaria como sendo nuclear para uma sociologia dotada de imaginação: a dos vínculos entre biografia e história (Wright Mills, 1965: 12). Com uma consequência séria, contudo. Se aceitarmos a interpretação segundo a qual uma das preocupações de Dilthey era repelir o relativismo, então é forçoso reconhecer que ele falhou nesse intento. Primeiro, pela sua insistência em tomar os sistemas particulares com que a ciência lida em cada momento como totalidades "centradas", cada qual com seu núcleo singular de sentido.

> Cada unidade do mundo do espírito tem seu centro em si próprio. Assim como o indivíduo, cada sistema cultural, cada comunidade têm uma ponto focal em seu interior. Nele, uma concepção da realidade, em esquema valorativo e a produção de bens são ligados num todo. [Assim] as diferentes unidades das quais deriva a atividade criadora são articuladas em contextos histórico-sociais mais amplos: nações, épocas, períodos históricos. (Dilthey, 1968: 154.)

Isso sem dúvida previne contra a atomização positivista dos fenômenos, mas é em princípio incompatível com a localização de princípios e regularidades mais amplos, que permitam estabelecer vínculos objetivos entre épocas, nações ou outras totalidades do gênero. Por essa via, não há como transcender a perspectiva historicista, com sua ênfase intrinsecamente relativista no caráter singular de cada totalidade histórico-social.

Cumpre lembrar, no entanto, que Dilthey dispõe de um recurso analítico bastante eficaz para tentar contrabalançar essa tendência. Trata-se da noção de *sistema*, que lhe abre o caminho para tentar extrair o melhor de dois mundos: enfatizar o caráter singular de cada totalidade tomada de per si e, através do uso intensivo da relação parte/todo, sugerir que cada totalidade singular e centrada em si própria nem por isso deixa de poder ser encarada como parte de um todo maior. Em consonância com isso Dilthey desenvolve a ideia de que as próprias ciências do espírito, ainda que diferenciadas entre si e referidas cada qual a um sistema de interações particular, articulam-se elas próprias num sistema. Esse sistema de ciências do espírito, por seu turno, não é de caráter formal, mas intrinsecamente histórico, na medida em que acompanha, em sua constituição, a crescente diversificação do mundo histórico-social.

> A diferenciação das ciências particulares da sociedade não se realizou, por conseguinte, por uma artifício da inteligência teórica, que tivesse tentado resolver o problema posto pela existência do mundo histórico-social mediante uma análise metódica do objeto da investigação: a própria vida a realizou. Sempre que se produziu a separação de uma esfera de ação social e esta provocou uma ordenação dos fatos a que se referia a atividade do indivíduo, existiram as condições para que se originasse uma teoria. Desse modo, o grande processo de diferenciação da sociedade, no qual se produziu sua estrutura extraordinariamente intrincada, levava em seu bojo, por sua vez, as condições e as necessidades pelas quais se realizou o reflexo de cada círculo vital que havia alcançado relativa independência em uma teoria. E assim se expõe, de um modo até certo ponto completo, a sociedade – na qual, como na mais potente das máquinas, cada roda, cada cilindro atuam segundo suas propriedades e, no entanto, têm sua função no conjunto – na coexistência e na articulação de tantas teorias diversas. (Dilthey, 1956: 50.)

Passagem fascinante essa, que dificilmente pode ser lida pelo sociólogo sem despertar no seu espírito toda sorte de ressonâncias; por exemplo, sobre as secretas afinidades entre o pensamento funcionalista de raiz durkheimiana e certos desdobramentos do historicismo, aliás documentáveis (Lacroix e Landerer, 1972: 159-204). Mas não é esse o nosso caminho, agora. Trata-se de acompanhar o pensamento de Dilthey num ponto muito particular, que diz respeito ao modo pelo qual busca ultrapassar essa sua primeira formulação. Para ele, essas "tantas teorias diversas" que se vão constituindo ao impulso do próprio processo concreto de diferenciação do mundo histórico-social apresentam-se, numa primeira etapa (que ele se propõe superar), como independentes entre si, cada qual às voltas com suas considerações parciais. Mas, na medida em que esse processo de diferenciação histórico-social é simultaneamente um processo de articulação das partes que se vão destacando com crescente nitidez de um fundo comum, tende a formar-se um sistema coeso de ciências que, no limite, daria conta da totalidade mais abrangente de todas, que é nada menos que a realidade histórico-social como tal, na sua integridade. Seria algo assim como a realização plena da ideia de uma história universal.

Nisso tudo, a tarefa das ciências do espírito é eminentemente reflexiva. Elas representam o modo pelo qual os processos constitutivos da cultura e da sociedade tomam consciência de si próprios.

> Em toda relação permanente entre indivíduos ocorre um desenvolvimento pelo qual valores, regras e propósitos são produzidos, tornam-se conscientes e se consolidam. Essa atividade produtiva, que ocorre em indivíduos, comunidades, sistemas culturais e nações sob condições naturais que constantemente fornecem material e estímulo, ganha consciência nas ciências do espírito. (Dilthey, 1968: 154.)

Nessas condições, à medida que novas dimensões do processo histórico-social vão ganhando corpo, forma-se a ciência correspondente que, progressivamente articulada às demais, permite ganhar um grau mais elevado de consciência do processo todo. Isso envolve a ideia de uma hierarquia de ciências do espírito, cujo posto mais baixo (no duplo sentido de fundamental e subalterno) é ocupado pela Psicologia. Sobre essa base ainda relativamente indiferenciada vai-se construindo, material e não formalmente, o edifício das ciências do espírito que, terminado, permitiria algo como uma plena consciência do processo histórico como um todo.

Isso, que soa como uma estranha amálgama de Comte e Hegel, na qual ambos são rejeitados para retornarem desfigurados, nos leva ao fundo das dificuldades de Dilthey. Elas ficam nítidas se, em conexão com o que ficou dito acima, lembrarmos a analogia que ele estabelece entre história e biografia: a de que o transcurso do processo de formação do sujeito e, por extensão, do ente histórico, só é plenamente compreensível no seu final. Percebe-se que não só lhe foi impossível escapar ao relativismo como ele voltou com ímpeto redobrado, pois, levando-se a analogia aos seus limites, a conclusão só pode ser que a compreensão de uma "história universal" só seria possível no fim da história. Ou seja, compreender plenamente a história já não seria mais um ato histórico. Kafka, numa de suas "parábolas", tem uma boa formulação para esse dilema: "O Messias só chega quando não é mais esperado."

O próprio Dilthey dava-se plenamente conta disso. Para ele, a relação parte/todo no interior da vida nunca se completa. Assim como precisamos esperar o fim de cada biografia individual para podermos apreendê-la como um todo, "precisaríamos esperar o fim da história para dispor do material completo para estabelecer o seu significado"

(Dilthey, 1968: 233). Verdade é que Dilthey chegou a cogitar de uma outra via para superar esse impasse, ao empenhar-se na busca de um número limitado de "visões do mundo" que pudessem dar conta das variações históricas particulares. Mas, nesse passo já se configurava claramente a ameaça de uma violação de seu princípio básico, de que o entendimento dos fenômenos histórico-sociais deve ser imanente a eles, por via compreensiva e dispensando construções prévias. Daí que, ao contrário, a própria noção de "visão do mundo" acabou levando Dilthey a assumir plenamente uma posição relativista. "Toda visão do mundo é historicamente condicionada, portanto relativa e limitada", escreve ele no seu último ensaio, em 1911. Sua raiz última é a vida, que "cria o seu próprio mundo a partir de cada indivíduo". E, num tom que recorda seu mestre Ranke: "Cada visão do mundo exprime, nos nossos limites de pensamento, um lado do universo; cada qual é verdadeira" (citado em Glockner, 1968: 1.074).

Não deixa de ser significativo o empenho de Dilthey em fugir a um relativismo histórico sem encontrar outra saída senão a ênfase crescente na ideia de que o fundo da história, a "vida", é essencialmente irracional, "não se submete ao tribunal da razão". Esse teólogo de formação, perfeitamente integrado no sistema acadêmico prussiano, desiste até mesmo de buscar algum fundamento absoluto de caráter teológico para o transcurso histórico, quando, uma geração antes, esses embaraços não existiam para Ranke. Para este, tal recurso existia e até mesmo assumia forma "secularizada", convertendo-se em apologia do projeto político absolutista bismarckiano. A última tentativa alemã para produzir uma concepção explicitamente "cosmopolita" da história com base racional havia sido a de Kant. De Herder em diante, e com o desenvolvimento do historicismo, a alternativa que se oferecia com crescente clareza estava entre um relativismo fundado na ideia do caráter particular e individualizado das manifestações históricas que, na prática, acaba restringindo a atenção ao "horizonte" germânico, e uma fuga da história rumo à metafísica. Claro está que, à margem do pensamento acadêmico mas com crescente vigor e penetração, desenvolviam-se o anti-historicismo de Nietzsche e o materialismo histórico. É em Dilthey, contudo, que iriam desembocar e ganhar a coerência possível no momento todas as correntes historicistas anteriores, já numa fase claramente defensiva, de declínio. Seu lugar passaria a ser ocupado, por um lado, pela "escola histórica" na Economia e, por outro, pela Sociologia. É nesse contexto que ganha pleno sentido sua obra, articulada em torno do par conceitual *significado/sistema* e voltada para os problemas suscitados pela proposta de conhecer sistemas historicamente constituídos mediante a *compreensão* dos significados que veiculam.

O esforço de Dilthey para estabelecer as relações entre significados e sistemas está presente ao longo de todos os seus escritos sobre as "ciências do espírito", com oscilações que ensejam a leitura da sua obra tanto num registro "psicológico" quanto de uma perspectiva mais propriamente "sociológica". Sem dúvida ele sempre recusou caráter de ciência à Sociologia, referindo-se às suas variantes positivistas. A única exceção que viria a admitir seria a de Simmel. No entanto, sua obra sempre esteve em sintonia com uma preocupação com os fenômenos históricos em grande escala, nos quais as dimensões decisivas dizem respeito às formas de organização da vida coletiva. Nesse sentido, é legítimo procurar traços de uma "sociologia", ainda quando ele só fala de psicologia ou de "antropologia" (entendidas, ambas, como ciências que buscam os invariantes da "natureza humana" por trás de todas as suas manifestações históricas particulares). Quanto à ênfase na dimensão "psicológica", ela pode ser reduzida a um postulado fundamental, cuja importância realmente não pode ser subestimada, sobretudo aqui, pois será – ao lado da ideia de que a dimensão constitutiva da unidade das ações e dos eventos é a do sentido – o único aspecto específico da obra de Dilthey que poderá ser reencontrado (ainda que sem necessidade de se supor uma influência direta) em Max Weber, em cujo esquema também ocupa posição central. Trata-se da ideia de que é somente nos indivíduos, que constituem unidades integradas, que nossa experiência pode encontrar fatos "espirituais", ou seja, dotados de sentido. Veremos mais adiante que o ponto fundamental, nesse passo, não está dado pelo tom "individualista" dessa formulação, mesmo porque uma configuração histórica também pode ser tomada como uma "individualidade", mas por se tomarem os indivíduos como entidades integradas, como totalidades.

Numa passagem especialmente radical, Dilthey nos apresenta os indivíduos como verdadeiras mônadas:

> As unidades cujos modos de ação recíproca nós distinguimos na sociedade como Costume, Direito, Economia, Estado, são indivíduos, totalidades psicofísicas, dos quais cada qual é diferente dos demais, dos quais cada qual é um mundo. (Dilthey, 1964: 61.)

Aqui, os problemas com que Dilthey se defrontava aparecem por outro ângulo, numa passagem que, de resto, mostra como os conceitos fundamentais da Sociologia de Simmel já estavam pré-figurados em Dilthey, quando este fala em "modos de ação recíproca" (Simmel diria "formas", numa mudança que nos ocupará mais adiante). Cada indivíduo é um todo particular, inesgotável como tal; mas a realidade que nos interessa estudar, que é histórico-social, se constitui no processo de interação. É para essas relações recíprocas que cumpre, portanto, dirigir a atenção. Daí a abertura para uma sociologia e não para um sociologismo, visto que os processos de interação em que os indivíduos se envolvem não os esgotam enquanto tais e muito menos os explicam cabalmente. Com isso, fica também matizada, mas não anulada, minha observação anterior de que os próprios sujeitos individuais se constituem na intersubjetividade; o que se constitui nesse processo é o indivíduo historicamente situado, ou seja, uma combinação específica de traços que, tomados de per si, ele compartilha com toda a humanidade.

Em seu ensaio sobre a noção de papel social, Ralf Dahrendorf cita uma passagem das *Regras do método sociológico* de Durkheim, na qual este fala da realidade objetiva das obrigações impostas aos indivíduos, nas condições de "irmão, marido, cidadão", em termos de que elas não são criadas pelos indivíduos mas simplesmente herdadas através da educação, para comentar que "nessa passagem Durkheim avizinha-se da categoria de papel social discutida nesse ensaio" (Dahrendorf, 1968: 23). O que diria ele ao ler a seguinte passagem de Dilthey?

> O juiz encontra-se, ao lado das suas funções jurídicas, em vários outros complexos de atividades; ele age no interesse da sua família, ele tem o seu desempenho econômico para realizar, ele exerce suas funções políticas, talvez ainda faça versos. Não são, portanto, indivíduos enquanto totalidades que se vinculam a tais complexos de atividades, mas, em meio à diversidade de condições de atividade, apenas se relacionam entre si aqueles eventos que perten-

> cem a um sistema determinado, e o indivíduo encontra-se numa teia de complexos de atividades diferentes. O complexo de atividades de um sistema cultural [ou seja, "educação, vida econômica, direito, funções políticas, religiões, sociabilidade, arte, filosofia, ciência"] realiza-se mediante uma localização diferenciada dos seus membros. O arcabouço firme de cada complexo é formado por pessoas, nos quais os procedimentos subordinados ao desempenho formam a atividade principal de suas vidas, seja por inclinação seja porque à inclinação se associa a profissão. (Dilthey, 1968: 167.)

Apesar da referência aos "sistemas culturais" (ou seja, aqueles cujo domínio é o dos valores), é nítida a ressonância dessa passagem em relação a noções como a de sistema social e de papel social. Isso já permite deixar consignado o alvo que a presente análise persegue: mostrar como em Dilthey se encontram muito mais fortemente prefiguradas certas correntes de pensamento de caráter "estrutural-funcional" ligados à "análise de sistemas" do que a Sociologia da ação de Max Weber.

À primeira vista, o que permitiria aproximar Dilthey e Weber seria, para além da ênfase no caráter significativo dos fenômenos histórico-sociais e também, como querem alguns, de um psicologismo pelo menos latente, o recurso à *compreensão* como instrumento fundamental da análise. No entanto, o modo como o problema da compreensão aparece em Dilthey só permite estabelecer, ao contrário, seu distanciamento do universo weberiano e até mesmo sugerir, conforme passo a fazer, que os desdobramentos de suas concepções conduzem aos antípodas do modo de pensar de Weber. Seja dito desde logo, para ser explorado mais adiante, que, se para Dilthey trata-se sempre da compreensão de significados de *formas de expressão* simbólica, para Weber o que cumpre compreender é o sentido da ação social *para o agente*, o que envolve diferenças seguramente não negligenciáveis. Para Dilthey, o termo compreensão designa "o procedimento pelo qual conhecemos algo interno a partir de sinais dados externamente através dos sentidos" (Dilthey, 1964: 318). Não se afirma, portanto, que se trata de uma captação imediata, intuitiva de significados. O próprio da compreensão é a apreensão de uma *totalidade* significativa, para além dos dados particulares. Seu ponto de partida é "a conexão do todo, que se nos apresenta vivo, para poder chegar ao singular" (Dilthey, 1964: 172). Essa captação envolve uma "revivência", uma reprodução mental do complexo de significados originalmente vivido por outros.

É verdade que o intérprete sempre está em situação vantajosa em relação aos produtores originais dos significados, visto que a ele é dado captá-los como um todo já constituído. Essa superioridade do intérprete é traço nuclear do processo compreensivo assim concebido, e é uma garantia, não só da sua exequibilidade como também da objetividade dos seus resultados. Na medida em que não se reduz a um lampejo intuitivo, o processo de compreensão é entendido como o de uma decifração, de uma interpretação enfim, cujos procedimentos estão submetidos às regras da hermenêutica.

> A compreensão ostenta diferentes graus. Esses são inicialmente condicionados pelo interesse. Se este é limitado, a compreensão também o será. (...) Mas, mesmo a atenção mais intensa somente pode converter-se em procedimento metódico, no qual se atinge um grau controlável de objetividade, quando a expressão da vida está fixada, de modo que possamos sempre retornar a ela. *Designamos por exegese ou interpretação essa compreensão metódica de expressões da vida permanentemente fixadas*. (Dilthey, 1964: 319.)

A formulação não poderia ser mais clara. A compreensão está subordinada a um método que, corretamente seguido, assegura a objetividade dos resultados. Segue-se, de imediato, que o problema da objetividade do conhecimento nas ciências do espírito não é motivo de perturbação maior para Dilthey. A realidade cultural é transparente para o intérprete – qualquer intérprete – que domine as regras hermenêuticas. Essa objetividade, de resto, tem seu fundamento em dois pressupostos das ciências do espírito. O primeiro diz respeito à identidade sujeito/objeto, na qual essas ciências se apoiam:

> A primeira condição de possibilidade da ciência da história reside em que eu próprio sou um ente histórico, que aquele que pesquisa a história é o mesmo que faz a história. (Dilthey, 1968: 278.)

O segundo refere-se à situação privilegiada do intérprete, que sempre é tomado como estando em condição de compreender o autor do texto melhor que ele próprio se compreendia; mesmo porque, como vimos em Dilthey, a compreensão é sempre *retrospectiva*.

Este segundo ponto tem uma implicação importante, trazida à luz por um dos expoentes contemporâneos dessa orientação, Gadamer. É que o recurso à hermenêutica permite captar o sentido também quando não é intencionalmente perseguido; ou seja, ela opera com *resultados* e não com *intenções* subjetivas.

> O problema hermenêutico somente deve sua universalidade e sua condição de fundamento para toda a experiência inter-humana da história e do presente porque é possível experimentar o sentido onde ele não é realizado de forma intencional. (Gadamer, 1973: 70.)

Essa posição em face do problema da objetividade assinala, por outro lado, a característica mais abrangente dessa concepção de ciência. Trata-se do seu acentuado tom conservador, que herdou do velho historicismo. Isso transparece no tratamento dado ao tema da verdade no conhecimento histórico-social. Se Dilthey desemboca na constatação do caráter intrinsecamente finito e, portanto, relativo desse conhecimento, para um autor contemporâneo como Gadamer, que se preocupa explicitamente com a questão da "verdade e método" (que usa como título da sua principal obra), as coisas se colocam de maneira mais desconcertante. Para ele, a discussão dos procedimentos hermenêuticos não se faz em termos metodológicos e somente numa acepção muito particular em termos epistemológicos. "Não proponho um método – escreve ele – mas descrevo *o que é*". Ou seja, a questão se põe no plano ontológico, inspirada em Heidegger (Ricoeur, 1977: 29-42). O que justifica a reflexão hermenêutica é unicamente

> a abertura de possibilidades de conhecimento que não são percebidas sem ela. Ela não ministra de per si um critério de verdade. (Gadamer, 1973: 300.)

E a que se referem essas possibilidades de conhecimento? À compreensão do significado histórico de objetos significativos (textos) veiculados por uma tradição. Aqui, de certo modo, se joga com a dupla acepção de "significativo" – dotado de significação e importante – para propor o problema final da hermenêutica, que é o da justificativa da seleção do objeto. Numa retomada do problema de que a compreensão implica examinar uma parte com base num acesso prévio ao todo do qual é segmento, chega-se à ideia de que os procedimentos interpretativos estão fundados em *pré-concepções* acerca do seu caráter historicamente significativo. Em outras palavras, ao problema de que só temos acesso às partes mas não podemos compreendê-las senão recorrendo ao todo responde-se que o significado da parte, que constitui objeto da compreensão e da interpretação, já vem prejulgado.

A questão básica, assim, passa a ser do fundamento da legitimidade dos preconceitos. Nesse ponto, Gadamer recorre à noção de "história dos efeitos", pela qual se enfatiza que o objeto historicamente significativo é aquele que foi incorporado e veiculado por uma tradição, que envolve o autor original e também o intérprete. Isso lhe permite, também, dar uma resposta à primeira vista paradoxal à questão de como o recurso à compreensão pode superar os efeitos do distanciamento temporal entre o intérprete e o texto. Ela encontra precisamente nesse distanciamento temporal sua condição de exercício, posto que

> o sentido de um texto não está determinado apenas pelo autor e seu público original, mas também pela situação histórica do intérprete e, portanto, também pela totalidade do decurso histórico objetivo. (Bormann, 1973: 91.)

A interpretação está subordinada, portanto, à *autoridade* do texto, garantida por uma *tradição*, e transcorre num plano supraindividual, mediante a "fusão dos horizontes históricos" do autor e do intérprete. No interior desse horizonte de experiências e representações comuns torna-se possível o "diálogo" entre o intérprete e o *alter ego* que produziu o texto.

Merece ainda ser assinalado um aspecto ambíguo nas posições hermenêuticas aqui mencionadas. Essa ambiguidade deriva da despreocupação com distinguir claramente entre a compreensão do sujeito produtor de significados (o autor individual do texto, sendo tomado este termo numa acepção ampla, mesmo quando a preocupação básica é com a expressão discursiva e a linguagem) e a interpretação do texto. Há uma oscilação contínua entre esses dois polos, e é em parte por isso que afirmei acima que Dilthey pode ser lido "psicológica" ou "sociologicamente". Nessas condições, falta também uma exploração mais rigorosa do tema das relações entre essas duas dimensões da pesquisa. Encontra-se aí um problema que reaparece, à sua maneira, na obra de Max Weber e que tem causado considerável confusão entre os seus comentaristas. É verdade que há para isso uma solução que, sem descaracterizar o sujeito individual como a entidade nuclear na análise, permite no entanto tratá-lo sem incorrer num psicologismo. Ela já aparece ocasionalmente em Dilthey (p. ex., Dilthey, 1968: 153 ss.) e está presente com todo o vigor em Max Weber. Trata-se do recurso à noção de *portador*, pela qual o indivíduo (autor ou agente) aparece como o ponto de convergência e sobretudo de realização efetiva de linhas possíveis de elaboração significativa e de ação, sem que, no entanto, os processos que conduzem a esses resultados possam ser reduzidos àquilo que ocorre no interior do seu sistema psíquico. Interessa sempre que esses resultados se exprimem de alguma maneira, são relevantes para outros e, por essa via, ganham caráter "objetivo".

Isso remete a um exame das consequências, em termos sociológicos, de um tema fundamental na concepção hermenêutica das ciências do espírito, ainda que nas suas formulações originais ele se apresente num registro mais propriamente filosófico. Trata-se da polaridade *interior/exterior* que, desde logo, serve de fundamento para a distinção entre o conhecimento do mundo histórico e o da natureza em Dilthey. Esse tema é suficientemente central para poder ser tomado como base para se extraírem as consequências últimas daquilo que, nessa linha de pensamento, pode ser trabalhado sociologicamente. Uma formulação de Gadamer, que por sua vez se apoia na obra do filósofo e sociólogo Arnold Gehlen, propicia essa passagem. A ideia é que só ao homem é dado "ter um mundo", precisamente porque ele goza de uma "liberdade em relação ao ambiente", graças à sua capacidade criadora. Na linguagem de Gehlen, trata-se de uma "abertura para o mundo" que lhe abre, em princípio, uma infinidade de possibilidades. Nessa linha de raciocínio, Gehlen, e Gadamer com ele, chega à ideia de que o homem "descarrega" na cultura e, mais especificamente para Gehlen, nas instituições (educação, moral etc.) que articulam o seu mundo, a carga que lhe impõe essa abertura para todas as possibilidades. Com isso, volta-se à noção de tradição como instância articuladora do mundo no qual os homens se movem. Temos aí os elementos para uma das mais sofisticadas variantes do pensamento conservador nas ciências sociais contemporâneas. O seu componente básico é a ideia de que o homem é um ser intrinsecamente *ativo* em relação ao ambiente mas simultaneamente afetado por uma necessidade "análoga a um instinto" de estabilidade ambiental (Gehlen, 1957: 15). Às instituições caberia então estabelecer os vínculos entre ambas essas características.

Embora as formulações de Gehlen tenham sido incorporadas por sociólogos influentes (um bom exemplo é dado pela sociologia do conhecimento de Berger e Luckman), o desenvolvimento da temática que nos interessa diretamente tem o seu melhor representante em outro autor alemão, Niklas Luhman, que se vem empenhando, ao longo de copiosa obra, na construção de uma teoria sociológica cujos pilares são os conceitos de *sistema* e *sentido*. Se recordarmos que já foi salientado antes como esse par conceitual é nuclear no pensamento de Dilthey, fica claro por que esse desenvolvimento teórico particular se torna pertinente para a presente análise. Ele nos permitirá ver como a exploração consequente – e altamente sofisticada em Luhman – da temática já presente em Dilthey conduz não a uma sociologia compreensiva de tipo weberiano, mas a uma versão matizada e enriquecida dos desdobramentos mais modernos da teoria "estrutural-funcional"; portanto, aos antípodas de Weber, em que pese as tentativas de Parsons e seus seguidores para aproximar Weber e Durkheim.

Seja dito aqui apenas de passagem que o exame dos desdobramentos da corrente de análise representada por Dilthey, passando por Simmel – que será examinado a seguir – sugere que poderia haver um caminho mais direto do que o adotado por Parsons para articular, num esquema analítico abrangente, os conceitos de sentido, sistema e ação. Que Parsons não tenha cogitado disso é fácil de ser constatado quando se considera que, nas quase 800 páginas de texto da sua obra dedicada ao tema, Dilthey só merece três referências e Simmel outras tantas, sempre sumárias ou negativas. É verdade que, em relação a Simmel, Parsons julga inadequada "por razões que não serão tratadas aqui" (Parsons, 1964: 773) sua fundamentação da especificidade da Sociologia e, sobretudo, considera que ela conduz a um isolamento da Sociologia em relação às outras ciências do "mesmo nível metodológico", obstando com isso a construção de uma teoria geral da ação, almejada por Parsons. Nesse momento importa que, pela via aqui seguida, estaremos em condições de apontar os contrastes entre o pensamento de Weber e o representado por Dilthey, para além das supostas convergências, e ao mesmo tempo fundamentar uma crítica ao modo dominante de incorporação da obra de Weber na Sociologia contemporânea.

Luhman parte da ideia de que o conceito fundamental da Sociologia é o de sentido e que, mediante o recurso às noções polares de interior/exterior, pode-se derivar desse conceito o outro, também fundamental, de sistema. Ambos combinados, por seu turno, permitem uma definição precisa da noção de sujeito, como "sistema que usa sentido", o que permite evitar sua caracterização em termos da subjetividade do pensar. O sentido, por seu turno, é definido como "uma estratégia de conduta seletiva sob condições de alta complexidade" (Luhman, 1972: 12). A presença do sentido é condição para o controle de um meio ambiente – o "mundo" – que oferece uma variedade inesgotável de referências a possibilidades de vivência, através da restrição seletiva desse "complexo de referências". Enfim, a presença do sentido corresponde a um processo de redução sistemática da complexidade do mundo. Feita uma seleção, o meio ambiente – o "mundo" – permanece enquanto "horizonte de referências para novas possibilidades e portanto como domínio para novas seleções". Dessa forma, o sentido se apresenta como o "centro das referências". Sua presença assegura a manutenção da identidade do sistema num mundo que, tomado de per si, é marcado pelo caráter contingente do que nele ocorre. Essa identidade se mantém pela estabilização de "fronteiras de sentido" em relação a outros sistemas e ao mundo em geral, que se constituem precisamente pelos procedimentos seletivos específicos postos em prática. O decurso da existência do sujeito é pensado em termos de vivências. Estas se articulam conforme dois processos. Um diz respeito à "identificação" de possibilidades alternativas propiciadas pelo mundo e a sua articulação num sentido. O outro, propriamente social, é de caráter intersubjetivo.

> A dimensão *social* da vivência constitui-se (...) mediante o reconhecimento de um não eu como outro-eu e na experiência desse outro-eu como portador de vivências e perspectivas do mundo, próprias mas diversas (...) Por esse processo de constituição intersubjetiva do mundo significativo-objetivo o pressuposto essencial é a não identidade dos sujeitos viventes. Somente ela enseja o distanciamento do sujeito (...) dos seus conteúdos vividos. Seus objetos são os mesmos dos outros sujeitos, e portanto têm sua independência naquilo que os torna acessíveis a todos – no seu sentido. Isso conduz a uma recuperação perspectivista do mundo e, em consequência disso, a uma consciência reflexiva da própria perspectiva como uma entre outras possíveis (...) Os outros sujeitos envolvidos aliviam a consciência atual do indivíduo da carga de (...) funcionar sozinha como condição de todas as possibilidades. É somente assim que um mundo complexo se constitui como horizonte das potencialidades de consciência atual, como matéria impositiva de todas as seleções. (Luhman, 1972: 51-2.)

Até mesmo na linguagem usada essas formulações remetem a Dilthey. Isso persiste apesar de se caracterizarem os sistemas sociais como "sistemas de ação", no sentido de que eles se definem em termos de seu próprio desempenho seletivo, levando-se em conta que a ação se distingue da vivência porque se identifica a partir das seleções que opera no interior do complexo funcional do sistema, ao passo que a vivência retira sua identidade da ordem já "reduzida", já dada no sistema. Uma citação específica conquanto longa permite caracterizar de vez as analogias aqui apontadas.

> A constatação de que a contingência de todo o sentido é um elemento funcional essencial elimina qualquer reducionismo naturalista, qualquer envio a um ser não contingente, a causas últimas ou a um suposto substrato de grandezas ou probabilidades mensuradas. A intersubjetividade do conhecimento não pode mais ser fixada em algo dado, acessível à experiência de toda pessoa racional (...) Aquilo que foi designado por possibilidade de transferência intersubjetiva de representações e conhecimentos só pode ser realizado através de uma forma de elaboração significativa da vivência. A questão é: qual? Há pelo menos uma resposta difundida de há muito. Ela remonta à tese iluminista de que o homem só conhece aquilo que pode produzir (...) O critério pragmático do sentido, emergente no final do século XIX, assim como a tentativa de Max Weber de racionalizar os conceitos científicos com o auxílio de uma relação meios-fins simulada ideal-tipicamente são apenas variantes tardias dessa ideia fundamental. Hoje, no entanto, os limites dessa garantia de transferência técnico-pragmática desenham-se nitidamente. Eles foram primeiro explicitados principalmente pela ciência histórica e pela hermenêutica, mas atualmente também se impõem nas formulações para uma teoria geral dos sistemas altamente complexos – portanto não apenas com Dilthey e Habermas, ainda que não tão explicitamente, também em von Bertalanffy, Ashby ou Simon. Elas se vinculam aos limites da concepção causal clássica e dos cálculos lógicos atualmente disponíveis, que não prometem resultados precisos na aplicação a sistemas altamente complexos e, por isso, não podem neutralizar o sujeito como intérprete ou elemento de decisão. São precisamente os sistemas de ação constituintes do sentido, não eliminadores da contingência mas redutores da complexidade, que

> caem tipicamente nesse domínio, no qual o sujeito agente não pode ser abstraído para a condição de [sede de] funções desencadeadoras. (Luhman, 1972: 87-9.)

Não importa aqui acompanhar a solução proposta por Luhman para os problemas que propõe, em termos de uma redefinição do conceito de *função*. Cabe assinalar, no entanto, a prioridade que no seu esquema é atribuída ao componente de "negação" envolvido em toda seleção: na sua linguagem, ao "primado funcional da negação na vivência constituinte de sentido". A ideia envolvida corresponde a uma rejeição dos esquemas dualistas comuns na Sociologia, dos quais um exemplo conveniente seria a redefinição de um tema weberiano em termos de *pattern variables* por Parsons. Rejeita-se o esquema simplista das escolhas fechadas, em que a decisão por uma alternativa implica não considerar a outra. Isso é feito em nome da ideia de que as seleções significativas entre possibilidades oferecidas pelo mundo exterior ao sistema não eliminam aquelas que são, explícita ou implicitamente, negadas no processo seletivo mas as retém ainda como possibilidades presentes no modo de operação do sistema, sempre orientado significativamente. Assim, num exemplo que lembra Simmel,

> em toda a cooperação anuncia-se também a possibilidade de um conflito, que funciona como regulador secreto das formas e das condições da cooperação. O conflito, por sua vez, só é possível com base em definições da situação concebidas como comuns, sobre as quais não se está em conflito. (Luhman, 1972: 91.)

Está claro que essas formulações conduzem a uma neutralização não só das oposições polares como da própria ideia de "negação". Esta, aliás, é reincorporada em termos da capacidade dos sistemas para "diferenciarem" as suas seleções/negações, tornando-se mais flexíveis e aptas para um "aprendizado". Baseia-se esse aprendizado na capacidade reflexiva dos sistemas significativos complexos, que os conduz a tomar crescente consciência do componente negador presente nas seleções que neles se operam. É por isso que Habermas articula sua crítica a essa concepção de Sociologia, em sua polêmica com Luhman, em torno da ideia de que se trata de uma modalidade de "tecnologia social", preocupada fundamentalmente com o domínio das formas de controle da sociedade (Habermas, 1972: 142-90).

Essa redefinição da polaridade exterior/interior em termos da manutenção de "fronteiras significativas" entre complexos de processos seletivos em um ambiente marcado pela contingência, constitui a versão mais acabada e mais rigorosa de ideias presentes ao longo de todas as variantes da chamada "filosofia da vida", à qual o próprio Dilthey aderiu na sua última fase. O ponto básico nessa concepção é a redefinição da noção metafísica de vida em termos da infinita *complexidade* do "mundo" ambiente. Com isso, as noções de compreensão e interpretação ficam incorporadas à de *seleção* significativa. Isso permite manter a ênfase idealista no papel ativo e criador do sujeito num quadro analítico compatível com os desenvolvimentos técnicos e científicos contemporâneos, incorporados na teoria geral dos sistemas. Na passagem de Dilthey a Luhman, Schleiermacher e a hermenêutica teológica são substituídos por Ross Ashby e a cibernética, e a ênfase passa da *tradição* para o *controle*. Mas essa transição não é linear e um exame das outras variantes dessa corrente de pensamento nos levaria a nomes como Sombart, Freyer e, fundamental para nós, Simmel.

CAPÍTULO 3
SIMMEL E A DEPURAÇÃO DAS FORMAS

> Falando por paradoxo: o homem é o ser limitado que não tem limites. Ultrapassar limites é inato ao homem. Para ultrapassar limites é preciso tê-los, é preciso ter o real e o possível, o determinado e o indeterminado. (Por isso a vida do homem de espírito está confinada na insegurança e na imperfeição, entre a vida e a forma.) O mundo de cada animal é completo e seguro, mas nós sabemos que estamos limitados, e para isso temos que ultrapassar os limites, tê-los visto de fora.

Essas formulações são de Simmel, retiradas não de sua obra publicada, mas de anotações que um seu aluno fez de um curso proferido no final de sua vida, quando já estava no seu exílio acadêmico de Estrasburgo, em 1914 (Rammstedt, 1969: 223). Elas não só permitem ver como em Simmel são retomados problemas que vinham sendo discutidos aqui como nos dão um retrato do seu estilo de pensamento. Um pensamento que não teme o paradoxo, que se move sempre "na margem", extraindo as nuanças mais sutis de temas sobre os quais outros também vinham escrevendo, mas no mais das vezes com a segurança irrefletida dos burocratas bem instalados no seu mundo completo e seguro. Claro que isso não é ocasional. Simmel é o protótipo do intelectual marginal, que sempre esteve e não esteve na universidade prussiana e que, à medida que essa situação se ia configurando com clareza também para ele, a foi assumindo cada vez mais decisivamente. Lewis Coser demonstra isso em seu estudo de Simmel como o "estrangeiro na academia", mediante um confronto entre o número de suas publicações em revistas acadêmicas e não acadêmicas. Até 1900, quando ainda parecia haver possibilidades de sua integração na Universidade de Berlim, na qual atuava sem fazer parte do quadro acadêmico, na precária condição de "livre-docente", as duas categorias de publicações dividem-se exatamente pelo meio; após 1900, quando essas possibilidades se revelaram ilusórias apesar dos esforços de alguns poucos colegas, entre eles Weber, suas publicações acadêmicas reduziram-se a 28% do total, ficando os 72% restantes para revistas não acadêmicas. Para o conjunto de seus artigos publicados ao longo de sua vida (180 trabalhos), 36% seguem a via acadêmica e 64% atingem um público mais amplo (Coser, 1965: 35).

Essa condição singular, de marginal dentro da academia, distingue Simmel de todas as outras grandes figuras da fase heróica da Sociologia, embora também nesse particular ele se aproxime mais de Weber do que qualquer outro. Com efeito, também de Weber é lícito dizer que

> com todo o respeito que lhe era dispensado, permaneceu um marginal no mundo científico do seu tempo. (Jonas, 1969: 62.)

Claro que no caso de Simmel essa condição era muito mais radical e suas possibilidades de resposta incomparavelmente mais fracas do que as de Weber. Em suma: jamais o judeu Simmel poderia aspirar a qualquer tipo de participação mais direta na vida política oficial – vale dizer, não revolucionária – na Alemanha da sua época, ao passo que Weber criou-se numa casa em que o debate político de alto nível era cotidiano. Por outro lado, jamais se poderia esperar de Weber que dedicasse suas energias à redação de um ensaio sobre o "estrangeiro", no qual a posição no grupo em que vive fosse caracterizada como envolvendo uma "unidade do próximo e do remoto" e que, na medida em que não pertence ao grupo desde o início, fosse visto como introduzindo nele "qualidades que não derivam, nem poderiam derivar, do próprio grupo". Tampouco se poderia esperar de Weber que cogitasse do problema da objetividade da percepção, compreensão e avaliação da realidade histórico-social com referência direta à liberdade prática e teórica que precisamente é um dos atributos básicos do "estrangeiro" (Simmel, 1964: 402-5). O contraste final é dado pela distribuição das publicações. No caso de Weber a grande maioria dos trabalhos foi publicada em prestigiosas revistas acadêmicas, das quais no mais das vezes ele fazia parte da comissão editorial. O que escapava dessa categoria era destinado aos grandes jornais e consistia em artigos altamente engajados, referentes às grandes questões políticas e econômicas do dia.

Nem por isso, no entanto, é possível tratar de Weber sem passar por Simmel. Há pelo menos cinco pontos, a serem examinados mais adiante, em que Simmel antecipa posições fundamentais de Weber. O primeiro diz respeito à disposição de Simmel de assumir o caráter plenamente fragmentário do conhecimento histórico-social, sem buscar apoio em quaisquer princípios totalizadores últimos; embora seja precisamente nesse ponto que a diferença mais profunda entre ambos também se manifeste, na insistência de Simmel em construir sua análise em termos da distinção entre as *formas* e essa noção de caráter irracionalista que é a *vida*, concebida como fluxo dos eventos. O segundo ponto é fundamental, e refere-se à explicitação da modalidade de abstração adequada para tratar de fenômenos que ocorrem como processos empiricamente fluidos de interações entre entidades individuais, na ausência de uma estrutura abrangente dada de antemão: os *tipos*, que Simmel deriva do seu tratamento das formas de interação. Não menos fundamental é o terceiro, relativo à presença em Simmel de um tema que se revelaria decisivo em Weber: o da *legalidade intrínseca* às diferentes esferas da vida, que em Weber assumiria a forma da legalidade intrínseca às diferentes linhas de ação. O quarto refere-se à postura básica do cientista diante da realidade a ser compreendida, que é a de poder assumir um *distanciamento* em relação a ela. Nesse ponto, como em vários outros, Simmel leva até o fim certas sugestões já presentes em Dilthey, que no entanto assumira uma posição ambígua em relação ao tema. Quando Simmel diz que "não é preciso ser César para compreender César", no fundo ele está dizendo, de maneira muito mais forte do que o faria Dilthey, que é preciso ser plenamente *outro* para compreendê-lo. Nesse particular Weber teve muito que aprender com Simmel, e não parece ter perdido as oportunidades, como ainda veremos. (Vale lembrar, de passagem, que embora Dilthey tivesse sido frequentador assíduo da casa paterna de Weber – mas não da sua própria, da qual Simmel era um dos convivas frequentes ao lado de outros sobre os quais exerceu influência direta, como Lukács – nunca houve contato direto entre Simmel e Dilthey, apesar de trabalharem na mesma universidade e, finalmente, que a atenção de Simmel já estava voltada para outros temas quando Weber começou a preocupar-se com Sociologia.) Finalmente, o quinto ponto decorre dos anteriores, e refere-se ao caráter intrinsecamente *unilateral* do conhecimento histórico-social, devido à presença simultânea de pontos de vista (ou "perspectivas", se quisermos falar como Nietzsche, no qual Simmel muito se inspirou nesses pontos) inconciliáveis. A diferença entre ambos, nesse passo, é que Simmel, ao contrário de Weber, não dedicou atenção sistemática às consequências metodológicas do problema da adesão a valores envolvido nisso. Isso merece uma consideração mais específica.

Quando Simmel trabalhou com temas axiológicos ele o fez de maneira "naturalista" mas já preocupada com as colisões entre mandatos éticos, no início da sua carreira, com a *Introdução à ciência moral*, de 1892-93 (Glockner, 1968: 1082-3), ou então, já na sua fase final, nas suas reflexões sobre a "visão da vida", de 1918. Nestas reflexões, os temas que o preocuparam nos seus trabalhos mais importantes são retomados com um ímpeto que permite destacá-los na sua expressão mais extrema. Seu ponto de partida é a ideia de *vida*, como fluxo concreto de eventos dotado de caráter intrinsecamente criador, cujos portadores são sempre indivíduos (mas não subjetividades autônomas, posto que imbricados num transcurso que os ultrapassa), contraposta a qualquer concepção que separe os conteúdos normativos e a existência concreta. O fundamental, para ele, é eliminar a ideia da separação entre um domínio dos valores e outro dos sujeitos para os quais eles têm vigência; um programa, portanto, que o afasta de qualquer escola "neokantiana", embora não tanto de Weber como possa parecer à primeira vista. A própria vida, diz ele, deve encerrar em si a exigência ética, no seu próprio processo de desenvolvimento. Repele-se, pois, um confronto entre ser e dever, enfatizando-se a imanência do processo real, sempre individual, nas normas reguladoras da conduta. Subjacente a isso está a ideia do sujeito como unidade que se constitui na sua história de vida. Disso deriva a ideia de uma "lei individual", que exprime essa imanência do decurso de fato da vida do sujeito nas suas decisões, cujo sentido é dado pela sua vida como um todo (pois se trata de decisões eminentemente responsáveis; cada ação singular, ao ser entendida como normativa, envolve a responsabilidade por toda a vida do sujeito, diz ele). Este é o ponto fundamental: o sentido de cada ação concebida como obrigatória não é dado por máximas de conduta externas à existência concreta, mas pela própria unidade do processo vital. Enquanto Weber distingue analiticamente entre uma "ética da convicção" e uma "ética da responsabilidade", referidas ambas à orientação subjetiva da ação e tratadas como *tipos*, Simmel trata ambas essas dimensões no interior de uma unidade concebida simultaneamente como objetiva e, portanto, *geral* na medida em que deriva do próprio processo vital do qual o sujeito compartilha e não dos seus conteúdos, e *individual*, posto que se traduz em conteúdos que só fazem sentido e têm poder normativo numa manifestação real e, portanto, particular desse processo. Por essa via Simmel buscava dar bases sólidas para seus esforços para preservar a integridade do sujeito no interior de processos que o transcendem e o absorvem, como os de formação de grupos sociais.

Essas formulações exprimem a versão final de um tema que reaparece, com suas variações, ao longo de todos os trabalhos mais importantes de Simmel. Trata-se do confronto entre *vida* e *forma*.

> A vida está inescapavelmente condenada a somente se apresentar na realidade na forma do seu oposto, vale dizer, numa *forma*. (Simmel, 1968: 172.)

As formas, que são constitutivas tanto da cultura como da sociedade, têm sua gênese na própria vida, cujos portadores são sujeitos. Uma vez realizadas, contudo, tendem a contrapor o seu caráter acabado, fechado, à existência concreta dos sujeitos, que deveriam servir. Mais: na medida em que também as formas têm sua dinâmica, ela passa a ser a sua e não mais a da vida. Com isso, as formas passam a existir segundo sua lógica própria e a submeter os homens aos seus desígnios ao invés de assegurarem sua autonomia e individualidade.

Entre vida e forma Simmel traça aquilo que já foi chamado de "dialética sem conciliação" (Landmann, 1968: 16). A expressão plena disso está na ideia de *tragédia*, que Simmel explora no domínio da cultura.

> Entendemos por fatalidade trágica o seguinte: que as forças aniquiladoras dirigidas contra um ente tenham sua origem precisamente nele; que com sua destruição fique consumado um destino que é o seu próprio e que, por assim dizer, é o desenvolvimento lógico dessa mesma estrutura, com a qual o ente construiu sua própria positividade. É do conceito de toda cultura que o espírito crie algo, independentemente objetivo, pelo qual o desenvolvimento do sujeito de si mesmo para si mesmo tome seu caminho; mas precisamente nisso esse elemento integrador, condicionante da cultura, está predeterminado para um desenvolvimento próprio que ainda consome forças dos sujeitos, ainda arrasta sujeitos na sua trilha, sem no entanto conduzi-los à altura de si próprios. O desenvolvimento dos sujeitos não pode agora mais seguir o caminho tomado pelo objeto. (Simmel, 1968: 142-3.)

Nessa passagem, a linguagem por vezes soa hegeliana; mas, nesse caso, trata-se realmente de um simples "flerte". A ideia, contudo, é clara: as formas, enquanto objetivações significativas da existência, destacam-se dela, ganham vida própria e passam a impor-se aos homens. Trata-se explicitamente de uma generalização da ideia marxista do fetichismo da mercadoria (Simmel, 1968: 140). Simmel não se contenta, no entanto, com assinalar o problema, mas busca uma explicação para ele, e a encontra no incremento do processo de divisão do trabalho. Na sua perspectiva, a divisão de trabalho na produção de objetos culturais tem por consequência notável que o objeto cultural assim produzido "como totalidade e como unidade especificamente eficaz *não tem produtor*, não emergiu de uma unidade correspondente de um sujeito individual" (Simmel, 1968: 138). Aqui, claramente, se problematizam ideias que encontramos em Dilthey, mas já com base num contato com a obra de Marx; coisa que não deve ser subestimada, no ambiente intelectual da época, se levarmos em conta, por exemplo, que nas 1.200 páginas dos fundamentais volumes I, V e VII das Obras Completas de Dilthey não há uma única referência ao nome de Marx, nem os seus leitores esperariam que houvesse.

Essa mesma "dialética sem conciliação" está presente na própria concepção da relação mais profunda entre a vida e essas formas que se opõem a ela mas constituem sua única maneira de manifestar-se. Essa relação é de *conflito*, no qual a solução para o inevitável descompasso entre a vida e uma forma específica é sua substituição por outra forma, que igualmente está fadada a entrar em conflito com sua origem e também com aquela que irá substituí-la.

> Mas também é um preconceito totalmente filisteu supor que todos os conflitos e problemas somente existam para serem resolvidos. Ambos têm, na gestão e na história

> da vida, outras tarefas, que desempenham independentemente da própria solução, e por isso não foram inúteis mesmo quando no futuro o conflito não é substituído por uma conciliação, mas apenas por uma troca de formas e conteúdos por outros (...) Com isso, no entanto, realiza-se a legítima marca da vida, que é uma luta no sentido absoluto, que abrange a oposição relativa entre luta e paz. (Simmel, 1968: 173.)

Assinale-se que essas palavras são de 1918, quase contemporâneas das conferências que Max Weber proferiria em 1919 sobre "ciência como vocação", nas quais se insiste na ideia da "luta eterna entre os deuses das ordens e dos valores diferentes". É verdade que nesse ponto, como em muitos outros, o pensamento de Simmel é mais complexo e mais matizado que o de Weber. Este, no entanto, levava a vantagem da maior proximidade dos grandes temas do dia, enquanto Simmel cada vez mais era empurrado para uma posição que seus adversários não hesitavam em qualificar como marcada por uma atitude esteticamente contemplativa. É que tudo em Simmel são alusões, rodeios aparentemente fúteis em torno do tema central. Mas, como demonstrou Lukács em seus trabalhos até 1923, a assimilação intensiva de formulações suas pode contribuir para uma reflexão bastante radical, é claro que com a condição de abandonar-se a sua esfera de atuação na periferia das instituições e também desde que o trato com os problemas da dialética seja mais seguro do que nele. Em sua obra, contudo, ainda que desfigurada ela está mais presente do que na de qualquer outro sociólogo acadêmico da época. Nesse particular ele nunca recorreu à construção de dualidades rígidas, como Max Weber sempre esteve tentado a fazer. Tampouco a distinção positivista entre metafísica e ciência empírica teve jamais qualquer importância para ele, em novo contraste com Weber; na realidade, os mesmos contemporâneos que o rejeitavam por ser excessivamente especulativo também recuavam perante o componente positivista no pensamento de Weber. Nesse ponto faz sentido a observação de Aron, segundo o qual a "tragédia da cultura" é algo inexorável para ele precisamente porque suas raízes são simultaneamente metafísicas e sociais (Aron, 1964: 207).

No plano estritamente sociológico o programa de Simmel sempre foi tratado como o da construção de uma sociologia *formal*, sendo que esse termo deve ser entendido como a busca das formas básicas que o processo de interação social assume, com relativa independência dos seus conteúdos particulares. A expressão "relativa independência", que é de Simmel, tem aqui uma importância estratégica. Trata-se de impedir qualquer interpretação que busque atribuir-lhe uma separação sumária entre forma e conteúdo, que conduzisse a essa quimera que é a forma vazia, sem mais. Isso evidentemente não faria justiça a um pensador tão avesso à rigidez analítica. O problema das formas aparece em Simmel no contexto de uma análise da *interação*. A ideia básica aqui é que as formas de interação só podem ser entendidas a partir da totalidade da situação em que se manifestam. Isso significa que elas não podem ser reduzidas a processos que ocorrem inteiramente no interior dos indivíduos envolvidos. Vale dizer, transcendem as motivações subjetivas dos agentes (interesses, impulsos etc.). Se considerarmos que são precisamente essas motivações que constituem o conteúdo ou "substância" da interação, fica clara a razão da busca das formas. Para chegar a elas, basta prolongar a análise.

Nas suas interações, os indivíduos não se defrontam como entidades singulares sem mais, mas se definem mutuamente em termos das situações em que se encontram. Ocorre entre eles o que, no contexto de uma crítica a Weber, o filósofo Alfred Schutz chamou de "tipificações de senso comum" em contraste com aquelas construídas pelo pesquisador, já com base nas anteriores (Schutz, 1964: 98-115). Ou seja, os parceiros da interação, ao se defrontarem, já partem da inclusão recíproca em certas categorias, congruentes com a situação. A isso acresce que, nas suas ações recíprocas, os parceiros vão delimitando mutuamente a margem de escolhas possíveis de linhas de conduta, de tal maneira que se estabelece uma correspondência entre essas restrições recíprocas à autonomia da ação. A configuração resultante é a forma, que persiste mesmo quando variam as motivações puramente individuais, ou seja, os conteúdos particulares da interação, e orienta as predefinições da situação para as relações sociais futuras. Processos como a divisão de trabalho, a cooperação e o conflito não são, portanto, redutíveis às intenções subjetivas dos sujeitos envolvidos mas, ao contrário, *informam-nas*, no sentido exato do termo. Em consequência, a tarefa do sociólogo pode ser descrita conforme a seguinte regra, proposta por um comentarista de valor:

> Não considere o que os indivíduos fazem segundo o seu ponto de vista, mas atente para as correspondências nas suas relações. Não considere a regularidade das ações singulares de indivíduos, mas sim a regularidade nas relações entre as ações de vários. (Tennbruck, 1958: 599.)

Em suma, a Sociologia formal não envolve a abstração dos *fenômenos* de conteúdos mas da *perspectiva* do conteúdo, em favor da perspectiva da forma (Tennbruck, 1965: 78). Esse é, com efeito, o ponto fundamental, e dele Simmel extrai da maneira mais coerente as consequências teóricas e metodológicas.

> A imbricação imediata entre conteúdo e forma, tal como se apresenta na realidade histórica, não impede o isolamento científico de cada qual. Assim, a Geometria só considera a forma espacial dos corpos, que também só existe com e numa matéria, que cabe a outras ciências examinar. Igualmente o historiador, no sentido estrito, somente trabalha com uma abstração de eventos reais. Também ele destaca da infinidade do agir e do falar reais (...) os desenvolvimentos segundo certos conceitos. Nem tudo o que Frederico II [fez, pensou e sentiu] é narrado na "história"; mas o conceito de politicamente importante é aplicado aos eventos reais e então os que lhe correspondem são selecionados e narrados, embora não tenham ocorrido assim, ou seja, nessa pura coerência interna e nesse isolamento (...) A Sociologia se propõe destacar para exame específico o momento puramente social da totalidade histórica, vale dizer, o que ocorre *na* sociedade ou, numa formulação um tanto paradoxal, ela pesquisa aquilo que é "sociedade" na sociedade. (Simmel, 1968: 44-5.)

As formas de interação derivam, portanto, dos limites impostos pelas situações em que as relações sociais se dão à plena realização dos conteúdos particulares envolvidos. Se avançarmos mais um passo nessa linha de raciocínio, veremos que a plena realização das próprias formas no seu estado puro também é impossível, devido à presença simultânea no cenário social de uma multiplicidade delas, entre as quais algumas conflitantes entre si. Segue-se que não podemos encontrar empiricamente formas puras de interação: temos que *construí-las* como instrumentos analíticos indispensáveis. O procedimento de abstração envolvido nisso está claramente explicitado numa passagem do ensaio de Simmel sobre "dominação e nivelação", no qual se trata de examinar as relações entre o despotismo e a redução do conjunto de súditos ao mesmo nível mediante procedimentos eliminadores das gradações sociais entre eles.

> O entendimento sociológico visa a captar o conceito fundamental de socialização [ou seja, da constituição de múltiplas formas através da interação] nos seus significados e formações particulares. Visa a analisar complexos de fenômenos em seus fatores mínimos até o ponto de aproximar-se de regularidades indutíveis. Isso só pode ser feito mediante a construção auxiliar de linhas e figuras absolutas, por assim dizer. Estas só podem ser encontradas na vida social real como esboços e fragmentos, como realizações parciais que são constantemente interrompidas e modificadas. Em cada configuração sócio-histórica singular operam numerosas reciprocidades, provavelmente inumeráveis, entre os elementos (...) O conhecimento sociológico transforma os fenômenos históricos de tal modo que sua unidade é decomposta em numerosos conceitos e sínteses que são definidos de uma maneira puramente unilateral e que ocorrem como que numa linha reta. Como regra, um deles apanha a característica principal do fenômeno histórico em exame. Ao se curvarem e se limitarem mutuamente, todos eles combinados projetam sua imagem com crescente exatidão sobre um novo plano de abstração (...) Todos esses regimes de domínio unipessoal [mencionados] são tão profundamente diferentes entre si quanto o são as "nivelações" correspondentes entre seus súditos. No entanto, o motivo dessa correlação opera do mesmo modo em todos eles; as imensas diferenças entre os fenômenos materiais imediatos dão lugar a essa linha ideal, por assim dizer, na qual essa correlação é traçada neles. Na sua pureza e regularidade, contudo, essa correlação é uma construção científica, abstrata. (Simmel, 1964: 200-1.)

As passagens citadas acima são de importância fundamental para a presente análise, na medida em que permitem estabelecer já de maneira mais precisa os enlaces e as separações básicas entre a corrente que veio sendo examinada desde Dilthey, e cujo ponto nuclear para os atuais propósitos é Simmel, e o pensamento de Max Weber. Em consonância com o plano de exposição que venho desenvolvendo, vou ocupar-me antes das diferenças mais salientes para em seguida procurar estabelecer as aproximações.

A ênfase de Simmel sobre a perspectiva analítica da forma já foi apontada, especialmente por Kurt H. Wolff, como

> acercando-o da moderna preocupação com a "estrutura social"; faz-se justiça a uma grande parte da Sociologia de Simmel ao dizer-se que ele buscou lançar luz sobre a estrutura da sociedade. (Wolff, 1964: XXXVI.)

Tomada nesses termos, essa formulação soa um pouco sumária demais, e Tennbruck tem toda razão ao salientar repetidamente que a ideia de uma estrutura social já dada e persistente está exatamente entre aquelas que não cabem no seu esquema e que grandes vantagens derivam disso. É que o uso exclusivo do conceito de *socialização* ao invés do de *sociedade* confere ao seu pensamento toda a flexibilidade e sensibilidade às questões de mudança social (desde que localizadas e não referidas a uma sociedade tomada como sistema mais abrangente) que derivam da ênfase na dimensão de *processo* da vida social (Tennbruck, 1958: 604, 613; 1965: 92 ss.). Claro que nesse ponto reaproximamo-nos de Weber e também, diga-se de passagem, das modernas correntes norte-americanas inspiradas no pragmatismo de Herbert George Mead (e no próprio Simmel, através de Robert E. Park) representadas especialmente pela obra de Herbert Blumer e seus discípulos (Blumer, 1962: 180-91). As alusões às possíveis afinidades entre os conceitos de forma e sistema não são, porém, de todo infundadas. Prova-o a presença muito clara na obra de Simmel de um conceito totalmente alheio a Weber, que é o de *papel social*. Em se tratando de Simmel, não é de surpreender que a caracterização mais clara desse conceito não se encontre nos seus escritos especificamente sociológicos mas num ensaio que trata, é verdade que bem a propósito, da "filosofia do ator". Nesse texto lê-se que

> o "desempenho de um papel" – não como simulação e engodo, mas como o afluir da vida pessoal para uma forma de expressão que ela encontra como de algum modo preexistente e pré-indicado – faz parte das funções que constituem nossa vida efetiva (...) Quem é padre ou oficial, professor ou chefe de escritório comporta-se conforme um padrão que transcende a sua vida individual (...) No geral, encontramos de modo crônico e variável formas ideais de que nossa existência deve revestir-se (...) No mais das vezes, deparamos com uma forma preexistente, que preenchemos com nossa conduta individual. (Simmel, 1968: 79-80.)

Mais do que refletir uma idiossincrasia do modo de pensar de Simmel, não é acidental que essas considerações sobre o desempenho de papéis na sociedade apareçam num ensaio sobre o ator e não em alguma exposição sistemática de conceitos básicos sociológicos. É que isso ilustra como em Simmel o fato de se reservar à Sociologia a perspectiva da forma não implica abandonar, por um momento que seja, a atenção ao jogo frequentemente sutil entre interesses (no sentido mais amplo do termo) e as formas que moldam suas possibilidades de expressão, ou entre individualidade e papel desempenhado, na medida em que se recusa uma separação dualista entre indivíduo e situação, entre conteúdo e forma. Enfim, a maneira como Simmel trata desse tema ilustra aquela que talvez seja sua mais profunda diferença em relação a Weber; e, como vimos, essa diferença não reside no fato de ele dedicar alguma atenção unilateral à "estrutura social". O que está em jogo é sua capacidade de estabelecer distinções analíticas, não para mantê-las limpamente separadas na análise, mas para melhor poder examinar, por todos os ângulos, as mudanças provocadas *em ambos os termos* pelas suas relações recíprocas. Talvez se possa dizer que a concepção que Simmel tem desse tema o leva a enfatizar não o papel nem o ator ou sua ação, mas, recorrendo-se a um termo que não aparece nele, as *estratégias* de ação disponíveis para o indivíduo num contexto de filiações grupais múltiplas, nem sempre compatíveis entre si, em que ele se define plenamente como o "ponto de intersecção de múltiplas esferas" sociais (Simmel, 1955: 125-95). Essa linha de ideias somente pode ser reencontrada, ainda que no mais das vezes empobrecida, em formulações contemporâneas como as de *role set* em Merton (Merton, 1957: 368-84) e, especialmente, no modo pelo qual esse herdeiro de Simmel que é Erving G. Goffman explora suas inspirações mediante conceitos como o de *role distance* (Goffman, 1961: 85-192), sem falar no seu fascínio sobre o tema da integração social como jogo, que também se encontra em Simmel.

Num ensaio sobre Thomas Mann e André Gide, Kenneth Burke distingue entre os estilos de ambos mediante um exemplo paradigmático. Gustav Aschenbach, o protagonista de *Morte em Veneza,* sempre viveu com a mão fechada, os dedos crispados; nunca a deixou cair confortavelmente dos braços de uma poltrona. Para Burke, o gesto do seu personagem é também aquele que define a posição de Thomas Mann, verbalizável em termos de "senso de responsabilidade" e "solidão", em contraste com a mão relaxada de Gide, verbalizável, nos termos do seu *Diário*, como "nouveauté, vice, art". O exemplo pode ser estendido para Weber e Simmel. A mão de Weber é como a de Aschenbach (e a de Thomas Mann?), mas a de Simmel, embora não ociosa, aproxima-se da postura esteticista de Gide, embora talvez se salve do cultivo de uma certa decadência pela sua *vivacidade*. Os testemunhos daqueles que assistiram a suas aulas destacam sua capacidade de dar uma dimensão visual aos seus esforços para trazer à luz os ângulos mais inesperados de um problema.

> No momento mesmo (...) em que se julgava que ele havia chegado a uma conclusão, ele erguia seu braço direito e, com três dedos da sua mão, girava o seu objeto imaginário para exibir mais outra faceta. (Wolff, 1964: XVII.)

Se combinarmos esse gesto de exibir sempre novas facetas do seu objeto com a passagem citada mais atrás, segundo a qual os diversos elementos do fenômeno a ser analisado "projetam sua imagem com crescente exatidão sobre um novo plano de abstração", temos algo mais que a caracterização de um modo de pensar em que o caráter dinâmico atribuído aos objetos enquanto processos é concebido como variação infindável das suas características espaciais. Vale assinalar, de passagem, que esse traço do pensamento de Simmel pode ter ajudado o seu ex-discípulo Lukács a tomar por traço essencial da *reificação* o pensamento *espacializado*, que elimina a temporalidade, evidentemente ainda presente em Simmel mas já filtrada por essa sua ótica espacial ou então reduzida ao puro fluxo da vida. Recorde-se que essa última concepção, do tempo como fluxo qualitativo dos eventos, embora não diretamente vinculada à noção de "vida", ainda marca fortemente as ideias de Lukács na sua primeira fase. Vale lembrar também que Lukács relaciona a espacialização do tempo a uma posição contemplativa em face do mundo, reduzido a um processo mecânico exterior à consciência (Lukács, 1960: 117). É que isso envolve uma questão teórica das mais sérias, a saber, a da *objetividade* do conhecimento histórico-social. À primeira vista, Simmel não parece duvidar da possibilidade de um conhecimento objetivo nesse domínio, sempre que o objeto seja tomado como expressão parcial e unilateral de um processo para o qual não há como encontrar a referência a uma totalidade abrangente já dada. Um exame mais atento, contudo, sugere uma conclusão mais radical: a de que Simmel na realidade é indiferente a esse problema, não o tematiza na sua análise (novamente em óbvio contraste com Weber). Com efeito, ele propõe que a seleção do objeto e sua análise são comandados pelo conceito segundo o qual o pesquisador se aproxima da realidade. Na citação acima, o exemplo seria o do conceito de "politicamente importante". Não lhe ocorre, contudo, questionar-se sobre os fundamentos da seleção e construção do próprio conceito: afinal, em nome do que tais ou quais eventos caem na categoria de politicamente importante e, sobretudo, por que aproximar-se dos fenômenos munido desse conceito e não de outro?

Isso enfraquece a ênfase que ele próprio dá ao caráter necessariamente unilateral do conhecimento histórico-social, visto que isso é pensado como derivando simplesmente do caráter parcial em relação à complexidade dos fenômenos que um ponto de vista particular imprime ao seu conhecimento, mas não problematiza os fundamentos dessa unilateralidade em oposição a outros possíveis e concorrentes. Em suma, nesse ponto Simmel não vai além da posição de Dilthey, embora lhe imprima sua marca própria, ao substituir um relativismo de base historicista por uma concepção da gradativa integração do conhecimento formulada, por assim dizer, *more geometrico*: o unilateral é visto como um lado entre outros existentes num objeto finito – uma forma – e basta girar o objeto para que os demais sejam igualmente bem projetados no plano da análise. O mínimo que se pode dizer é que, se Weber fosse operar com analogias desse tipo, ele não falaria de retas e planos, mas de *vetores* e entenderia aquilo que Simmel chama de formas como um *campo de forças*, levando até as últimas consequências o caráter relacional do conceito. Aqui novamente se manifesta o contraste entre uma postura contemplativa e uma participante.

Essa mesma recusa de Simmel a estabelecer quaisquer dicotomias rígidas manifesta-se também no seu tratamento de dois temas que novamente o colocam em confronto com Weber, sendo que num dos casos é este próprio que o formula. Logo no início de *Economia e sociedade*, Max Weber adverte que estará preocupado com estabelecer uma distinção nítida entre o "sentido" subjetivamente visado e o "sentido" (as aspas são de Weber) objetivamente válido,

> que não somente Simmel nem sempre separa quanto frequentemente permite de modo deliberado que confluam entre si. (Weber, 1972: 1.)

Sem dúvida isso é intencional em Simmel, posto que para ele o sentido de uma configuração social só pode ser captado mediante o exame das relações específicas que se estabelecem, no caso dado, entre formas e conteúdos, ou seja, entre os enquadramentos que se desenham para a expressão dos interesses (na acepção mais ampla do termo) e estes mesmos. Portanto, o sentido é da *configuração* social, não da ação individual de cada um dos parceiros das múltiplas interações envolvidas, nem da pura relação social entendida, em termos weberianos, como ação de vários reciprocamente referida.

É em consequência disso que Simmel se desvia de Weber (seria mais correto dizer o contrário, visto que a obra de Simmel é anterior) num ponto metodológico importante. É que, enquanto Weber busca sempre estabelecer conexões significativas individuais entre *tipos* de ação social definidos pelo seu *sentido*, Simmel persegue modalidades de *correlação entre formas*. Em suma, busca localizar congruências sistemáticas entre formas, tal como o faz na passagem citada anteriormente, em que as formas correlacionadas são as de superordinação despótica e subordinação niveladora. Disso deriva, ainda no caso de Simmel, que nas suas análises os indivíduos comparecem não como agentes típicos nem como meros portadores de papéis, mas se definem mais propriamente como a expressão da *tensão em processo* entre essas duas dimensões. Neles ganha corpo a dialética entre a vida e a forma. Por isso eles ocupam posição nuclear na sua análise, mas não têm posição garantida nem como agentes nem mesmo como sujeitos; basta lembrar o exame das consequências do processo de divisão do trabalho por Simmel, quando ele examina a "tragédia da cultura".

Até aqui apareceram mais diferenças que semelhanças entre Simmel e Weber; diferenças essas que oferecem uma visão mais clara e simultaneamente mais matizada do confronto, implícito naquela ocasião entre Dilthey e sua corrente de pensamento (à qual Simmel se filia de mais de um modo) e Max Weber. No entanto, o ponto comum inquestionável entre Simmel e Weber é fundamental, e diz respeito ao uso do *tipo* como instrumento analítico básico no conhecimento histórico-social.

Na apresentação do seu ensaio sobre a questão da objetividade nas ciências sociais, Weber adverte que suas considerações não têm pretensão inovadora, pois

> quem conhece os trabalhos de lógicos modernos – apenas menciono Windelband, Simmel e, para nossos propósitos, especialmente Heinrich Rickert – perceberá de imediato que em todos os pontos essenciais eles constituem o apoio. (Weber, 1973: 146.)

Comentando essa passagem, Tennbruck assinala com razão que os nomes de Windelband e Rickert podem-se justificar por uma série de motivos, mas seguramente não no que concerne a uma das passagens mais importantes do ensaio, referente à construção e utilização do *tipo ideal* (Tennbruck, 1956: 609). Com efeito, nesse particular a contribuição de Simmel é decisiva, embora, como veremos mais adiante, não possa ser considerada isoladamente. O essencial dessa contribuição é que Simmel traz à luz a *modalidade de abstração* que logicamente se ajusta a uma análise que opera com aqueles pressupostos básicos que são comuns a ambos os autores. Esses pressupostos são os de que as unidades últimas e fundamentais de existência histórico-social são indivíduos envolvidos em processos de interação; de que aquilo que convencionalmente é designado pelo termo "sociedade" é um processo em fluxo e não uma estrutura dotada dos atributos de uma totalidade persistente; e, mais genericamente, de que as manifestações empíricas dos fenômenos são inesgotavelmente diversificadas e desprovidas de qualquer capacidade espontânea ou já dada de antemão para estruturar-se fora do âmbito das interações correntes.

Em Simmel essa modalidade de abstração corresponde ao *isolamento* e à *depuração* analítica de segmentos do transcurso empírico da existência social. Isso é feito tendo em vista, inicialmente, identificar as suas formas para, em seguida, pelos motivos já expostos, submeter as próprias formas ao mesmo tratamento, visando a atingir aquilo que na sua terminologia é ainda ambiguamente designado por "tipo de forma". A ideia básica do recurso à construção tipológica está aí exposta claramente, apesar da ambiguidade terminológica, que de resto não é acidental. É que em Simmel a passagem da ideia de forma para a de tipo não é completamente realizada, pelo menos nas suas formulações explícitas. Isso se deve à circunstância de que o seu pensamento, nesse particular, move-se a meio caminho entre premissas de caráter empirista e uma adesão a princípios de inspiração idealista, que o levam a perguntar-se, por exemplo, pelas "condições de possibilidade" da sociedade. Digamos, esquematicamente, que sua solução de compromisso consiste em concentrar sua atenção sobre os problemas mais propriamente metodológicos do que epistemológicos, a partir da delimitação do campo teórico específico da Sociologia. Essa posição, por sinal, será levada avante da maneira mais consequente por Weber, que nunca se desviou do domínio estritamente metodológico ("lógico", na sua terminologia) ao refletir sobre a ciência.

Uma distinção básica entre o tratamento que Simmel dá ao procedimento tipológico e aquele que viria a ser adotado por Weber consiste em que, para este, não há como encontrar uma instância intermediária entre a multiplicidade de ações sociais e a construção dos tipos particulares de ação pelo pesquisador. Da perspectiva weberiana a presença da forma como a concebe Simmel, como entidade a ser identificada pelo pesquisador na realidade antes de isolá-la como tipo, *vicia* a própria prática tipológica. Isso não se deve apenas a que o recurso à noção de forma já pressupõe a presença de regularidades universais de ordenação da interação social. É que também nesse ponto reaparece a diferença entre uma visão rigorosamente analítica e dicotomizadora do real, que é a de Weber, e a de Simmel, que não persegue as unidades últimas da existência social nas suas expressões mais puras e contrapostas analiticamente entre si mas se detém num plano intermediário – precisamente o das formas – em que os polos das dicotomias weberianas ainda se encontram imbricados, em oposições que não são concebidas como puramente analíticas mas como reais.

Nessas condições, a perspectiva da forma permite incorporar os fenômenos de conteúdo na própria análise, não apenas geneticamente mas também como elementos persistentes de resistência às próprias formas, numa tensão cujas sedes são os indivíduos envolvidos nas interações. É ainda por isso que Simmel não estabelece uma distinção que aparece claramente nas formulações programáticas de Weber: aquela entre ação social e relação social. Aparentemente, a ele apenas interessa a segunda, mas na realidade ele opera simultaneamente com ambas, sempre problematizando a primeira, isto é, o sentido que sua ação pode ter para o agente num campo de interações dado. Enfim, Simmel está sempre atento para o intrincado jogo entre as ações conscientes dos homens e suas objetivações e para os possíveis descompassos entre ambas, sem correr o risco de Weber, de ser apanhado de surpresa pelas manifestações disso.

De qualquer modo, a noção de forma ainda ostenta uma forte marca empirista, na medida em que essa entidade é concebida como efetivamente dada na realidade, como objeto a ser trabalhado e não, como seria o caso de uma posição radicalmente idealista, como algo semelhante a uma categoria do entendimento ordenadora do real. É por isso que a ênfase de Simmel, mais que na sua construção do objeto de análise, está no seu isolamento e depuração. Para ele, uma vez corretamente realizada essa depuração, o conhecimento científico deixa de ser problemático quanto à sua validade universal; mesmo porque as próprias formas de interação, como objeto da análise sociológica, são concebidas como tendo caráter universal, na medida em que estão presentes em conexão com os mais diversos conteúdos.

É exatamente nesse ponto que sua concepção dos problemas do conhecimento histórico-social é insuficiente para dar conta da posição assumida por Weber. É que para este o problema se concentra naquilo que Simmel é levado a negligenciar, vale dizer, na questão dos critérios que comandam as operações de isolamento e depuração de aspectos da realidade histórico-social. Em consonância com isso, Weber dedica muito mais atenção que Simmel às questões relacionadas com o caráter construtivo do tipo. É como se, no confronto entre ambos, Simmel se distinguisse como o mais complexo e matizado nas análises concretas ao passo que Weber levasse vantagem na sofisticação do tratamento de questões metodológicas. Nessas condições, é preciso ampliar desde já o quadro, com o exame dos outros autores mencionados por Weber na passagem citada acima.

CAPÍTULO 4

WINDELBAND, RICKERT E OS VALORES

Em que medida a contribuição de Windelband pode ser considerada fundamental para o desenvolvimento das ideias de Weber, tal como este mesmo o sugere? A resposta imediata seria a de que isso decorre da sua célebre distinção entre ciências generalizadoras e ciências individualizadoras. Uma atenção maior ao tema sugeriria, logo em seguida, que essa importância advém da introdução da problemática dos *valores* na consideração da especificidade das ciências históricas. Com mais um passo, chegaríamos a assinalar o próprio critério que Windelband oferece, em seu clássico ensaio sobre *História e ciência da natureza*, de 1894, para estabelecer a distinção entre essas modalidades de "ciências da experiência" (que ele distingue das "ciências racionais", como a Matemática e a própria Filosofia, cuja relação com a experiência é indireta; no que se torna claro que ele utiliza o termo "ciência" no seu sentido mais amplo e tradicional, de um "saber", como parte da sua reação ao positivismo). Esse critério é

> puramente metodológico, fundado em conceitos lógicos precisos (...) O princípio de classificação das ciências é o caráter formal dos seus alvos de conhecimentos. (Windelband, 1970: 224.)

Quanto à classificação propriamente dita, vale recordar a passagem mais citada da sua obra:

> Podemos então dizer: as ciências da experiência procuram no conhecimento do real quer o geral, na forma da lei natural, quer o singular, na configuração historicamente determinada. Elas observam num caso o fato sempre idêntico, noutro o conteúdo único do evento real determinado de per si. Umas são ciências de leis, outras são ciências de acontecimentos; aquelas ensinam o que sempre existe, estas, o que existiu uma vez. O pensamento científico é (...) num caso *nomotético* e noutro *idiográfico*. Se quisermos ater-nos às expressões usuais podemos falar, nesse sentido, da oposição entre disciplinas naturais e históricas, desde que se tenha em mente que nessa concepção metodológica a Psicologia deve ser plenamente incluída entre as ciências naturais. (Windelband, 1970: 224).

Diante dessa observação final, não admira que Dilthey tivesse rejeitado vigorosamente a classificação proposta e tivesse preferido manter como critério o próprio *objeto* das ciências para identificá-las.

Quanto à relevância disso para o pensamento de Max Weber, ela ainda é bastante remota, até aqui. Cumpre então acompanhar mais o texto. A sequência da passagem acima talvez seja mais significativa. "É possível e verificável que os mesmos objetos possam ser submetidos a um exame nomotético e também idiográfico", visto que essa distinção é relativa. Afinal, ela "classifica o tratamento e não o próprio conteúdo do conhecimento". Do ponto de vista substantivo, Windelband está preocupado com o predomínio das ciências nomotéticas nas construções lógicas e epistemológicas suas contemporâneas. Seria desejável, diz ele, que "a reflexão fizesse a mesma justiça à grande realidade histórica (...) como o faz com as formas de pesquisa da natureza". Isto se justifica tanto mais quanto ambas as modalidades de ciência compartilham as mesmas modalidades de demonstração: experiências, dados sensoriais. Além disso, nenhuma delas se satisfaz com o que o senso comum oferece. "Ambas necessitam para seu fundamento uma experiência cientificamente depurada, criticamente formada e provada no trabalho conceitual" (Windelband, 1970: 226).

Até aqui temos uma distinção que ainda promete chegar à especificidade decisiva dos seus componentes e que os associa sob o signo de algo assim como um empirismo crítico. Na realidade, já se torna nítido nesse ponto que Windelband está empenhado em encontrar uma solução de compromisso, definível no plano estritamente metodológico, entre as posições positivistas de cunho "naturalista" que se encontravam então em plena ofensiva e a consideração pela legitimidade e especificidade do conhecimento histórico. Tratava-se, em suma, de abrir um espaço para a historiografia e as áreas afins no domínio das ciências. Nesse sentido, a preocupação está voltada mais para o modo de associação possível entre as duas modalidades de ciências propostas do que para o simples estabelecimento de uma distinção entre elas; e é por isso que o caráter puramente formal da sua classificação desempenha um papel tão importante no seu trabalho. O passo seguinte, no entanto, já permite estabelecer melhor a base última da distinção proposta:

> A diferença entre pesquisa da natureza e história somente começa quando se trata de ajuizar os fatos conforme o conhecimento. Aqui vemos: uma ciência busca leis; a outra, configurações. Numa, o pensamento conduz da constatação do particular para a captação de relações gerais, na outra ela se detém na caracterização atenta do particular. Para o pesquisador da natureza o objeto singular dado à sua observação jamais tem valor científico como tal; ele só lhe é de valia na medida em que o pesquisador se sinta justificado a tratá-lo como tipo, como caso especial de um conceito genérico, e desenvolver este último a partir dele. Assim, a reflexão é apenas sobre aquelas características que se prestam à percepção de uma generalidade conforme as leis. Para o historiador a tarefa consiste em reavivar novamente para uma experiência contemporânea ideal qualquer constelação do passado na sua expressão mais individual. Compete-lhe fazer em relação àquilo que ocorreu algo análogo ao que o artista faz com o que está na sua fantasia. Nisso reside a afinidade do trabalho histórico com o estético e das disciplinas históricas com as *belles lettres*. (Windelband, 1970: 227.)

Até aqui tudo indica que estamos nos afastando, ao invés de nos aproximarmos, daquilo que seriam as formulações de Max Weber. É inequívoco que o afã de Windelband no sentido de livrar-se do "naturalismo" e do "positivismo" leva-o a descuidar-se do componente de historicismo tradicional que a todo momento adere às suas formulações. Isso fica ainda mais nítido na sequência da sua exposição.

Para Windelband, as duas modalidades de ciência que propõe distinguem-se pelo lugar que a "abstração" ocupa nas generalizações e a "plasticidade" ocupa no tratamento da experiência individualizada. Para perceber isso, diz ele, cabe comparar os resultados da pesquisa. E, ao fazê-lo, tem o seguinte a dizer da historiografia:

> A sua meta final sempre é extrair com esmerada nitidez da massa de dados a figura verdadeira do pretérito. O que ela fornece são quadros de pessoas e vidas pessoais com toda a sua riqueza característica, conservados em toda a sua vida individual. (Windelband, 1970: 228.)

Portanto, reprodução do objeto na sua integridade individual. Decididamente, quanto mais tentamos nos aproximar de Weber, mais nos afastamos dele. Está claro, pelo menos, que Windelband tem pouco ou nada para oferecer no tocante ao caráter construtivo do conhecimento histórico e à utilização do *tipo* como instrumento de análise. Talvez a referência à *avaliação* como traço intrínseco à ciência histórica nos dê o ponto de contacto.

Essa questão é posta por Windelband em termos de qual o valor que o conhecimento de um objeto tem; e esse valor é dado pela possibilidade de integrá-lo no conhecimento mais amplo, para o qual contribuiria.

> Assim, num sentido científico, o próprio fato já é um conceito teleológico. Nem tudo o que é real, arbitrariamente dado, é fato para a ciência, mas só aquilo do qual – expresso em termos sumários – se pode aprender algo.

É preciso ter-se em consideração que

> todo interesse e avaliação, toda determinação de valor humano refere-se ao singular e ao único. (Windelband, 1970: 230-1.)

Independente do tratamento que ainda se venha a dar, mais adiante, ao ensaio sobre a objetividade e aos demais escritos metodológicos de Weber, a mera recordação desses trabalhos já deixa patente a distância que os separa dessas posições de Windelband, tal como se apresentam no seu trabalho, que, à primeira vista, constituiria o melhor lugar para encontrar a justificativa de sua menção pelo próprio Weber. Na realidade, as passagens em que mais seguramente se poderiam estabelecer algumas convergências são precisamente aquelas que dizem respeito ao caráter não rigidamente exclusivo, não hermeticamente oposto, das duas modalidades de ciência propostas por Windelband.

Assim, pode-se reconhecer uma possível fonte da preocupação weberiana com um conhecimento empírico de caráter mais geral, relativo a regularidades observadas de ação, para se postularem conexões causais particulares na História quando Windelband afirma:

> As ciências idiográficas necessitam constantemente de enunciados gerais, que podem justificadamente tomar emprestados das disciplinas nomotéticas. Qualquer explicação causal de um evento histórico pressupõe representações gerais sobre o decorrer genérico das coisas; e se queremos dar forma puramente lógica às demonstrações históricas, então elas sempre terão por premissas últimas leis naturais do acontecer, especialmente do acontecer espiritual,

ou seja, acerca de como "os homens como tais pensam, sentem e querem" (Windelband, 1970: 232). No caso de Weber, as regularidades de conduta envolvidas na explicação não são tão genéricas e muito menos "leis gerais", mas pelo menos a linha de raciocínio é semelhante. Da mesma maneira, na última passagem que nos interessa da *História e ciência da natureza*, o início evoca Weber para logo em seguida o raciocínio orientar-se no sentido oposto àquele que ele adotaria sobre o tema; neste caso, aliás, um tema central, o da relação entre causalidade e liberdade. Para Windelband, a cadeia da sequência causal que as ciências possam estabelecer não tem fim, não há "fórmula universal" que explique o conjunto. Por isso

> sempre nos resta um resíduo de incompreensível em tudo que experimentamos histórica e individualmente – algo inefável, indefinível (...): isso aparece à nossa consciência como o sentimento do caráter não causal da nossa essência, ou seja, da liberdade individual. (Windelband, 1970: 254.)

Aqui, portanto, reaparece o tema da identificação da liberdade com uma dimensão irracional da existência, que Weber rejeitaria resolutamente.

Na realidade, o ponto mais importante desse trabalho de Windelband, para quem o encara da perspectiva de Weber, consiste na sua sugestão de que a diferença entre as ciências da natureza e da história é fundamentalmente de caráter *formal*, e diz respeito à perspectiva pela qual nos aproximamos do objeto. Segue-se, de maneira perfeitamente coerente com essas ideias, que o *mesmo* objeto pode ser tratado tanto idiográfica quanto nomoteticamente, já que, nas próprias palavras de Windelband, essa distinção é só "relativa". Essa expressão, aliás, é infeliz, bastando lembrar que o próprio caráter formal da distinção proposta já conduz à consequência apontada. Essa carência de rigor, visível na própria linguagem, não é, de resto, acidental. Ela trai o caráter indeciso que ainda assume, nesse ponto, o confronto entre a posição de Windelband e a de Dilthey, favorável a um critério substantivo para a separação entre esses domínios da ciência. Será preciso esperar por Rickert para que as posições fiquem mais bem delineadas e sua relevância para Weber possa ser também mais bem examinada.

De qualquer maneira, a constatação de que esse texto clássico de Windelband não é suficiente para justificar a referência que Weber faz a esse autor como um dos precursores de suas concepções metodológicas complica a nossa tarefa. Será necessário, agora, alinhar os elementos que permitem uma reconstrução, naquilo que aqui é relevante, do campo de ideias em que se move o pensamento de Windelband, sempre tendo em vista a continuidade que, em pontos essenciais mas não em todos, há entre ele e Rickert.

Não é difícil assinalar a preocupação básica que norteia o seu pensamento e que caracteriza a chamada escola neokantiana de Baden (mais precisamente, da capital dessa província, Heidelberg, onde Weber também trabalhou). Sua intenção manifesta é estender o apriorismo kantiano do domínio do conhecimento da natureza para o da história. Vale dizer, buscava-se estabelecer em moldes rigorosos as condições da possibilidade do conhecimento histórico-cultural. Isso se fazia na luta contra três adversários de peso: o historicismo, o psicologismo e o naturalismo positivista.

Nessa linha de interesses, o pensamento de Windelband desenvolve-se numa trajetória que não é uniforme, ao longo de 30 anos em que se preocupou diretamente com o tema. Uma tentativa digna de nota de fazer frente aos problemas dos quais também trataria no trabalho citado acima, sobre *História e ciência da natureza*, aparece num ensaio um pouco anterior, de 1882, em que ele examina as relações entre "normas e leis naturais". Neste trabalho, ele ainda está claramente voltado para uma tentativa de conciliação entre esses dois domínios. O conceito de que ele se vale para isso é o de *seleção* entre manifestações da realidade.

> As normas são sempre (...) formas específicas de realização de leis naturais. O sistema das normas representa uma *seleção* entre a imensa multiplicidade de formas e combinações das quais possam destacar-se as leis naturais da vida psíquica, com referência às condições individuais de cada caso. As leis da lógica são uma seleção entre as diversas formas possíveis de associações de ideias; as leis da ética, uma seleção entre as formas de motivação possíveis; as leis da estética, uma seleção entre as formas possíveis de nossos sentimentos e de seu modo de manifestar-se. [Para que isso possa ocorrer, impõe-se que tais leis ou normas tenham validade universal. Assim,] (...) as normas são aquelas formas de realização das leis naturais que devem ser aprovadas pressupondo-se que se ajustem ao fim da vigência geral. (Windelband, 1949: 266-7.)

Ao desenvolver essas ideias, Windelband chega à conclusão de que

> a razão não é engendrada, mas já está contida no interior da variedade infinita dos processos naturalmente necessários: cumpre reconhecê-la e, ao revelá-la à consciência, convertê-la em fundamento determinante. O reino da liberdade é aquela província do reino da natureza na qual só rege a norma. Nossa missão e nossa ventura consistem em nos instalarmos nessa província. (Windelband, 1949: 284.)

Essa formulação é significativa quando nada porque sugere claramente que o rótulo de "neokantismo" aplicado a Windelband não nos deve levar a procurar diretamente em Kant a inspiração última das suas ideias. Na verdade, já nesse passo ele está mais propriamente a meio caminho entre Kant e Hegel (do contrário, como interpretar a ideia de que a razão não é engendrada, mas por outro lado, está contida nos "processos naturalmente necessários?"). Já aqui encontramos elementos para considerar plausível a observação de Habermas, feita em relação a Rickert mas igualmente aplicável a Windelband, de que seu problema básico é precisamente haver formulado um problema hegeliano mas ter sido "incapaz de completar a transição entre Kant e Hegel" (Habermas, 1970: 76). O "problema hegeliano" a que se refere Habermas é o da ideia de um "espírito objetivo", que no entanto colide com a concepção da validade universal e incondicional dos "sistemas de normas" de que fala Windelband. Enfim, em ambos os trabalhos examinados até aqui, e também nos posteriores, Windelband oscila entre a ideia de uma constituição transcendental do domínio da natureza e da cultura, em termos das condições *a priori* para o seu conhecimento, e a ideia de sistemas normativos dados de fato embora com validade universal.

Na realidade, a fonte imediata das concepções de Windelband, que ele mesmo aponta, é a obra de seu mestre, Hermann Lotze, um filósofo atualmente esquecido mas que parece ter exercido forte influência sobre seus contemporâneos. Para esse autor, o conhecimento jamais pode ser concebido como cópia ou símile de coisas, e a verdade consiste na descoberta de significados e na compreensão de algo dotado de sentido. Isso remete diretamente ao tema dos valores, que são concebidos como tendo caráter independente e definível estritamente em termos de sua vigência (Glockner, 1968: 974). Esse conceito de vigência passa a ocupar posição central no pensamento de Windelband, e o conduz a conceber toda a Filosofia como girando em torno da questão dos valores. Já nas concepções de Lotze encontram-se os elementos de uma espécie de "hegelianização" de Kant, no sentido de uma busca da normatividade, de um "espírito", se se quiser, imanente aos fenômenos. Windelband leva essas sugestões até o fim, e acaba propondo, num ensaio de 1910, uma "renovação do hegelianismo".

Esse ensaio está explicitamente dedicado a um apelo para que se considere a

> responsável seriedade pela qual a filosofia hegeliana se esforça por compreender e trazer à tona conceitualmente (...) a razão dentro do mundo, nesses tempos espiritualmente agitados em que não se busca uma filosofia que se dedique a indagar ou compreender os valores racionais, mas a criá-los normativamente com valores novos. (Windelband, 1949: 208.)

Constitui, portanto, uma posição de um pensador que sempre esteve mais voltado para o compromisso. Seu ponto de partida é uma concepção muito particular do significado do pensamento de Kant.

> Sua filosofia transcendental é, quanto aos resultados, a coerência dos princípios de tudo o que hoje resumimos sob o nome de cultura. Examinam-se nela os fundamentos conceituais do saber, da moral, do direito, da história, das artes, da religião, tendo em vista encontrar o que nelas haja de evidência intrínseca, independente de toda captação empírica pela consciência individual ou mesmo pela consciência histórica comum, de tal modo que sejam válidos para todos os lugares e todos os tempos. Assim, e não de outro modo, deve ser interpretado o apriorismo kantiano. (Windelband, 1949: 198.)

Essa interpretação está diretamente fundada na noção de vigência, tomada de Lotze, que também é aplicada ao pensamento pós-kantiano, cujos desdobramentos o ensaio procura examinar.

Para Windelband, os problemas legados por Kant encontram duas grandes linhas de resposta entre seus sucessores: a de Fries, que conduz a um psicologismo, e a de Hegel, que conduz a um historicismo. Ambas carregam consigo o risco do relativismo, que Windelband quer evitar. A saída que ele encontra é a de se separar nitidamente os domínios do ser e do dever, da existência e da validade. Por essa via, procura impossibilitar a solução relativista de derivar o normativo do empiricamente dado. Em suma, ele propõe que se distingam a esfera dos valores do campo de suas realizações, tomando-se aquela como dotada de vigência universal e incondicional. No seu entender, isso já se encontra em Hegel (Windelband, 1949: 205), embora envolva o risco de uma recaída em posições puramente metafísicas.

> Esta vigência dos valores racionais (...) é o ponto extremo ao qual pode chegar a filosofia crítica. Fazer valer de um modo efetivo ante a consciência empírica sua evidência imediata mediante sua própria razão de ser imanente e objetiva; nisso consiste a missão do filósofo. E isso é o que a distingue, a rigor, da nova metafísica. (Windelband, 1949: 206.)

Essa é, então, a saída proposta por Windelband: a Filosofia como ciência crítica dos valores, entendidos esses não em termos de *existência* mas de *vigência*. No entanto, como demonstra Andrew Arato em importante ensaio de síntese sobre a "defesa neoidealista da subjetividade", Windelband não tem condições, com esse esquema, de fazer frente ao seu principal adversário, o positivismo; mesmo porque já sucumbe a ele ao sancionar a sua visão fragmentária do universo teórico no momento em que concebe a Filosofia como ciência especializada (Arato, 1974: 114).

Entre esses dois momentos, contudo, há pelo menos um escrito de Windelband em que sua posição é mais definida e formulada com maior rigor; e coincide explicitamente com as formulações de Rickert. O trabalho em questão é de 1904 (ano da publicação do ensaio sobre a objetividade nas ciências sociais, de Max Weber) e está dedicado à comemoração do centenário da morte de Kant. Aqui, apresenta-se uma concepção do conhecimento histórico, cuja origem é atribuída à filosofia kantiana, que constitui simultaneamente uma espécie de resumo de ideias que vinha sendo desenvolvido por Rickert e uma prova das afinidades entre ambos os autores (ou de falta de originalidade de Windelband).

> A natureza, considerada como objeto da ciência, é um cosmos cuja ordenação somente podemos representar-nos em ideias e em conceitos partindo das formas da nossa razão. Pois bem, o mesmo pode dizer-se da história, *mutatis mutandis*. Tampouco o historiador propõe-se descrever o ser e o acontecer soltos, no tempo, em toda a sua variedade individual; não pensa nisso pela simples razão de que, embora quisesse fazê-lo, não o poderia. Também ele seleciona entre a massa infinita dos fatos historicamente dados alguns, que em nada são determinados pelo destino da tradição, mas antes essencialmente pelo interesse que os diversos elementos do passado estão chamados a despertar. São incontáveis as coisas que "acontecem" e que jamais entrarão na "história". E o interesse que preside tanto a tradição quanto a seleção do historiador depende, nesse caso, dos conceitos de valor da vida humana; somente se reconhece como fato histórico aquilo que tem alguma importância para a memória da espécie, para seu valioso conhecimento de si mesmo. E o próprio interesse determina, essencialmente, as relações em que o historiador deverá vincular entre si os fatos; o que ele busca não

> são conceitos genéricos mas formas e complexos de formas, condicionados por essas relações de valor. A investigação histórica vale-se também, às vezes, do conhecimento de certas relações gerais, tomadas em certas ocasiões das ciências normativas e em outras obtidas por ela própria para esse fim, mas sempre como meio para chegar a compreender aqueles vínculos. Portanto, também a "história", considerada como objeto da ciência, constitui uma conexão ordenada, que podemos extrair e preparar com base nos fatos dados, conforme o padrão dos interesses racionais necessários e da validade geral. Com efeito, a ciência histórica somente se distingue do relato individual por tomar como princípio de seleção e de relação entre os fatos não o interesse pessoal do indivíduo, mas os valores necessários e de vigência necessária. (Windelband, 1949: 111-2.)

A circunstância de que essa tentativa de Windelband para sintetizar as ideias básicas de seu colega Rickert ocorra no mesmo ano em que Max Weber publica seu ensaio fundamental sobre esses mesmos problemas é evidentemente significativa, embora nada nos permita concluir acerca da questão que nos interessa, que é a da real influência dos neokantismos de Baden sobre as concepções de Weber. Temos que examinar um pouco mais a fundo as ideias do próprio Rickert. Para isso, recorrerei fundamentalmente a seu trabalho sobre os *Problemas da filosofia da história* (cuja primeira edição, por sinal, também é de 1904) e só secundariamente à sua exposição sobre *Ciência cultural e ciência natural*, de 1899, que é na realidade uma espécie de obra de divulgação das ideias contidas na sua obra máxima nesse campo, sobre os *Limites da conceptualização na ciência natural*, de 1896. Esse procedimento justifica-se, a meu ver, porque no livro que usarei como base as ideias de Rickert sobre o tema apresentam-se na sua forma mais sistemática e acabada (além de oferecer a vantagem nada negligenciável de ser de mais fácil acesso que o livro sobre os "limites").

As ideias básicas de Rickert são bem conhecidas. Segundo ele, a realidade apresenta-se como um "contínuo heterogêneo" de eventos discretos.

> Na realidade não existem objetos gerais, mas apenas individuais; somente existe o único, e não há nada que realmente se repita. (Rickert, 1961: 45.)

Fiel à orientação da sua escola, ele sustenta que o apriorismo kantiano já forneceu uma resposta plenamente elaborada para um domínio do real, que é o da natureza. Resta desenvolver de modo consequente os conceitos correspondentes a outro domínio, que é o da história.

No tocante ao primeiro ponto, a reflexão de Rickert, assim como a de Windelband, ajusta-se à definição contida no parágrafo 14 dos *Prolegômenos a toda metafísica futura*, de Kant, segundo a qual "natureza é a existência das coisas na medida em que é determinada conforme leis gerais". Isso lhe permite delimitar o campo das ciências da natureza: ele se constitui quando o sujeito se defronta com o real munido do conceito de lei geral, ou seja, busca o que é genérico a uma multiplicidade, ou classe, de fenômenos. Por contraposição, delimita-se o campo das ciências históricas: ele se constitui pela aplicação de conceitos individualizadores aos fenômenos. Portanto, a diferença entre ciências da natureza e ciências históricas não é dada por quaisquer atributos intrínsecos à realidade, mas esta se constitui como natureza ou como história conforme os interesses de conhecimento do sujeito sejam de caráter generalizador ou individualizador. Como também ocorre com Windelband, naquilo que este tem de kantiano, Rickert elabora à sua maneira ideias cuja expressão em Kant está dada nas suas obras dedicadas à "razão prática", especialmente a de que o conhecimento do mundo não lhe confere nenhum valor de per si, mas apenas quando envolve a ideia de um fim. Este, por seu turno, implica um interesse que, no caso do conhecimento, opera como o princípio que aciona a própria vontade de conhecer, em conformidade com a formulação, na *Fundamentação da metafísica dos costumes*, de que é pelo interesse que a razão se torna prática, ou seja, "causa determinante da vontade". É nesse contexto, de resto, que faz sentido a observação de Windelband, em passagem citada atrás, de que a própria noção de coisa é teleológica.

No caso das ciências históricas, o que fundamenta esse interesse? Para responder a isso, Rickert recorre à ideia, que já vimos em Windelband, da vigência de valores universais e incondicionais. O problema básico para Rickert consiste em vincular o existente ao *sentido* da sua existência a partir de uma perspectiva não formal, mas dotada de um conteúdo: precisamente o dos *valores*. Rickert insiste em que nesses valores importa exclusivamente a *vigência*, não a *existência*. Essa concepção o levou, num certo momento da elaboração de seu pensamento, a conceber a ideia da definição de um sistema de valores universais que pudessem desempenhar, em relação ao conhecimento histórico, o papel das categorias *a priori* no conhecimento da natureza em Kant. A impossibilidade de derivar esse sistema da multiplicidade de manifestações empíricas de valores no mundo histórico levou-o a abandonar esse projeto, mas não conduziu à rejeição do princípio de que os valores universais e suas formas historicamente dadas de realização constituem dois universos distintos. É em nome desse princípio que ele ganhou condições para sua distinção fundamental entre avaliação prática de um fenômeno e referência teórica a valores com vistas ao seu conhecimento.

Essas considerações de Rickert permitem-lhe propor a existência de uma categoria específica de objetos que não fazem parte nem da realidade captada por via sensorial nem do mundo psíquico. São os *complexos de sentido*, entidades significativas acessíveis à *compreensão*, de modo análogo ao que ocorre "com uma palavra ou o sentido de uma proposição". Num primeiro momento, Rickert propõe chamar esse domínio de "espírito", para logo abandonar o termo, devido a suas ressonâncias hegelianas e também diltheyanas, e substituí-lo por *cultura*. Com isso, a história identifica-se como "ciência da cultura humana". Nesse ponto, fecha-se a distinção entre natureza e história:

> A vida cultural apresenta-se sempre como um *acontecer significativo e pleno de sentido*, ao passo que a natureza se desenvolve sem significado e sentido. (Rickert, 1961: 36.)

A cultura refere-se, então, ao universo significativo em que os homens vivem, e se manifesta através de realizações individuais e irrepetíveis, na história, de valores universais. O conhecimento da história consiste, portanto, em examinar precisamente esse caráter individual e particular que valores universais assumem em configurações concretas e irrepetíveis; daí o seu caráter necessariamente individualizador.

Um problema que se levanta imediatamente é o do papel de uma ciência individualizadora no interior de uma realidade na qual nada há senão objetos individuais. Ocorre que, para Rickert, assim como para toda a escola de pensamento a que pertence, o conhecimento de um objeto não pode ser concebido como uma cópia, símile ou imagem da sua expressão integral. O conhecimento da individualidade de um objeto, diz ele, não implica conhecer a

> multiplicidade *íntegra* do seu conteúdo, mas se realiza numa determinada seleção e transformação, vale dizer, destaca-se num complexo de elementos que nessa combinação particular só pertencem a *um* objeto determinado (...). Devemos distinguir então a "individualidade" que corresponde a todo objeto ou processo qualquer (cujo conteúdo coincide com sua realidade e cuja cognição não é nem alcançável nem desejável) da individualidade *significativa* para nós (que consiste somente de determinados elementos) e devemos entender com toda a clareza que a individualidade no sentido mais estrito, à qual nos referimos comumente, assim como o geral do conceito específico, não são elas próprias uma realidade mas um produto da nossa interpretação da realidade, de nossa conceituação pré-científica. (Rickert, 1961: 45.)

No estudo dos fenômenos histórico-culturais, portanto, os conceitos são mais pobres em conteúdo que as manifestações individuais da realidade a que se aplicam; eles envolvem uma *seleção*, em busca daquilo que é "essencial" para o historiador no conteúdo dos seus objetos. Surge, assim, a questão do "princípio que informa essa seleção e modificação". A solução de Rickert é que

> o individual pode tornar-se essencial *unicamente* com relação a um valor, e por isso a eliminação de toda conexão com valores traria consigo a eliminação do interesse histórico pela realidade, e a própria história. [Assim,] (...) a história não só pressupõe seu próprio *fim* científico como valor, como o faz toda ciência, mas à sua essência lógica pertencem *outros* valores vinculados a seus *objetos*, sem os quais nem mesmo seria possível uma concepção individualizadora. (Rickert, 1961: 67-8.)

Aqui aparece com toda força a exigência da distinção entre *avaliação prática* e *referência teórica a valores.*

> A referência teórica a valores na história não só é independente da valorização positiva ou negativa como também deve ser livre de *arbitrariedade* em mais outro sentido, a saber, acerca de quais são os valores a que os objetos são referidos. Mas isso se consegue quando o historiador divide a realidade individual em elementos essenciais e não essenciais unicamente mediante referência a valores *gerais*, vale dizer, a valores tais como se encontram materializados nos exemplos do Estado, da arte, da religião etc. [Em termos sumários,] (...) a individualidade de um objeto obtém sentido e significado na história devido a que se acha em relação com um valor universal para cuja realização contribui mediante sua estruturação individual. [Assim,] (...) as estruturas de sentido concretas que se podem achar nos objetos reais não se encontram então da mesma forma que os princípios históricos da seleção, na esfera do real, mas na dos valores, e a partir disso deve ser compreendida a conexão do método individualizador, referido a valores, com o material significativo e pleno de sentido da história. (Rickert, 1961: 71, 78-9.)

Nesse contexto esclarece-se outra observação de Rickert, ao discutir a possibilidade de se operar com "leis" históricas.

> A cultura não é de modo algum uma realidade livre de concepções, que possa ficar sujeita a qualquer elaboração e transformação mediante conceitos, mas aquilo que é concebido como cultura é, em primeiro lugar, um determinado *fragmento* da realidade da qual não se sabe se valem justamente para ele e somente para ele os conceitos da lei; ademais, esse fragmento é uma realidade já *estruturada* e transformada em uma forma muito determinada mediante valores culturais. (Rickert, 1961: 101.)

Essa ideia, de que o cientista encontra o seu objeto já estruturado, é de importância decisiva, não só para um confronto entre Rickert e Weber, mas também para entender o próprio Rickert. Ela sugere claramente que, no desenvolvimento das suas concepções, ele caiu numa armadilha. Sua preocupação, tal como a de Windelband, era a de fundamentar uma concepção de ciências histórico-culturais que fosse imune tanto ao historicismo quanto ao positivismo. Ao mesmo tempo que ele sustenta que "a Filosofia sempre terá que combater o historicismo como visão do mundo" (Rickert, 1961: 26), ele repele a ideia da existência de leis ou regularidades gerais na história e, numa clara manifestação de suas preocupações antipositivistas, proclama que "a afirmação da 'unidade do método científico' contradiz de modo absoluto os fatos" (Rickert, 1961: 53). Aqui se encontra a raiz do seu afã por separar os domínios das ciências naturais e históricas, de uma maneira tal que "as proposições de umas não possam ser traduzidas para proposições das outras" (Habermas, 1970: 74-5). É nessa caminhada que se apresenta a armadilha a que aludi acima. É que, apesar de todos os seus esforços para evitar o próprio termo "espírito", porque poderia evocar o "espírito objetivo" hegeliano (ou a noção correspondente em Dilthey), ele acaba chegando perigosamente próximo do historicismo. Isso ocorre porque, a despeito de todos os seus esforços em contrário, ele tende a transferir os sistemas de valores universais *a priori* que buscava definir no início da sua reflexão para a própria realidade empírica. Os valores que conferem significado ao objeto e orientam a sua seleção pertencem ao próprio objeto, ainda que como expressão de valores universais que o transcendem. O objeto (a cultura) individual é *intrinsecamente* significativo. Uma consequência paradoxal disso é que, para não cair na ideia hegeliana da realização *histórica* dos valores no "espírito", ele enfatiza tanto a sua contrapartida, que é a da realização dos valores na história, que acaba correndo o risco de "desistoricizar" a própria história, ao concebê-la como congérie de complexos significativos individuais, retirando-lhe qualquer dinâmica própria. Em suma, constrói uma espécie de "historicismo sem história", ao identificar a realização dos valores na história com a noção de sistemas culturais. Cabe lembrar, nesse contexto, a observação de Habermas já mencionada com referência a Windelband, acerca da transição frustrada de Kant e Hegel.

É verdade que há passagens em que uma concepção da dinâmica histórica parece estar presente, como ocorre quando Rickert afirma que

> se tornam historicamente essenciais unicamente aqueles objetos que possuem significação com respeito a interesses de grupo ou *sociais*, ou cuja estrutura de sentido, às quais servem de portadores, deixam-se compreender como constituídos por valores sociais. Disso decorre que o objeto principal da investigação histórica não seja o homem pensado como desligado da sociedade mas o homem como *ser social*, devido à conexão histórica real das partes com o todo histórico. Dever-se-á levar especialmente em conta a medida em que [ele] participa da realização dos valores que são importantes para a conexão social. (Rickert, 1961: 87.)

É fácil ver, contudo, que essa observação mais reforça que atenua a presente argumentação, sobretudo se atentarmos para a presença um tanto insólita nesse contexto da questão do "todo histórico" e das relações necessárias parte/todo, que envolvem primordialmente a noção do sistema. Nesse ponto, e como já ocorrera com Windelband, não estamos tão longe de Dilthey. Além disso, e como advertência fundamental, temos que considerar que, no esquema de Rickert, os interesses que comandam o conhecimento são de ordem *formal*, não substantiva. A questão da *oposição de interesses*, quando aparece, diz respeito aos móveis da orientação do conhecimento para o domínio da natureza ou para o da história.

> Uma divisão em ciências naturais e ciências culturais baseada na especial significação dos objetos da cultura poderia manifestar melhor do que qualquer outra a *oposição de interesses* que separa os dois grupos de investigadores. (Rickert, 1943: 44.)

Para evitar uma concepção mais propriamente histórica ou sociológica dos valores (que implicaria precisamente buscar as condições empíricas da sua vigência) Rickert redefine o problema da expressão dos valores na história. Ao invés de serem tomados como exprimindo as formas de organização da existência dos homens, eles são concebidos como expressão, na história e através da cultura, de algo que está fora dela. No entanto, isso acaba revelando-se insuficiente para dar conta do problema. De modo semelhante, na sua luta com o naturalismo positivista, Rickert é levado a uma formulação aparentemente paradoxal: se a realidade histórica é constituída de fenômenos discretos, é preciso mais uma vez individualizá-los para conhecê-los cientificamente e não subordiná-los a leis gerais, como faz o "naturalismo" positivista, partindo, por sinal, da mesma premissa. Enfim, o grande problema com que Windelband e Rickert se defrontam é o da relação entre o particular e o geral, entre o individual e o universal. Sua solução para isso é a mais radical possível: fazem um corte entre ambas essas dimensões, criando duas ordens heterogêneas entre si de conceitos e de domínios do conhecimento correspondentes, e levam seu dualismo até a sua consequência última, que é a de postular dois universos separados, o do *ser* e o do *dever*, entre os quais não há conciliação possível.

É comum ler-se que entre as duas principais escolas neokantianas rivais da época, a de Baden e a de Marburgo, a primeira orientava seu pensamento em termos do primado da "razão prática", e a segunda com base na"razão pura". Isso pode valer para um confronto (que, evidentemente, não tenho condições para fazer) entre, digamos, Wilhelm Windelband e Hermann Cohen e, se quisermos ir mais fundo, também Emil Lask. Mas, é no grande representante da escola de Marburgo na área da reflexão sobre as ciências humanas, Ernst Cassirer, que encontramos uma visão muito clara dos limites em que se debatiam seus colegas de Baden. Cassirer, que elaborou toda uma fascinante teoria sobre os problemas das relações entre existência, expressão e forma na história e na cultura, e que soube fazer uso do estudo da linguagem para elaborar uma concepção da forma que lhe permite evitar a visão "trágica"da cultura presente num Simmel – com o qual polemiza explicitamente (Cassirer, 1972: 155-91) –, apresenta uma concepção de conceito muito mais flexível que aquela presente em Windelband e Rickert. Após criticar, é verdade que de modo um tanto sumário, o caráter arbitrário das distinções que eles propõem, lembra que

> todo conceito científico é, na realidade, algo geral e particular ao mesmo tempo; sua missão consiste precisamente em realizar a síntese entre um e outro. (Cassirer, 1972: 60.)

Mas, entre a síntese e o dualismo, aqueles autores com que Weber teve contato acadêmico mais direto seguiram a linha do dualismo.

CAPÍTULO 5
A CONTROVÉRSIA METODOLÓGICA

De modo geral e independentemente do confronto mais pormenorizado, pode-se assinalar desde logo que naquilo que Max Weber incorporou das formulações desses autores, há uma decisiva mudança de ênfase, no sentido de que sua preocupação primordial é com considerações de ordem estritamente metodológica. Sua perspectiva, em suma, é a do cientista prático, mais do que a do filósofo. Isso torna tanto mais relevante a circunstância de que a fase de formação do seu pensamento acerca desses temas tenha sido marcada pela presença daquilo que se tornou conhecido como a "controvérsia metodológica" no interior de um campo científico definido, o da Economia. Cumpre então passar em revista aqueles aspectos dessa polêmica, que se estendeu por quase vinte anos, até o início do século XX e, conforme a observação caracteristicamente irônica de Schumpeter, extinguiu-se por cansaço dos seus participantes. Da perspectiva da formação do pensamento de Weber, contudo, os temas nela tratados são de importância crucial. Além disso, é preciso levar em conta que essa polêmica é contemporânea dos desenvolvimentos filosóficos que vínhamos examinando, quando não os precede. Tratava-se, em suma, de saber se a Economia deve ser concebida como ciência histórico-individualizadora e dotada de conteúdo normativo ou como ciência valorativamente neutra e voltada para a busca de determinadas regularidades gerais de ação humana. Temos aqui a contrapartida, científica e metodologicamente localizada, do persistente tema do pensamento alemão da época, do confronto entre "historicismo" e "naturalismo positivista".

A aplicação do pensamento historicista à Economia encontrou terreno especialmente fértil na Alemanha do século XIX, não só porque havia uma tradição intelectual já firmada para apoiar-se mas também pelas condições específicas da própria sociedade em que ocorria. Desde meados do século autores como Wilhelm Roscher e Karl Knies polemizavam contra o pensamento econômico inglês, cujo racionalismo abstrato repeliam em nome de uma descrição daquilo que os homens concretos em condições específicas "tentaram e alcançaram na vida econômica", para usar a expressão de Roscher. Claro que teria que ser assim, comenta Werner Stark, pois

> os teóricos da economia alemã de 1840 não podiam admitir como correta a doutrina dos seus colegas economistas ingleses, deduzida como era do princípio do interesse próprio, simplesmente porque esse interesse não prevalecia em seu país [no qual] dois terços da população estavam entregues à agricultura numa economia feudal e tradicional. (Stark, 1961: 75.)

Daí a ênfase dos autores alemães na peculiaridade da estrutura institucional na qual se dá a atividade econômica. Daí também a tendência para conceber a ciência econômica não só como uma historiografia mas também, e principalmente, como uma sociologia. "A Economia atualmente é uma ciência só na medida em que se expande numa Sociologia", sustentava Gustav Schmoller, o expoente dessa posição na "controvérsia metodológica", na qual seu principal adversário seria Carl Menger.

Cabe aqui uma observação acerca da relação que Stark propõe entre o desenvolvimento das ideias econômicas e seu contexto social. Ela é plausível nesse ponto particular, mas revela-se bastante frágil quando se submetem suas formulações a um exame mais detido. Por exemplo, ele procura dar conta do fato de que o pensamento marginalista desenvolveu-se, nos seus pontos essenciais, no período de 1854 a 1874 porque esse foi (pelo menos na Inglaterra, presume-se) um período em que algo próximo à "concorrência perfeita" encontrou sua expressão mais acabada, o que obviamente é congruente com uma concepção do processo econômico atomicista e fundada na ideia do interesse individual. A data inicial, 1854, já envolve um fato embaraçoso: ela assinala a primeira expressão coerente dessa teoria, nada menos do que produzida na Alemanha, por Hermann Gossen. Quanto à data final, as obras relevantes de Menger e Jevons são ambas de 1871 e a de Walras é de 1874. No tocante à concentração de representantes do pensamento marginalista na Áustria, de 1870 em diante, Stark argumenta que esse país já vinha então "desenvolvendo uma atmosfera comercial e capitalista" que lhe permitia oferecer "uma ciência econômica germânica para os ingleses" (Stark, 1961: 78). Vale lembrar aqui que os pressupostos últimos do marginalismo costumam ser apontados pelos comentaristas (por exemplo, Myrdal, 1963: 54-77) como de origem inglesa, e encontram sua expressão mais acabada na corrente filosófica "utilitarista". Restaria explicar o caso do suíço de expressão francesa Léon Walras.

Não tenho condições, aqui, para deter-me no tema, que creio merecer atenção. De qualquer modo, e apesar de seu caráter reconhecidamente sumário, não me parece de somenos, como ponto de partida, a ideia de Bukharin, de que o marginalismo é expressão da "psicologia do consumidor" que caracteriza a condição de *rentiers*, que se beneficiam do afluxo de excedente acumulado para seus bolsos de pessoas desvinculadas do mundo da produção através do desenvolvimento das formas de crédito (Bukharin, 1967: 19-71). Uma situação desse tipo é bastante plausível para os casos dos economistas continentais, e ocorre de fato no caso de Jevons, a julgar pelo testemunho de um seu admirador que se destacou como economista e hábil investidor na Bolsa (Keynes, 1956: 126). Por outro lado, não se pode desprezar a advertência de Eric Roll, quando aponta (pretendendo, sem êxito nesse ponto, refutar Bukharin) o dado complementar de que, na época, a ciência econômica já estava institucionalizada como disciplina acadêmica exercida por intelectuais profissionais (Roll, 1959: 339-40). De qualquer maneira, é visível que ainda há muito no que pensar nessa área.

Foi Menger quem desencadeou a controvérsia metodológica, ao publicar, em 1883, as suas *Investigações sobre os métodos das ciências sociais*. Nessa obra, cuja influência sobre Max Weber não pode ser subestimada (no entender de Friedrich Tennbruck, em seu importante ensaio sobre a gênese da metodologia de Max Weber, ela é simplesmente decisiva), Menger assinala e defende, de uma perspectiva muito pessoal, precisamente aquelas concepções que os membros da "escola histórica" mais abominavam. Seu ponto de partida é o clássico problema proposto de maneira alegórica por Mandeville e em termos de análise econômica por Adam Smith na Inglaterra oitocentista, qual seja, o da emergência de instituições socialmente benéficas de modo independente da vontade dos homens, que agem individualmente em defesa de seus interesses pessoais. Com isso, fica descartada a prioridade para o exame das instituições (embora Menger não se opusesse, em princípio, à pesquisa histórica ou sociológica) para concentrar-se a atenção sobre o agente econômico individual, tomado como "átomo" da sociedade. Isso lhe permite tratar as categorias econômicas sem consideração pelo contexto social em que se manifestam, visto que esse é um simples resultado não intencional de um conjunto de ações realizadas por indivíduos com vistas a seus fins pessoais. Do ponto de vista metodológico, sustenta Menger, essa perspectiva coloca as ciências sociais em vantagem em relação às naturais, visto que nestas as unidades últimas de análise, os "átomos" e "forças", não são de natureza empírica, ao passo que seus correspondentes nas ciências sociais, os "indivíduos humanos e seus empenhos", o são. Assim, as dificuldades analíticas nas ciências sociais são menores e não maiores do que nas ciências naturais, ao contrário do que julgava Comte, baseado na sua concepção de sociedade como um "organismo" real e especialmente complexo e não na concepção adequada para uma ciência social empírica, que é a da sociedade como agregado de ações e interesses individuais (Menger, 1963: 142).

Menger, como fundador que foi, juntamente com Jevons e Walras, da teoria econômica da utilidade marginal, e como autor de uma apresentação considerada pelos especialistas como particularmente vigorosa da teoria subjetiva do valor ("O valor dos bens é independente da existência da sociedade", diz ele), é especialmente importante para a presente análise por dois motivos: pelo modo como traz à tona todas as implicações da noção central de *escassez* para uma teoria baseada na ação individual e pela sua capacidade de perceber o papel central que deve ser atribuído a procedimentos *tipológicos* nessas condições.

Numa passagem realmente fundamental da sua obra de 1871 sobre os "princípios da doutrina econômica" Menger escreveu:

> O esforço dos membros individuais de uma sociedade para dispor, com exclusão de todos os demais membros, das quantidades adequadas de bens tem (...) sua origem no fato de a quantidade de certos artigos à disposição da sociedade ser menor que a demanda. Portanto, como sob tais condições é impossível a satisfação plena da demanda de todos os indivíduos, cada qual tem o incentivo para prover o necessário à sua demanda mediante a exclusão de todos os outros sujeitos econômicos. Entretanto, em virtude da competição de todos os membros da sociedade por uma quantidade de artigos que sob nenhuma circunstância é completamente suficiente para satisfazer a todas as necessidades dos indivíduos (...) uma solução prática do conflito de interesses que aqui se suscita unicamente é concebível entregando-se ao indivíduo quantidades parciais da quantidade total disponível na sociedade em poder dos sujeitos econômicos individuais e protegendo-os em sua posse mediante a exclusão simultânea de todos os outros sujeitos econômicos. (Cf. Stark, 1961: 79.)

A importância de uma formulação como essa para o pensamento de Weber é muito grande, como logo veremos. O que fica patente desde logo é que as ideias de Menger, formuladas num registro puramente econômico, trazem implicações sociológicas e mesmo políticas muito mais nítidas do que se poderia esperar de um adversário do historicismo e sociologismo de Schmoller e seus companheiros. Além disso, parece ser conveniente encarar com certa reserva a ideia de que autores como Menger e também Böhm-Bawerk estivessem fazendo uma Economia "em língua alemã para ingleses", como quer Stark, e que portanto seja possível estabelecer vínculos inequívocos entre seu pensamento e o utilitarismo inglês da linhagem Adam Smith-Jeremy Bentham. Afinal, a ideia de uma harmonia natural de interesses, que tanto fascínio ainda exercia sobre Bentham (Halevy, 1966: 88-150, esp. 108), parece sair um tanto prejudicada do seu confronto radical com os desdobramentos sociais e políticos da noção de escassez, tal como a vê Menger. É bem provável que os marginalistas de língua alemã estivessem escrevendo para alemães e austríacos mesmo. Vale dizer, suas ideias possivelmente fazem mais sentido no contexto de um capitalismo retardatário, extremamente desigual no seu padrão de desenvolvimento e bem menos suscetível de interpretações amenas como as dos ideólogos da Revolução Industrial inglesa.

A grande contribuição de Menger, no que nos interessa, é contudo a constatação, não plenamente elaborada mas no entanto observada com maior precisão do que por qualquer seu contemporâneo (incluindo, portanto, Simmel), de que a decisão metodológica de tomar as ações e interesses individuais como unidades de análise implica *necessariamente* tratar os fenômenos mediante a construção de *tipos*. A questão, aqui, ainda que tenha sido apenas entrevista por Menger e que ele talvez não tivesse plena consciência do seu alcance, é que há uma conexão lógica entre conceber o objeto de análise em termos de agentes individuais e conduzir a análise em termos tipológicos. Não se trata de uma opção metodológica entre outras possíveis, mas de uma necessidade inerente ao esquema metodológico adotado. Sem levar isso em conta é impossível entender o esquema que seria posteriormente proposto por Weber.

Para Menger a ciência econômica se divide em três ramos: o prático, o histórico e o teórico. Quanto a este último, pode-se ainda distinguir entre uma orientação "realista" e uma "exata". Esta distinção é formal, posto que se trata do mesmo objeto, que pode ser encarado a partir daquelas duas perspectivas estritamente metodológicas. A perspectiva "realista" busca encontrar regularidades e formas mediante a observação empírica, e seu resultado é a obtenção de "tipos reais". A perspectiva "exata" preocupa-se com leis gerais, que precisam ser desentranhadas da multiplicidade dos fenômenos empíricos, e se apresentam como "tipos rigorosos". A questão, neste caso, consiste em

> descobrir os elementos *mais simples* de toda a realidade, os quais, na medida mesma em que são os mais simples devem ser pensados de modo rigorosamente típico. Por essa via a investigação teórica alcança qualitativamente formas rigorosamente típicas de manifestação dos fenômenos (...). É verdade que essas não podem ser testadas na realidade empírica plena (pois as formas de manifestação de que aqui se trata em parte existem apenas na nossa ideia). De modo semelhante a investigação exata resolve a segunda tarefa das ciências teóricas: o estabelecimento das relações típicas, das leis dos fenômenos (...). Já mostramos que leis dessa natureza não são alcançáveis com referência à plena realidade empírica dos fenômenos, devido ao caráter não rigorosamente típico dos fenômenos reais. A ciência exata também não examina, portanto, as regularidades nas sequências e nas demais formas de manifestação dos fenômenos *reais*. Ela examina (...) como, a partir dos elementos mais simples e em parte diretamente não empíricos do mundo real, em seu isolamento (igualmente não

> empírico) de todas as outras influências, desenvolvem-se fenômenos mais complicados sempre levando em consideração a medida exata (igualmente ideal!). (Citado por Tennbruck, 1959: 588-9; cf. Menger, 1963: 60-1.)

É evidente que Weber não compartilharia da preocupação de Menger com a busca de leis gerais; mas, igualmente evidente é a proximidade de ambas as linhas de pensamento, no plano que lhes é próprio, vale dizer, o metodológico, como demonstra a alusão favorável que Weber faz a essa passagem de Menger (Weber, 1973: 35).

Cabe lembrar, finalmente, como já foi assinalado de passagem, que a "disputa metodológica" ofereceu importante material para as reflexões de Weber sobre a "objetividade" nas ciências sociais, na medida em que envolvia o confronto entre a concepção favorável a um caráter neutro da teoria econômica de Menger e a postura de Schmoller, que defendia firmemente a ideia de uma ciência econômica diretamente voltada para as questões práticas e dotada de conteúdo normativo intrínseco. Como é sabido, Schmoller, juntamente com outros representantes do chamado "socialismo de cátedra", como Adolf Wagner e Georg F. Knapp, foi o fundador da "Associação para Política Social", entidade voltada para a pesquisa e promoção de medidas práticas relativas aos grandes problemas da sociedade alemã da época. O período de existência dessa associação é significativo: vai do apogeu do Estado prussiano, em 1872, até as vésperas da ascensão de Hitler, em 1932.

Schmoller, como líder do seu grupo fundador, tinha posições bem definidas a respeito do papel da ciência econômica. Ele a concebia como uma espécie de função de assessoria do Estado, na busca da harmonização dos conflitos sociais latentes na sociedade. Competia-lhe, no seu entender, formular "juízos de valor objetivos" acerca das questões do dia, com o que suas conclusões ganhariam estatuto normativo. O caráter "objetivo" desses juízos derivaria da circunstância de que

> os bons e elevados homens do mesmo povo e da mesma época cultural cada vez mais se unem com respeito aos principais julgamentos práticos de valor.

Daí a força do "juízo de valor ético", que deriva da "crescente percepção de todas as relações causais" (Ferber, 1967: 170, 172). Em suma, entre conhecimento e julgamento prático de valor haveria uma continuidade indiscutível.

No início do século uma nova geração de intelectuais aderiu à Associação, entre eles Max Weber e Werner Sombart. Em 1905, esses "jovens" (Weber tinha então 41 anos) provocaram a ira dos veteranos, para os quais representavam a ala "esquerda radical", ao defenderem a ideia de que a entidade deveria dedicar-se ao desenvolvimento da *teoria* econômica e social, sem restringir-se ao exame empírico de problemas específicos para fins práticos diretos. Esse novo confronto seria responsável, em parte, pela criação da "Sociedade Alemã de Sociologia", em 1909, da qual Weber participou intensamente até 1912, quando se retirou ao verificar que a nova querela, dessa vez sobre a questão da "neutralidade valorativa" nas ciências sociais, se desenvolvia sem esperanças para a sua posição, que era a da nítida separação entre a pesquisa científica e avaliação e implementação de medidas imediatas. Enfim, na própria linguagem da época, passava-se da "disputa metodológica" para a "disputa sobre juízos de valor". Em ambos os casos, a posição de Weber assumiu contornos que poderiam sugerir a busca de um compromisso entre as posições em pugna, mas na realidade ele estava, como sempre, buscando o seu próprio caminho. É essa sua solução independente que vai interessar-nos, nos seus pontos básicos, para os quais as tomadas de posição alheias servem de balizamento.

Antes de passar a essa fase final do trabalho, é necessário lembrar um último ponto de interesse para se localizarem as fontes de inspiração para as soluções metodológicas de Weber. Até agora foram levantadas questões ligadas à formação de Weber como economista e também como historiador. No entanto, outra área básica de sua formação intelectual, a dos estudos jurídicos, também lhe propiciou sugestões importantes, sobretudo no que se refere à concepção do seu conceito de tipo ideal. A referência, no caso, é ao jurista Georg Jellineck, a quem vários comentaristas atribuem a paternidade desse conceito e pelo menos um (Guenther Roth) atribui papel fundamental para a formulação da análise da dominação de Weber, que se inspiraria na sua teoria do Estado (Roth, 1973: 312). Jellineck fala, com efeito, do "tipo ideal" como um instrumento básico na análise jurídica, e o distingue do "tipo empírico", que seria aquele realmente relevante para a reflexão de Weber.

> O tipo empírico distingue-se do tipo ideal sobretudo por não pretender expor uma realidade objetiva mais elevada. Ele significa uma conjugação de características dos fenômenos que depende totalmente da posição adotada pelo pesquisador. Ele ordena a multiplicidade dos fenômenos ao destacar logicamente o que eles têm em comum. Assim, ele é obtido através de uma abstração que ocorre na cabeça do pesquisador, e em confronto com ele, a realidade persiste como a plenitude contínua dos fenômenos,

escreve Jellineck em sua *Teoria geral do Estado*.

São evidentes as analogias entre o que Jellineck chama de "tipo empírico" e o que Weber chamaria de "tipo ideal", assim como é obviamente significativa a mudança de terminologia, quando Weber despreza totalmente aquilo que em Jellineck aparece como "tipo ideal", visto que em Weber o qualificativo "ideal" tem significado estritamente metodológico e se refere ao caráter construtivo e não objetivo (portanto, não empírico) do tipo. Não falta, na bibliografia sobre o tema, quem atribua a Jellineck a influência mais direta sobre a concepção do conceito weberiano (por exemplo, Fleischmann, 1964: 199, nota 24) ou quem conteste isso diretamente (Tennbruck, 1959: 629, nota 24). Para os presentes propósitos as polêmicas desse tipo são irrelevantes. Afinal, o objetivo deste trabalho não é traçar um histórico minucioso da gênese das ideias de Weber, nem expor o seu pensamento no conjunto da sua obra, mas sim localizar as perspectivas intelectuais mais importantes a partir das quais seja possível destacar o que é realmente específico e mesmo original no seu pensamento. Weber, portanto, não comparece aqui nem como simples sistematizador de ideias alheias ou como epígono de tal ou qual corrente de ideias isoladas, nem como uma espécie de criador de ideias a partir do nada. Claro que isso envolve uma opção, quanto à organização do trabalho. Entre a posição de um Tennbruck, que considera impossível entender Weber sem estudar as ideias do seu tempo (é verdade que com exigências que nas minhas condições de trabalho eu não teria como cumprir, mesmo que tentasse), e a de um Runciman, que repudia explicitamente esse ponto de vista e procura concentrar-se na análise interna dos escritos metodológicos de Weber (Runciman, 1972: 3), penso que, apesar de tudo, deve-se dar preferência à primeira (que, evidentemente, não exclui a segunda). Enfim, trata-se de escolher – na medida em que aqui se possa falar de escolha e não simplesmente de competência profissional – entre encarar Weber da perspectiva do sociólogo interessado em esclarecer questões teóricas relevantes para sua atividade ou daquela do especialista em metodologia da ciência, disposto a testar instrumentos analíticos contemporâneos na obra de um autor clássico. Tenta-se aqui, portanto, fazer análise da teoria do ponto de vista do sociólogo, a despeito de todas as armadilhas e problemas que isso possa envolver.

PARTE II

A DIFÍCIL INTEGRIDADE

CAPÍTULO 1
RACIONALIDADE E COMPREENSÃO

Passemos então ao exame direto das posições assumidas por Weber, sobretudo nos seus escritos metodológicos, sempre polêmicos, em face das ideias que demarcaram o seu campo de preocupações. Dos seus trabalhos na área de metodologia, interessam-nos diretamente aqueles produzidos na fase decisiva do amadurecimento das suas ideias, entre 1903 e 1906. Seus outros escritos serão utilizados apenas subsidiariamente, naquilo que for diretamente relevante para chegar à minha tese central quanto à contribuição de Weber à teoria social.

Entre 1903 e 1905, Weber publicou uma série de artigos em que assumia posição diante dos problemas do historicismo, representado pela obra de Wilhelm Roscher, e da "irracionalidade da ação", examinada na obra de Karl Knies. Paralelamente, desenvolvia uma crítica às concepções positivistas. No conjunto, esses ensaios representam uma definição de Weber em face da "controvérsia metodológica" examinada mais acima. Como ocorre com a maioria dos trabalhos metodológicos de Weber – sempre escritos a contragosto – trata-se de ensaios ocasionais, em que os mais variados temas e autores são tratados, praticamente ao correr de uma pena tão infatigável no autor quanto fatigante para o leitor. A vantagem desse procedimento está em que torna possível encontrar alguns dos fios mais importantes da intrincada teia que o vincula ao pensamento de sua época.

Logo no início do seu exame das ideias de Roscher, Weber dirige-lhe uma crítica muito reveladora. No contexto de uma constatação da incapacidade de Roscher para distinguir entre a formação de conceitos nas ciências naturais e na história, Weber comenta que esse autor estava empenhado em rejeitar a dialética hegeliana, e que ele "jamais se empenhou numa discussão com aquela forma de dialética hegeliana representada pelo *Capital* de Karl Marx"; além do que as referências a Marx no seu livro sobre a história da economia política, em uma única página, são de "alarmante insuficiência" (Weber, 1973: 17). Embora Weber faça referência, mais adiante, ao fato de as formulações de Roscher serem vulneráveis diante da "nossa atual maneira de ver, orientada em relação a Marx", o fato a ser desde logo salientado aqui é que o próprio Weber também jamais se dedicou a um confronto explícito com a dialética marxista. É precisamente por isso que, apesar da óbvia importância de Marx – ou melhor, das concepções do marxismo que circulavam na época de Weber – para as suas próprias ideias, enquanto ponto de referência negativo, não há necessidade, no presente trabalho, de estabelecer um confronto direto entre ambos esses pensadores. Primeiro, porque isso não é diretamente relevante para uma análise preocupada com o universo de ideias que efetivamente, através do estudo e do contato direto, contribuíram para formar um esquema teórico original, além de que tais confrontos já existem na bibliografia

(p. ex., Ashcraft, 1964). Depois, porque parece estar suficientemente comprovado que realmente Weber sempre trabalhou à margem do pensamento de Marx, sem jamais atravessá-lo criticamente. Pelo menos até 1906 – ou seja, quando suas concepções metodológicas já estavam cristalizadas – tudo indica, conforme estudiosos autorizados, que Weber não havia feito uma leitura aprofundada de Marx (Mommsen, 1974a: 147; Giddens, 1972: 190 ss.)

Convém, de qualquer modo, advertir desde logo contra a tendência, encontradiça na bibliografia, de apresentar Weber como uma espécie de paladino antimarxista, preocupado basicamente com a formulação de uma contrapartida idealista ao materialismo histórico. Essa interpretação tem sido sustentada, em grande medida, por autores mais interessados em apresentar Weber como um porta-voz do antimarxismo que eles próprios sustentam do que em realizar uma análise séria da sua obra. E isso já ocorria durante a vida de Weber, para seu desgosto. Segundo um ex-discípulo e amigo seu, Paul Honigsheim, quando o historiador Hans Delbrück tentou difundir a ideia de que a tese de Weber sobre a relação entre calvinismo e capitalismo constituía um caso exemplar de idealismo antimarxista, este protestou dizendo: "Não posso aceitar isso; sou muito mais materialista do que Delbrück pensa" (Honigsheim, 1968: 43). Deixando de lado as conhecidas afirmações de Weber de que ele estava mais preocupado com "completar" a obra de Marx do que com refutá-la mediante a inversão da sua perspectiva, e também ignorando por ora a sua evidente e declarada oposição prática ao socialismo, cumpre reconhecer que essa sua observação tem fundamento até na sua sociologia da religião, se sairmos dos limites da sua obra sobre a ética protestante e o espírito do capitalismo. Com uma ponta de exagero, mas de maneira plausível no geral, um comentarista contemporâneo escreve:

> Cumpre parar de ver em Weber um "anti-Marx", pois Weber chega, no conjunto da sua obra e em particular nos seus ensaios sobre Sociologia da Religião, a uma conclusão exatamente inversa daquela que formula na *Ética protestante*. Toda a sua obra está permeada por uma convicção: a organização de uma sociedade e as correntes de pensamento que a animam são, em última análise, o produto da relação de forças entre as camadas que a compõem. Eis o que nos aproxima consideravelmente da concepção de Marx! (Stern, 1971.)

Por sua vez, o próprio Weber não regateava elogios à obra de Marx, que considerava de penetração quase profética na realidade histórica que se propunha examinar. Já em 1920, numa das suas últimas apresentações em público, Weber opôs-se energicamente às formulações depreciativas que Oswald Spengler dedicara a Marx, numa conferência. "Se Karl Marx saísse do túmulo hoje e olhasse em volta, teria razão para dizer, apesar de algumas discrepâncias importantes: o que vejo é realmente carne da minha carne, sangue do meu sangue" (Baumgarten, 1964: 554).

De qualquer modo, é evidente que há um ponto em comum entre as preocupações de Marx e de Weber, e que não deve ser subestimado: a posição central atribuída aos problemas da sociedade capitalista na obra de ambos, ainda que com a diferença de que num caso isso conduz a uma crítica revolucionária e no outro a uma crítica marcada pela resignação.

Na sua crítica a Roscher e especialmente a Knies, contudo, Weber está mais preocupado com as implicações da posição historicista que eles assumem. Mais amplamente, suas objeções dirigem-se tanto ao "historicismo" quanto ao "psicologismo" ou ao "naturalismo" como fontes supostamente legítimas de "visões do mundo" (Weber, 1973: 63). Mas, no caso de Roscher e Knies o alvo principal é o historicismo, representado por ideias desses autores como a de que os "povos" constituem "unidades orgânicas" impulsionadas por "forças" internas, e que o complexo orgânico mais abrangente é a "humanidade", ou por noções como a de "condicionamento recíproco" dos fenômenos (Weber, 1973: 142 ss.) Ao sustentar ideias desse tipo, por sinal, Knies está na mais direta linhagem que tem sua origem em Herder, que é afinal algo assim como o patrono das diversas variantes do pensamento historicista no século XIX, incluindo, em boa medida, Dilthey (Gregory, 1963). Nesse mesmo contexto está a importante crítica que Weber dirige mais adiante contra a ideia, que também já vimos em Windelband, de que há um componente fundamental de caráter imprevisível na ação humana, atribuído à irracionalidade que a caracterizaria e à qual ele vincula a liberdade da ação. A isso Weber responde com uma formulação que ocuparia posição central no seu pensamento. É a de que a associação entre irracionalidade e imprevisibilidade não pode ser identificada com liberdade mas, ao contrário, que esta só pode encontrar-se nas condições exatamente opostas, quando a racionalidade e a previsibilidade ensejam *opções* entre linhas de ação alternativas (Weber, 1973: 66, 69). Em suma, Weber está enfatizando, neste ponto, que tanto a liberdade do sujeito quanto a possibilidade de explicação científica da sua ação não podem ficar subordinadas à ideia de acaso, que dá conteúdo à associação entre irracionalidade e imprevisibilidade.

Do ponto de vista mais amplo, a tese de Weber é a de que a previsibilidade no conhecimento científico da ação humana é tão possível, ou mais, do que no caso dos fenômenos naturais. Enfim, a ação humana é explicável, ou seja, pode ser posta em consonância com nosso conhecimento "nomológico", referente a regularidades observáveis dos eventos. Mas isso não o conduz sem mais ao campo de uma concepção positivista, segundo a qual o conhecimento de leis gerais é possível, necessário e suficiente também no domínio das ciências histórico-sociais. Seu argumento, neste ponto, é também da maior importância, porque prefigura as ideias que norteariam todos os seus trabalhos posteriores. Não adianta, sustenta ele, constatar da maneira mais precisa e rigorosa que, sempre que expostas a determinada situação, as pessoas reagirão de maneira idêntica. Falta "compreender" (as aspas são de Weber) porque sempre se reage assim. Vale dizer, precisamos ter condições para uma "reprodução interna" da motivação dessas pessoas.

Com isso, apesar da linguagem não consolidada, que ainda admite expressões como "reprodução interna", está dado um passo decisivo. A especificidade das ciências histórico-sociais reside no caráter *significativo* (termo não examinado por Weber nesse ensaio) dos fenômenos de que tratam, embora Weber advirta também que a constatação disso não é suficiente para resolver o problema "lógico" (no sentido de relativo à metodologia, à lógica das ciências) dos fenômenos de que tratam, embora Weber advirta também que a constatação disso não é suficiente para resolver o problema *lógico* dos procedimentos a serem adotados no conhecimento dessa realidade e, sobretudo, não responde à questão fundamental de como firmar a *validade* das conclusões alcançadas. Com isso, todos os grandes temas estão lançados e podem ser examinados tal como se desenvolvem nesse conjunto de ensaios, sempre levando-se em conta que na presente análise esses escritos, que se estendem de

1903 a 1906, estão sendo tratados como formando uma unidade. Recorde-se que, de permeio, Weber publicou seu ensaio sobre a objetividade, que, sob vários aspectos, pode ser considerado uma espécie de sistematização e explicitação programática das ideias contidas nos trabalhos sobre Roscher e Knies, embora evidentemente não se reduza a isso.

Um problema de especial importância que é examinado intensivamente nesse conjunto de ensaios é o da compreensão/interpretação da ação ou dos seus resultados como recurso analítico nas ciências histórico-sociais. O tratamento que Weber dá ao tema é caracteristicamente complicado, com inúmeras hesitações, até terminológicas, e infindáveis digressões polêmicas, mas as ideias fundamentais a que ele chega podem ser expostas de maneira razoavelmente integrada, no que diz respeito aos pontos realmente fundamentais. O caráter tortuoso do raciocínio de Weber não deve ser atribuído, é claro, a limitações de ordem intelectual ou a puros cacoetes de estilo: é que ele estava lutando com problemas para os quais o repertório conceitual disponível não oferecia soluções. E, o que é pior, e normal nesses casos, o próprio vocabulário do qual era obrigado a servir-se dificultava a formulação nítida dos problemas que o preocupavam.

A própria noção de *compreensão* é um exemplo disso. Na tradição de pensamento em que ela se insere a tendência é no sentido de vinculá-la à ideia de *vivência* e concebê-la como uma reconstrução, mais ou menos enfaticamente pensada como ocorrendo pelo exercício de uma "empatia", das condições concretas da ação. Ora, Weber sustenta, contra o positivismo naturalista, que a compreensão é recurso acessível e indispensável nas ciências histórico-sociais: "sempre que pudermos, devemos usá-la". No entanto, ele dedica enorme esforço para demonstrar que essa compreensão, ou interpretação, nada tem a ver com qualquer "revivência empática" de ações alheias, sempre que seu objetivo seja conduzir a um conhecimento científico de fenômenos empíricos. Nesse particular, sua argumentação segue duas linhas principais. Primeiro, toda vivência (inclusive a de si próprio) é vaga e confusa, sendo incapaz de ministrar critérios analíticos seguros para distinguir o significativo do irrelevante nos fenômenos. Para chegar-se à compreensão é preciso romper os limites opacos da vivência, convertendo-a em objeto da análise (Weber, 1973: 104). Segundo, a tentativa de captar o significado de um fenômeno mediante sua revivência acarreta o risco de confundir a vivência própria com a do sujeito da ação que se pretende conhecer. Enfim, o recurso à compreensão não envolve, de modo algum, qualquer modalidade de intuição e nada deve a qualquer tipo de psicologismo.

Na realidade, a compreensão envolve, antes de qualquer suposta "evidência imediata", dois recursos analíticos fundamentais: o acesso a um conhecimento "nomológico", referente a regularidades observáveis de conduta dos agentes, e a construção de tipos. Ambos esses recursos, por sua vez, envolvem a consideração por valores, como princípios últimos orientadores da conduta: no primeiro caso, porque a observação de regularidades da conduta implica considerar as linhas alternativas de ação abertas para os sujeitos pelos valores vigentes no contexto em que agem; no segundo, porque é com referência a valores determinados, vigentes para o pesquisador, que se terão os critérios para os procedimentos seletivos inerentes à construção de tipos – e, sobretudo, que se despertará o interesse pela busca de nexos causais entre os fenômenos. Longe de acompanhar a tese intuicionista de que a compreensão permitiria captar uma "personalidade" ou um "indivíduo histórico" na sua integridade, a convicção de

Weber é a de que a unidade de tais entidades só pode ser obtida por via construtiva e mediante a seleção de determinados atributos seus, precisamente os que são significativos para o pesquisador, com referência a determinados valores.

Assim, não há atributos intrínsecos aos fenômenos que permitam o seu conhecimento pleno através das supostas evidências ensejadas por alguma forma de captação intuitiva. Definitivamente, e isso nunca será demais enfatizado, a compreensão não diz respeito às personalidades dos agentes, muito menos a quaisquer "vivências", mas às suas ações. A Weber não interessa a *vivência* dos sujeitos, mas sua *experiência*. Vale dizer, também não lhe interessam suas ações de per si, mas sim o estabelecimento de nexos causais entre várias ações do mesmo agente (típico) ou entre as ações de vários sujeitos diversos, num mesmo contexto. Daí a importância, nesse ponto, do conhecimento "nomológico" do pesquisador, pois o que importa é transcender a ação singular como puro evento. Daí também a importância dos procedimentos construtivos envolvidos no tipo, pois do contrário não há como transcender a pura realidade empírica vivida, que é um fluxo inesgotável de eventos singulares (um "contínuo heterogêneo", para usar a linguagem de Rickert, que aqui cabe). Tomado de per si o universo dos eventos singulares é puramente contingente; mas, como os homens criam valores e são capazes, em função desses, de atribuir significado à sua conduta, está aberto o caminho não só para a racionalidade da ação como também para seu conhecimento pelas vias racionais próprias ao método científico. O estabelecimento de relações causais entre cursos de ação está, portanto, intimamente ligado à questão da racionalidade da própria ação. Mas, como a circunstância das ações terem causas não deriva de quaisquer atributos objetivos intrínsecos ao mundo mas da própria capacidade dos homens de criarem a racionalidade como valor e orientarem suas ações em consonância com isso, fica de pé a ideia de que a causalidade não é a marca da servidão dos agentes às exigências "objetivas", mas de sua própria liberdade, ainda que "subjetiva" – da sua autonomia, no sentido restrito que Weber concede ao termo.

Isso nos remete ao papel que Weber sempre atribuiu, no seu esquema analítico, à ação racional, que envolve o domínio da relação entre meios e fins. Recorde-se que para ele a ação racional com referência a fins é a ação compreensível por excelência. Uma das grandes contribuições dos ensaios que estamos examinando consiste precisamente em levar isso até as suas conclusões últimas e, especialmente, em associá-las a uma ideia de extrema importância, a saber, que a compreensão não incide simplesmente sobre a ação, nem muito menos sobre o agente, mas também sobre a *situação* em que a ação se dá. No fundo, compreendem-se complexos, ou encadeamentos, de ações dotadas de sentido, das quais os agentes são portadores, para usar um termo repetida e sugestivamente adotado pelo próprio Weber. Aqui cabe uma longa citação, que exprime as ideias centrais de Weber com relação ao tema. Ela ocorre no contexto da discussão da utilidade do esquema típico-ideal da aplicação, pelo agente, da relação adequada e portanto racional, da relação meios/fins. Vale dizer, está em jogo a ideia de que, conhecidas certas regras do decurso dos fenômenos, é possível estabelecer, como hipótese dotada de alta probabilidade de confirmação empírica, qual a linha de ação que oferece uma conexão "ótima" (o termo não é de Weber) entre os meios disponíveis para o agente e os fins por ele perseguidos. Trata-se, portanto, de avaliar empiricamente a eficácia racional da ação.

Confrontamos a ação efetiva com aquela que, do ponto de vista "teleológico", é racional consoante regras gerais da experiência causal, seja para estabelecer um motivo racional que possa ter guiado o agente, e que pretendemos conhecer, mediante a demonstração de que suas ações efetivas constituem os meios adequados para um fim que ele "pudesse" ter perseguido, seja para tornar compreensível por que um motivo que conhecemos do agente tenha tido outro resultado que o esperado subjetivamente por ele, devido à escolha dos meios. Em ambos os casos, contudo, não empreendemos uma análise "psicológica" da "personalidade" mediante quaisquer recursos peculiares do conhecimento, mas sim analisamos a *situação* "objetivamente" dada com ajuda do nosso conhecimento nomológico. A "interpretação" reduz-se aqui ao conhecimento geral de que podemos agir "eficazmente", vale dizer, que podemos agir com base na ponderação das diversas "possibilidades" de um decurso futuro no caso da realização de cada uma das ações (ou omissões) pensadas como possíveis. Em consequência da eminente importância fatual da ação "consciente dos fins" na realidade empírica, a racionalização "teleológica" presta-se a ser usada como meio construtivo para a formação de figuras de pensamento dotadas do mais extraordinário valor heurístico para a análise causal de conexões históricas. E essas figuras de pensamento construtivas podem ser: (1) de caráter puramente individual, como hipóteses interpretativas para conexões singulares concretas [como na análise da política de Frederico Guilherme IV, condicionada por seus fins e pela constelação de "grandes potencias"]; (2) ou então – e isso nos interessa aqui – podem ser construções típico-ideais de caráter geral, como as "leis" da economia abstrata, que constroem as consequências de situações econômicas determinadas sob o pressuposto da ação rigorosamente racional. Em *todos* os casos, contudo, a relação entre essas construções teleológicas e aquela realidade de que tratam as ciências empíricas (...) é apenas a de um conceito típico-ideal, que serve para facilitar a interpre-

> tação empiricamente válida na medida em que os fatos dados são comparados com uma possibilidade de interpretação – um *esquema interpretativo* (...) Também não ocorre que "conheçamos" através da interpretação racional (...) a "ação real" mas sim conexões "*objetivamente possíveis*". A evidência teleológica tampouco significa, nessas construções, uma medida específica da validade empírica, mas a construção racional "evidente", quando corretamente executada, pode precisamente tornar cognoscíveis os elementos teleologicamente não racionais da ação econômica efetiva, e por essa via torná-la compreensível no seu transcurso real (...) É *apenas* pela circunstância de que as categorias "fim" e "meios" condicionam a racionalização da realidade empírica que se torna possível construir tais esquemas [de "formação de conceitos típicos-ideais"]. (Weber, 1973: 129-31.)

Com base nisso, Weber está apto a sustentar sua rejeição da ideia "romântico-naturalista" do caráter inefável e irracional da "personalidade" e da relação disso com a ação livre. Quanto mais a ação é livre de coerções externas ou internas,

> tanto mais a motivação conforma-se, *ceteris paribus*, às categorias "fim" e "meios", tanto mais sua análise racional e eventualmente sua inserção num esquema de ação racional se torna possível, mas também é igualmente grande, em consequência disso, o papel desempenhado pelo conhecimento nomológico, tanto para o agente quanto para o pesquisador, e tanto mais o agente está "determinado" no tocante aos "meios". Há mais. Pois, quanto mais "livre", no sentido aqui empregado, é a ação, vale dizer, quanto menos traz em si o caráter do "decurso natural", tanto mais se realiza finalmente aquele conceito de "personalidade" que encontra sua "essência" na constância de sua relação interior com determinados "valores" e "significados" da vida últimos, que se exprimem em suas ações e fins e as-

> sim se convertem em ação teleológica-racional. (...) Para o fabricante na luta concorrencial ou para o investidor na Bolsa a crença no seu "livre-arbítrio" é de bem pouca valia. Ele tem a opção entre a aniquilação econômica ou a obediência a máximas muito determinadas de conduta econômica. Se ele não as segue, para seu prejuízo, seremos levados a considerar – entre outras hipóteses possíveis – a explicação de que ele carecia de "livre-arbítrio". Precisamente as "leis" da economia teórica pressupõem, necessariamente, tal como naturalmente ocorre com qualquer interpretação puramente racional de um evento histórico singular, a presença do "livre-arbítrio" em qualquer sentido possível do termo no plano empírico. (Weber, 1973: 132-3.)

De maneira ainda mais incisiva essas ideias aparecem condensadas quando Weber sustenta que

> as "leis" econômicas são esquemas de ação racional que são deduzidas não da análise psicológica dos indivíduos mas mediante a reprodução típico-ideal do mecanismo da luta de preços a partir da situação objetiva assim construída na teoria. Esta, quando se exprime de maneira "pura", somente deixa para o indivíduo envolvido no mercado a opção entre a adaptação "teleológica" ao "mercado" ou a ruína econômica. (Weber, 1973: 140.)

Essa passagem final permite, numa observação circunstancial, lembrar a razão pela qual a noção de "mercado" aparece com tanta insistência na obra weberiana, inclusive para a construção do conceito de classe social. É que o mercado constitui uma *área de interação,* na qual os agentes se defrontam em termos do sentido das suas ações. Trata-se de um caso típico de *situação,* em que os sentidos das ações de vários se entrelaçam; sobretudo, constitui o caso mais extremo da situação marcada pela ação *racional* com referência a fins.

Para desenvolver a temática suscitada por esses ensaios, convém assinalar desde logo a íntima relação que há, no pensamento de Weber, entre as categorias de ação social, compreensão, situação, possibilidade objetiva, conhecimento nomológico e causalidade. Passemos ao exame disso, sem esquecer que o recurso metodológico que informa todo esse entrelaçamento é o da construção dos tipos ideais e que a premissa última, ou ideia diretriz, da reflexão weberiana nesse nível é a da racionalidade possível da ação.

Sabemos que para Weber a ação social é sempre significativa, e que a relação social o é de maneira ainda mais profunda, posto que nela não interessa somente a orientação da conduta do agente conforme a de outro mas, sobretudo, que o sentido da sua ação está condicionado pela sua orientação relativamente ao conteúdo significativo das ações de outro, ou outros. Aqui já desponta a razão metodológica da distinção entre ação e relação social, que, como vimos, aparece em Weber mas não em Simmel. A rigor, a noção de ação social desempenha um papel diminuto na análise weberiana, se comparada com a de relação social. Mas ela é necessária no seu esquema porque lhe permite, desde logo, descartar qualquer perspectiva "naturalista" desse esquema. Além disso, dá-lhe condições para sustentar que o único portador real de sentidos é o agente individual, o que elimina qualquer "historicismo" ou "sociologismo". Quanto à ameaça de um "psicologismo", fica descartada, entre outros motivos (dos quais o principal é que a entidade compreensível é o *sentido* da ação e não o próprio agente), precisamente pela circunstância de que a análise efetiva incide mais sobre a *relação* social. Weber tinha nítida consciência, tal como Simmel, de que as ações sociais – mais precisamente, os seus sentidos – condicionam-se reciprocamente, conduzindo a um estreitamento da margem de opções disponíveis para os agentes. Simmel derivou dessa ideia o seu conceito de *forma*, ao passo que em Weber ela se traduz na ideia de *situação*. A grande diferença entre ambos os autores, nesse ponto, é que Weber problematiza aquilo que para Simmel era pacífico.

Essa diferença manifesta-se de duas maneiras fundamentais. A primeira diz respeito à ideia da necessidade de operar com tipos, presente em ambos mas com uma distinção da maior importância. É que, se em Simmel o tipo é obtido através de um processo de *depuração* dos dados empíricos cuja unidade já está presente, para Weber trata-se de *construí-los* a partir de traços discretos tomados seletivamente de uma realidade que se apresenta como congérie de eventos singulares. É esse processo de abstração dos conteúdos pontuais da interação, tratados como motivos internos da ação mais do que como referências significativas, que permite a Simmel chegar às formas dos processos sociais como arcabouços que persistem mesmo na ausência dos impulsos que primeiro as originaram. Isto para Weber é um procedimento inaceitável, por duas razões. Primeiro porque, ao instalar os móveis das ações no interior dos agentes, Simmel acaba sendo obrigado a projetar para fora deles (no limite, separadas e em contraposição a eles) as condições de persistência de orientações da ação (no seu caso, precisamente as formas associativas), quando em Weber basta que se reproduza a situação. Depois, porque torna difícil a distinção, fundamental para Weber, entre sentidos "subjetivos" e sentidos "objetivos", externos aos agentes, sem a qual, como já vimos no reparo de Weber a Simmel, fica comprometido todo o esforço de construção de uma teoria da *ação* social. A segunda distinção permite mostrar como noções de fundo metafísico são sistematicamente transformadas por Weber em questões metodológicas. Em Simmel, as formas derivam da vida, como fluxo irracional de eventos, e se contrapõem a ela. Deixando de lado que a expressão desses eventos, em Simmel, se dá no plano das vivências e que Weber se recusa a atribuir a essa noção qualquer utilidade na análise científica, o essencial é que aquilo que em Simmel aparece como "vida" converte-se em Weber na noção muito mais específica de história, entendida também como fluxo de eventos, mas não como intrinsecamente irracional e sim apenas como empiricamente inesgotável, e a noção de forma converte-se na de situação.

A noção de situação envolve a ideia de um complexo de ações reciprocamente referidas (sem que isso implique presença concreta dos agentes; basta que as ações sejam orientadas conforme outras ações possíveis) que ganham seu caráter particular de algo assim como uma matriz de sentido, presente em todas essas ações. A constituição e sobretudo a persistência de uma situação são, contudo, problemáticas, porque ocorrem num contexto em princípio aberto – salvo num caso limite, que é precisamente o que mais preocupou Weber, ou seja, o da vigência plena da racionalidade da ação – e são, portanto, *possíveis* mas não determinadas nem necessárias; sempre há alternativas. Por outro lado, da mesma maneira como a constituição da situação limita internamente o campo de opções dos agentes, ela limita externamente as possibilidades alternativas. Se associarmos a isso a ideia de Weber, de que é possível observar, empiricamente e não em princípio, certas regularidades nas ações de sujeitos – o que, creio eu, implica tomá-los como já situados – então abre-se o caminho para trabalhar a ideia da "possibilidade objetiva" das situações ou linhas de ação alternativas em termos daquela modalidade de "experiência mental" à qual Weber atribuía tanta importância nos estudos históricos e também sociológicos, na medida em que se possa afirmar que aquilo que para o historiador é um *evento* é uma *situação* para o sociólogo. Tome-se o exemplo utilizado por Weber ao discutir o caráter significativo e referido a valores da seleção de um fato histórico e ao elaborar o conceito de "possibilidade objetiva": a batalha de Maratona. Efetivamente, dado que gregos e persas comprovadamente se envolveram nessa batalha, havia objetivamente a possibilidade de qualquer dos lados sair vitorioso, como também eram objetivas as consequências prováveis que adviriam disso em cada caso, admitindo-se a hipótese da persistência das orientações regulares da conduta dos participantes observadas antes do seu confronto, pelo menos no tocante às relações com povos vencidos. O confronto entre o decurso histórico efetivo e o (objetivamente) possível mas (subjetivamente) construído permite mostrar, então, a importância do evento para quem o examina com a atenção orientada para o confronto entre valores e formas de conduta de vida que os oponentes representavam. Observe-se, no entanto, que, se a batalha de Maratona é um evento único e irrepetível da perspectiva do historiador, ela só ganha pleno sentido quando encarada sociologicamente como uma situação, na medida em que envolve a presença de regularidade de conduta dos participantes, influenciada pela própria relação entre eles. Reciprocamente, uma situação específica de mercado, para ficarmos na área tratada por Weber na citação acima, pode ser encarada como um evento: por exemplo, a promulgação das "corn laws" na Inglaterra novecentista. De todo modo, o conceito de "possibilidade objetiva" incorpora em sua formulação tanto a perspectiva histórica quanto a sociológica, e permite demonstrar como ambas são inseparáveis no pensamento weberiano.

Essas considerações permitem também pôr no seu devido lugar o papel da compreensão no esquema weberiano. Como tantos outros, esse termo adotado por Weber é infeliz, porque traz consigo a ideia de que se esteja procurando um recurso que assegure a *evidência* dos fenômenos analisados, dispensando quaisquer outros procedimentos científicos de controle dos seus resultados. Na realidade, Weber sempre pretendeu, na sua concepção desse recurso metodológico, demonstrar precisamente o contrário. Como já demonstrou Tennbruck, uma das conclusões básicas que se podem tirar dos ensaios sobre Roscher e Knies é a da separação nítida entre evidência e validade científica. A compreensão de que fala Weber é um *instrumento de análise* recomendável porque o universo histórico-social lhe é acessível dado o caráter significativo da ação social. Sua função específica é a de auxiliar na formulação de hipóteses a serem verificadas empiricamente. Além disso, longe de ser "intuitiva", ela depende, para ser utilizada com alguma eficácia, de um certo grau prévio de conhecimento de regularidades empíricas ("nomológico") e da situação em que ocorre. Do contrário, cai-se no vazio, porque em princípio qualquer sentido pode ser atribuído a uma ação singular observada; o que equivale, nesses termos, a neutralizar a própria ideia de compreensão, pois se uma ação tiver qualquer sentido, ela não terá nenhum em particular.

Em suma, também na análise o sentido da ação não pode ser concebido – e compreendido – independentemente da situação em que ocorre. Essa situação, diga-se de passagem, presta-se mesmo a ser entendida em termos de uma "lógica das interações" que ocorrem no interior de determinados "campos" de representações, tal como o faz Pierre Bourdieu na sua tradução do esquema weberiano para uma versão bastante sofisticada do chamado "interacionismo simbólico" e sua aplicação à sociologia da religião (Bourdieu, 1974: 79-98, esp. 81-2). Weber sempre desconfiou das "evidências" já dadas sem mais (embora elas constituam meta do conhecimento), assim como rejeitava qualquer busca de uma "visão de essências" de raiz fenomenológica (com a explícita restrição a Karl Jaspers, cujas tentativas apoiava). É contra isso que se dirige sua observação, na introdução à *Ética protestante e o espírito do capitalismo*, de que "quem quer 'visões' que vá ao cinema". Da mesma forma, nada queria ter a ver com qualquer forma de "empatia", pelo contrário: sempre preconizou um certo *distanciamento* entre o cientista e os fenômenos observados, que ele afinal converte em *objetos* de análise. Na mesma passagem da *Ética* encontra-se também uma clara referência crítica à "falta de distanciamento" (ou de "perspectiva", na tradução brasileira) em relação àquilo que se estuda.

A contrapartida de Weber para a pergunta de Simmel sobre como é possível a sociedade seria a pergunta sobre como é possível a persistência de linhas de ação. Cabe lembrar, neste passo, que o procedimento tipológico adotado por Weber tem pouca afinidade com uma concepção de mudança gradativa. Tipos são essencialmente descontínuos, e por isso prestam-se tão bem à análise comparativa. Isso suscita problemas para a concepção do processo histórico em Weber, que oscila entre a multiplicação de casos exemplares pontuais aos quais ele recorre (em *Economia e sociedade*, especialmente) para assinalar diferenças e descontinuidades no curso histórico (mais exatamente, nos múltiplos cursos históricos), e uma concepção de cortes abruptos em processos históricos mediante reorganização carismática dos valores últimos orientadores da conduta. Atomização de eventos sem sentido objetivo unificado, por um lado; alternativa entre rotina e disrupção radical, pelo outro. Ressurge, assim, a referência de Adorno, em outro contexto, a uma "pseudo-história".

CAPÍTULO 2

CULTURA E SENTIDO

Tudo isso relaciona-se com um problema particularmente espinhoso para Weber, que é o da causalidade. Sua ideia é a de que podemos estabelecer relações causais nas ciências histórico-sociais. Mas, como fazê-lo, se os fenômenos a serem relacionados causalmente ocorrem num universo marcado pela contingência? A solução imediata de Weber consiste em não falar diretamente de causalidade mas de *atribuição causal* a nexos *particulares* entre fenômenos. Portanto, também a análise, embora causal, move-se no campo do possível ou, para usar terminologia também adotada por Weber, do provável. Conhecemos o peso que as noções de "chance" e "probabilidade" têm no pensamento weberiano. Elas referem-se à ocorrência de certos nexos entre fenômenos sociais e, sobretudo, à sua persistência. E isso nos conduz a alguns aspectos centrais do seu pensamento. Dadas as premissas da análise weberiana, seu problema básico nunca poderia ser posto em termos da questão da *mudança* em condições estáveis e estruturadas da existência social. Seu problema mais amplo é precisamente o oposto, relativo às condições de *persistência* de formas de ordenação social.

A que se deve essa persistência, que afinal se traduz na continuidade cotidiana de certas linhas de ação por uma pluralidade de agentes individuais? Como já foi apontado da maneira mais explícita por Guenther Roth, essa persistência deve-se ao fenômeno da *dominação*, ou, mais amplamente, à conexão *dominação/legitimação* (Roth, 1968: 82 ss.). Isso significa que não é causal a grande atenção dispensada por Weber a esse fenômeno, nem a posição nuclear ocupada pelos conceitos correspondentes, em sua análise. Pelas suas próprias premissas, a sociologia weberiana é necessariamente centrada no estudo da dominação e na construção dos seus tipos. Mas o mesmo Roth também assinala que o conceito de dominação em Weber é precedido por um outro, que julgo poder ser considerado seu fundamento último. Trata-se do conceito de *apropriação* (Roth, 1968: 44). Esse conceito faz sentido no seu esquema porque ele opera com a premissa de que, na sua existência concreta, os homens sempre agem num contexto de carência, de *escassez*. A dominação deriva da apropriação diferenciada, e tornada legítima em determinadas condições sociais, de bens materiais e/ou simbólicos escassos. É por isso que me parece de tanta importância a formulação de Carl Menger, citada mais acima, acerca do tema. Relida à luz das presentes considerações, revela-se seu alcance muito maior do que a mera referência econômica. Pois na realidade ela remete a uma teoria sociológica e política perfeitamente congruente com aquela desenvolvida por Weber.

É nesse contexto que me parece fundamental destacar que a ideia de probabilidade (ou de "chance") de ocorrência efetiva de determinada ação com sentido desempenha em Weber, ainda que de modo jamais explicitado por ele, um papel de instrumento de medida informal (portanto não "estatístico", apesar de Weber ter contemplado explicitamente a possibilidade de, nos casos-limites, torná-la quantitativamente mensurável) das condições de persistência de relações sociais. Vale dizer, opera como um *índice da presença e da eficácia do processo de dominação/legitimação*, na medida em que é nesse processo que encontramos a forte conversão de linhas de ação em condutas cotidianas (embora o próprio Weber também aponte a pura inércia dos hábitos como contribuindo para isso).

Pode-se avançar mais um passo e sugerir que ela também permite "medir" o grau de *racionalização* das ações. A ação perfeitamente racional é plenamente previsível (e "desencantada", diria Weber). Ela oferece probabilidade máxima de previsão correta de sua ocorrência. Quanto aos outros tipos de ação social construídos por Weber, eles têm, conforme esse raciocínio, probabilidades decrescentes de previsão correta de sua ocorrência, até chegar no caso-limite da ação de tipo "afetivo", que quase já não é social. Observe-se a relação que há entre o grau de probabilidade de acerto na previsão da ação afetivamente realizada pelo agente e o seu grau de compreensão. A ação racional, a mais previsível, é também o caso privilegiado da ação compreensível: basta que o observador conheça o fim visado, os meios disponíveis e que leve em consideração que existe uma e apenas uma forma de maximização dos resultados, nas condições dadas. Vale dizer, basta que ele conheça a situação e sua lógica própria para compreender a ação, sem precisar preocupar-se com a "personalidade" singular do agente, nem com quaisquer processos psíquicos internos a ele, salvo como *fontes de desvio* do tipo, o que os converteria em novos objetos para a formulação de hipóteses e análise.

Nesse sentido, é interessante a observação de Talcott Parsons, em seu livro sobre o sistema social, quando afirma que a racionalização "é uma 'direcionalidade' inerente ao processo de ação, como a entropia na mecânica clássica", e que isso diz respeito ao próprio esquema conceitual adotado e não a uma generalização empírica (Parsons, 1964: 352). O esquema conceitual em questão é o do próprio Parsons, que nesse ponto se apoia em Weber, e a referência cabe também para o que estou argumentando a respeito do próprio Weber. Tenho plena consciência de que esse uso por Parsons de um conceito muito complexo, desenvolvido no século XIX nos estudos da Mecânica estatística e sobretudo da Termodinâmica, é obscuro e só nos pode servir como elemento sugestivo no exame de certos problemas centrais do tratamento do processo de racionalização no esquema weberiano, a serem tratados mais adiante.

Cabe apenas lembrar, no plano puramente intuitivo que me é acessível, que a "entropia", na sua acepção original, pode ser entendida como uma medida da homogeneidade da distribuição de energia em sistemas fechados. Referida à dinâmica dos processos térmicos, ela se aplica a um processo, ou tendência, que pode ser expresso em termos da passagem de estados "menos prováveis" para "mais prováveis" do sistema. Isso porque, encarados de uma perspectiva dinâmica, os elementos de um sistema definem-se como variáveis (isto é, podem assumir diferentes valores quantitativos), e o conjunto de valores assumidos por essas variáveis num momento dado define o seu estado. A ideia básica, aqui, é a de que, num sistema fechado, esses valores vão-se equalizando, até que, no ponto de entropia máxima, tenha-se um sistema no interior do qual não há mais variedade nem mudança; um estado estacionário, em que a probabilidade de ocorrência de um "fato novo" é mínima e, no limite, nula. Isso significa que o grau de previsibilidade dos eventos no interior do sistema é máximo, ou, em termos do processo, que ela aumenta na mesma proporção que a entropia. Devido a essas características, o conceito de entropia tem sido interpretado mais genericamente, fora do seu domínio de origem, como uma medida de *ordem* ou de *organização*, ou de *informação* (nesses casos em termos negativos, visto que todas essas noções têm em comum a ideia da *variedade* de eventos). Parece que, ao fazer essa analogia, Parsons pretendia simplesmente dizer que, num sistema (social) dado, a racionalidade da ação tende necessariamente a crescer do mesmo modo como a entropia tende a aumentar em sistemas físicos; daí a referência à "direcionalidade" da racionalização. Convém lembrar que isso tudo só faz sentido para sistemas fechados, sem interação com o ambiente, o que não se aplica a sistemas sociais. (Recordem-se, de passagem, as ideias de Luhman examinadas em outra passagem deste trabalho, segundo as quais o sentido é um processo redutor da variedade e complexidade do ambiente no qual operam sistemas de ação. Segundo a analogia de Parsons, o processo de sentido seria, então, gerador da "entropia".) De qualquer forma, a ideia básica de Parsons é importante, e envolve uma advertência que é diretamente relevante para o entendimento do problema com que Weber se defronta no seu esquema. É que não se pode introduzir impunemente a ideia de um processo de racionalização num esquema analítico: uma vez instalado, ele se expande inexoravelmente, e leva de roldão todos os obstáculos empíricos e teóricos, e pode comprometer também as próprias premissas metateóricas.

Aqui, no entanto, interessam as ideias de Weber, e não seus desdobramentos em Parsons, por sugestivas que sejam. Cumpre então prosseguir no exame das suas noções centrais. Se o que é próprio da ação social é ser dotada de sentido para o agente, ou seja, ter um sentido subjetivo, temos que nos deter um pouco mais nos problemas que isso envolve. Uma ação não é uma entidade simples, embora a análise de Weber encontre nele o seu elemento mínimo. Realizar uma ação envolve o encadeamento de um conjunto de atos de tal modo que formem uma unidade, que, pelo menos no universo social, é sempre teleológica: busca um fim, aponta para algo, enfim tem um *sentido*. E é precisamente o sentido detectável na ação que funda a sua unidade. Por isso mesmo podemos dizer que a *compreendemos*, e a reconstruímos como unidade de atos singulares; unidade apenas *possível entre outras*, e portanto a compreensão não nos fornece evidências mas somente material para hipóteses. Não há condições, aqui, para desenvolver mais a fundo essas considerações muito sumárias. Isso demandaria não só maior estudo dos textos relevantes em Weber como o exame crítico de ampla bibliografia secundária, da qual não se poderia excluir a análise desses tópicos feita por Alfred Schutz com uma perspectiva "fenomenológica". Em Schutz, de resto, os termos "ato" e "ação" aparecem com sentido bem diferente e até oposto do adotado por mim (Schutz, 1972: esp. 61). Seria necessário, também, examinar comparativa e criticamente as contribuições nessa área apresentadas por W. G. Runciman, que adota uma linha inspirada na filosofia analítica inglesa e nos desenvolvimentos recentes da Lógica, e por Peter Winch, que se apoia diretamente em Wittgenstein e nos seus desdobramentos (Runciman, 1972; Winch, 1967). Weber exprime ideias que vão nessa mesma orientação ao definir o que entende por gestão econômica, no segundo capítulo dos fundamentos metodológicos de *Economia e sociedade*.

> A definição de gestão econômica deve ser a mais geral possível e expressar claramente que todos os processos e objetos econômicos adquirem esse caráter enquanto tais pelo *sentido* que nele põe a ação humana – como fim, meio, obstáculo, resultado, acessório. Só que isso não se pode expressar, como ocorre com frequência, dizendo que a Economia é um fenômeno "psíquico". De modo algum se pode dizer que são "psíquicos" a produção de bens, o preço ou mesmo a "avaliação subjetiva" dos bens, embora eles sejam, por sua vez, processos *reais*. No entanto, nessa expressão aponta-se algo justo: que eles possuem um *sentido* subjetivo peculiar e que *só esse constitui a unidade dos processos em questão e os torna compreensíveis*. (Weber, 1975: 31, final grifado por mim.)

A unidade compreensível da ação é, então, dada pelo seu sentido. Resta saber onde se localiza esse sentido, posto que Weber não opera com a ideia de sistemas significativos objetivos já dados. Só há uma resposta possível, no esquema de Weber. A única sede efetiva, empírica, possível do sentido é o agente, o sujeito, que comparece assim, para usar o sugestivo termo do próprio Weber, como seu *portador*. É por isso, e apenas por isso – longe, portanto, de qualquer "psicologismo" – que Weber insiste no caráter *subjetivo* do sentido da ação. O sujeito individual constitui, para ele, o limite "para cima e para baixo" da realização do sentido. A noção de sujeito desempenha um papel fundamental no esquema weberiano por mais uma razão, ligada à anterior. É que ele é portador simultâneo de múltiplos sentidos e, o que é decisivo, forma uma unidade, é verdade que não necessariamente homogênea e até contraditória, cujos elementos componentes são precisamente os diversos sentidos possíveis de suas ações. Não que o sujeito, enquanto agente social, preexista como unidade já constituída aos sentidos das suas ações. Pôr a questão nesses termos equivaleria a perguntar pela *gênese* individual dos sentidos, quando o problema é o de sua *orientação*. O sujeito/agente constitui-se no próprio exercício da ação com sentido.

Importa enfatizar desde logo algo que me parece decisivo para entender o esquema de Weber: o *sujeito/agente é a única entidade na qual se podem efetivar relações entre sentidos diferentes de ações, nas suas múltiplas esferas de existência*. No sujeito cruzam-se e interagem (causalmente ou não) sentidos particulares e diferentes. Ele não é apenas o único portador efetivo de sentidos mas também é *a única sede possível do estabelecimento de relações entre eles*, pois é nele que eles se encontram. Claro que, na análise de temas específicos, o sujeito é sempre *construído* em termos típico-ideais, mas o importante é que múltiplas construções podem ser feitas com base nele. Por outro lado, o sujeito não é uma entidade genérica: ele particulariza-se numa situação específica, que limita o horizonte dos sentidos possíveis dos quais é simultaneamente portador. Essa situação define-se como um complexo de relações, e isso também é importante. Cada ação individual orientada pelo sentido esperado da ação de outro compromete de alguma forma os agentes em presença; e esse compromisso é tanto mais forte quanto mais intensa for a presença da racionalidade.

Examinemos isso sob um prisma mais amplo. Nas suas análises, Weber não opera apenas com indivíduos no sentido estrito do termo, mas também se ocupa de "individualidades históricas"; vale dizer, da construção de um todo unitário a partir de traços selecionados do próprio decurso histórico. O exemplo mais acabado disso é o da "civilização ocidental" ou, mais particularmente, do capitalismo. Sabemos que, na realidade, é a busca e a análise da especificidade dessa configuração histórica individual que está no centro de toda a reflexão weberiana. E o núcleo de sentido que permite articular essa individualidade é o processo de *racionalização*. E, nesse ponto, torna-se possível estabelecer uma aproximação importante entre Weber e o historicismo, apesar da sua firme e consistente recusa dessa postura. É inegável que Weber repudiou a posição antiteórica do historicismo clássico, e que sempre enfatizou a necessidade de um esquema analítico capaz de ministrar a explicação causal dos fenômenos, até em termos de uma recusa da distinção entre "ciência natural" e "ciência cultural", que substituiria pela distinção mais radical entre "ciência e não ciência" (Parsons, 1971: 35). É também da maior importância apontar que, se há uma absorção de um componente historicista por Weber, esta se dá, como de costume, nele, principalmente no plano metodológico. A expressão disso, que Florestan Fernandes considera "porventura a mais importante contribuição de Max Weber à lógica indutiva da Sociologia moderna", encontra-se, nas palavras do mesmo autor, em que

> embora os conceitos possam ser aplicados universalmente, por seu caráter geral e unívoco, e apesar da Sociologia ser uma ciência generalizadora (...), na explicação de situações concretas o sociólogo precisa respeitar os limites da abstração impostos pelo universo empírico considerado. (Fernandes, 1959: 100.)

Isso remete a um ponto fundamental da contribuição de Weber, que merece ser mais bem examinado. Nesse exame as considerações feitas acima deverão ser matizadas. Desde logo é preciso assinalar que Weber não está preocupado somente com os limites para a generalização dos resultados da pesquisa mas também, e sobretudo, com os limites da validade dos próprios conceitos que a informam e, mais profundamente, dos próprios problemas que lhe dão sentido. Uma formulação no seu ensaio sobre a objetividade pode dar-nos o ponto de partida para esse exame:

> O amadurecimento da ciência sempre significa, como efeito, a *superação* do tipo ideal, na medida em que seja concebido como empiricamente *válido* ou como *conceito genérico* [ou seja, como conceito que enfeixa num todo coerente determinados traços retirados da realidade empírica] (...) Há ciências destinadas à eterna juventude, e isso vale para todas as disciplinas históricas, às quais a corrente eternamente em fluxo da cultura constantemente apresenta novos problemas. Nelas, o caráter transitório de *todas* as construções típico-ideais mas também a inevitabilidade de construções sempre novas está na essência da sua tarefa. (Weber, 1973: 206.)

O tipo ideal é instrumento indispensável mas intrinsecamente provisório e de vigência limitada na trajetória do empreendimento científico. Indispensável na medida em que, tomado na sua acepção mais pobre a que Weber alude acima, de "conceito genérico" com forte referência empírica, ele opera como "porto de emergência, até que tenhamos aprendido a nos orientar no formidável oceano dos fatos empíricos". Nesse particular ele opera como referência precisa para a localização dos fenômenos reputados significativos, permitindo a identificação da sua presença ou ausência mediante o confronto entre as características do tipo construído e os dados observáveis. Mas, por mais importante que seja essa sua função preliminar, ela não esgota a natureza do tipo como conceito-chave na metodologia das ciências histórico-sociais, e na realidade apenas nos conduz ao umbral da sua tarefa básica. É que, antes de ser um instrumento na pesquisa empírica, ele é indispensável para a formulação rigorosa dos *problemas* de que ela própria tratará. E é o caráter intrinsecamente histórico desses problemas que define mais profundamente os limites da validade dos tipos, tomados já agora na sua acepção mais plena, em que eles não aprecem simplesmente como "conceitos genéricos" mas como conceitos *genéticos*.

Aqui atingimos o ponto fundamental, que permite dar a real dimensão do modo pelo qual Weber incorpora a problemática historicista. É que nele encontramos uma íntima relação entre os limites empiricamente dados para a generalização dos *resultados* da pesquisa e os limites da validade dos próprios *conceitos* e, sobretudo, os limites da vigência dos *problemas* que exprimem os *interesses* dos pesquisadores. A síntese disso está dada precisamente pelo caráter *genético* do tipo, que remete aos pressupostos valorativos da atribuição de um caráter significativo ao campo do real selecionado para exame. O caráter genético do tipo deriva da circunstância de que sua construção está subordinada à importância significativa que os traços dos eventos ou dos processos empíricos selecionados para compô-lo assumem para o pesquisador em termos das suas consequências aqui e agora (não importa, aqui, se se trata de eventos ocorridos no passado ou de processos que ocorrem no presente). Tomado na sua acepção plena o tipo é, portanto, a expressão metodológica da orientação do interesse dos cientistas que o constroem e aplicam. (Isso no caso "ideal": não estou considerando os casos, efetivamente frequentes, em que a tentativa de aplicação não leva em conta o caráter genético do tipo e o toma meramente como conceito genérico.) Assim, os limites da sua aplicação são dados sobretudo pela vigência dos problemas que o informam e, por conseguinte, do interesse de conhecimento específico que presidiu à formulação dos próprios problemas. É por isso que é totalmente equivocado conceber o tipo como um "esquema" ou "modelo" aplicável a qualquer análise, independentemente dos seus pressupostos ou, pior ainda, como livre de pressupostos, visto que estes são inerentes ao próprio conceito. São os problemas e seus pressupostos, e não um domínio empírico de fatos, que primordialmente definem o campo histórico e social da validade dos próprios conceitos e, por extensão, dos resultados da pesquisa. Enfim, não se trata somente de uma questão relativa à correta aplicação do método indutivo, embora esse aspecto seguramente não seja negligenciável, mas de um problema mais amplo, visto que em Weber a questão universal de método relativa à generalização dos resultados da pesquisa – portanto, da sua validade *empírica* – está inextricavelmente ligada à questão particular da validade *significativa* dos pressupostos da própria pesquisa.

Nesse ponto, convém tomar essa mesma questão por um outro ângulo, que concerne à relação entre conceito e realidade no pensamento de Weber. Para ele, a ciência não se constitui em termos da articulação objetiva entre "coisas", mas da articulação conceitual entre "problemas"; e já vimos como o tipo ideal desempenha um papel fundamental nisso, ao permitir uma formulação rigorosa dos problemas para a pesquisa, ao mesmo tempo que enseja a identificação das suas referências empíricas quando da sua aplicação a casos particulares. O importante é que, uma vez construído, o tipo passa a operar como conceito a ser relacionado com outros conceitos. Não lhe cabe "retratar" o real e, por isso mesmo, ele não tem valor se tomado isoladamente na pesquisa: um tipo só tem utilidade científica no confronto com outros tipos e através das relações causais hipotéticas que permite formular. Isso possibilita introduzir uma ressalva importante em qualquer aproximação que se faça entre a postura weberiana e o historicismo. É que Weber repudia da maneira mais enérgica um componente básico das correntes historicistas com que se defrontou, que é o seu empirismo radical (que, para ele, é também um traço do "naturalismo" positivista, igualmente repudiado). Importa, reitera ele seguidamente, não confundir conceito e história. Recusa, portanto, a simples subordinação dos conceitos à experiência empírica, assim como a ideia de que se possa construir um sistema conceitual abrangente, de natureza dedutiva. Portanto, nem imersão dos conceitos nos fatos, nem absolutização dos próprios conceitos. Estes retiram sua autonomia metodológica em face da história do seu vínculo com os problemas que constituem a ciência, mas essa autonomia é limitada pela natureza histórica desses mesmos problemas.

> Precisamente *porque* o conteúdo dos conceitos históricos é variável é preciso formulá-los cada vez com maior precisão. [É necessário] apenas que ao *utilizar* tais conceitos, se mantenha cuidadosamente o seu caráter de tipo ideal, e que não se confunda tipo ideal e história. Dado que, devido à inevitável variação das ideias de valor básicas, não há conceitos históricos verdadeiramente definitivos susce-

> tíveis de serem considerados como fim último geral, [segue-se] que, precisamente por se formarem conceitos rigorosos e unívocos para o ponto de vista *singular* que orienta o trabalho, será possível dar-se conta claramente dos limites da sua validade. (Weber, 1973: 209.)

Importa, portanto, manter-se nos limites do objeto tratado e da validade dos conceitos pertinentes. Ora, definir o objeto primordial da análise em termos de uma "individualidade histórica", cujo sentido nuclear e específico é o da racionalização, tem consequências que, associadas à ênfase posta na ação racional com referência a fins como a ação social por excelência (vale dizer, compreensível pelo seu sentido unívoco), comprometem as próprias premissas teóricas e também metateóricas de Weber.

Para que isso possa ser demonstrado em suas implicações fundamentais, no entanto, é ainda necessário delinear melhor aqueles outros aspectos do pensamento weberiano que são relevantes para a presente análise. É impossível, desde logo, passar por alto os problemas suscitados pela concepção de Weber acerca da relação entre ciência e valores e os temas correlatos, como os das suas noções de cultura e de sociedade.

> O pressuposto transcendental de toda *ciência da cultura* não consiste em que consideremos *valiosa* uma cultura, determinada ou qualquer, mas em que somos *homens* de cultura, dotados de capacidade e de vontade de assumir conscientemente uma *posição* perante o mundo e conferir-lhe um *sentido*,

escreve Weber numa das passagens mais célebres do ensaio sobre a "objetividade" (as aspas são dele, convém lembrar) do conhecimento na ciência social. O seu exame permite distinguir, já nesse ponto, a posição de Weber daquelas de Dilthey e de Rickert, que sustentam, cada qual à sua maneira, posições formalmente semelhantes.

Para Dilthey, o conhecimento histórico nos é acessível porque *participamos* da história, estamos entre os seus autores. Por isso mesmo, a questão da objetividade do conhecimento histórico não o perturba. Afinal, para ele, estamos à vontade no universo das "objetivações da vida", e "a história não é algo separado da vida, algo isolado do presente pela distância temporal: ela permeia a nossa coexistência; até mesmo no modo pelo qual os objetos se dispõem e se apresentam para os nossos sentidos" (Dilthey, 1968: 147-8). Enfim, o mundo histórico é um dado, e estamos em casa nele. A ideia de *tomar posição* diante do mundo é totalmente estranha a Dilthey. À primeira vista, é essa mesma ideia que permitiria aproximar Weber de Rickert. Afinal, não é ele quem afirma que nossa relação com os objetos do mundo histórico-social passa necessariamente por valores e, mais amplamente, por "valores culturais"? Sabemos, no entanto, que Rickert e Weber falam de coisas diversas quando se referem a valores: no primeiro, um sistema atemporal de valores dos quais só interessa a *vigência* e a partir do qual o mundo empírico ganha sentido; o segundo, de valores historicamente concretos e particulares. Mas isso não é tudo, nem talvez o mais importante. Na passagem de Weber que estamos examinando, a expressão "transcendental", que pode causar alguns embaraços para uma interpretação não "neokantiana", é, segundo Weber, a expressão "puramente *lógico-formal*" correspondente à ideia de que "a 'cultura' é um segmento finito da infinidade carente de sentido dos eventos no mundo, concebido do ponto de vista do *homem* como tendo sentido e significado". Interessam as "ideias de valor" com que encaramos a "cultura" (as aspas são de Weber) em cada caso singular. Enfim, "o conceito de cultura é um *conceito de valor*" (Weber, 1913: 175 e 180).

Além disso, Weber adverte, de passagem, que quando fala do condicionamento do conhecimento da cultura por ideias de valor ele está-se valendo da "terminologia dos lógicos modernos". Sabemos que entre os "lógicos modernos" a que ele está aludindo inclui-se o nome de Rickert. Essa referência ao uso da "terminologia" já dá o que pensar. Torna plausível a hipótese de que o débito das suas ideias em relação a esses "lógicos modernos" não vá mais longe do que isso. Mas a coisa ainda é pior. Weber *não* respeita rigorosamente essa terminologia, pois, enquanto Rickert fala de "valores" ou "valores culturais", Weber fala de "*ideias* de valores" ou "*ideias* de valores culturais". Só isso é suficiente para romper qualquer adesão à concepção da vigência de valores absolutos, e converter essa vigência em matéria de ideias, ou representações acerca da validade de uma linha da conduta sustentadas concretamente e em confronto entre si por *homens* historicamente situados. Sublinho a expressão "homens" porque Weber também o faz na sua formulação do pressuposto das ciências culturais. (Pouco importa, aqui, se no título do seu ensaio apareça a expressão "ciências sociais", completada, de resto, pela de "política social"; afinal, trata-se da apresentação programática de uma revista cujo título, já existente, demandava isso.) O que me interessa salientar é que, ao sublinhar o primeiro termo quando diz que somos *homens* de cultura (nas traduções, ambos os termos costumam aparecer grifados, o que é um erro) ele não só está evitando uma recaída em Dilthey através da reintrodução do tema da *participação* como fundamental no conhecimento histórico-cultural, como está descaracterizando qualquer caráter substantivo que se pudesse atribuir à cultura. Nesse contexto, a passagem citada pode ser lida como se fora uma resposta direta, até na escolha dos termos, à seguinte formulação de Rickert.

> Toda história trata no essencial não somente dos homens de cultura como também é escrita exclusivamente por homens de cultura. Os valores que o homem de cultura reconhece em geral devem ser, segundo parece, ao mesmo tempo os princípios de uma história universal da humanidade cultural. Assim, seria possível pensar em uma *psicologia social* que investigue a totalidade dos valores culturais gerais e os apresente sistematicamente, oferecendo assim simultaneamente um sistema dos princípios do decurso histórico, sistema no qual caibam e encontrem seu lugar todos os sistemas de valores obtidos através da análise das obras históricas e histórico-filosóficas, e com respeito ao qual devam ser avaliadas. (Rickert, 1961: 121.)

O ponto fundamental em tudo isso é que, enquanto Rickert concebe os valores como constituindo o mundo cultural pela sua vigência incondicional, Weber vê nos próprios homens historicamente concretos a entidade que confere valores a segmentos da realidade e a constitui como "cultura". Isso coloca-o praticamente nos antípodas de Rickert e sugere que devem ser levadas a sério as reservas contidas nas suas formulações acerca do simples uso da terminologia ou então de que os seus ensaios sobre Roscher e Knies deveriam servir, entre outros fins, para "testar a utilidade" das ideias de Rickert (Weber, 1973: 7, nota 1). A tese que sustenta ser diminuta a importância substantiva das concepções de Rickert para Weber já está, de resto, amplamente documentada, e os testemunhos nesse sentido encontram-se em comentaristas contemporâneos como Friedrich Tennbruck e, sobretudo, Eugène

Fleischmann, que os cita abundantemente em seu ensaio sobre Weber e Nietzsche (Fleischmann, 1964). É verdade que a tese oposta, de que Weber é basicamente um continuador de Rickert no plano metodológico, tem pelo menos um vigoroso defensor sistemático na bibliografia recente, Thomas Burger (Burger, 1976).

O artigo de Fleischmann teve o mérito de chamar a atenção de maneira especialmente enfática para uma circunstância curiosamente negligenciada na maior parte da bibliografia sobre Weber. Trata-se da nítida afinidade entre seu pensamento e certos temas centrais em Nietzsche. Devo corrigir-me, aliás: a negligência em relação a esse fato não é simplesmente curiosa nem casual, mas é congruente com a tendência, dominante durante longo tempo, de tentar firmar uma imagem de Weber como um liberal pouco preocupado com um tratamento mais duro do problema do poder na sociedade. O consenso tácito a esse respeito só foi rompido em 1959, com a publicação do livro já clássico de Wolfgang Mommsen sobre a evolução do pensamento político de Weber entre 1890 e 1920 e, após isso, por artigos como esse de Fleischmann e alguns do próprio Mommsen, para explodir de vez no Congresso Alemão de Sociologia, de 1964, dedicado ao centenário de Weber, com as polêmicas provocadas pelos trabalhos de Raymond Aron, sobre a política do poder, e de Herbert Marcuse, sobre industrialização e capitalismo na obra de Weber.

CAPÍTULO 3
A CRÍTICA DOS VALORES

Um exame mais completo e aprofundado do tema ainda está por ser feito, no tocante às relações entre Weber e Nietzsche. É possível demonstrar, em numerosas passagens, sobretudo da sua obra de maturidade, como Weber praticamente copia o estilo de Nietzsche. Claro que isso não é suficiente, pois quem garante que não se trate novamente de uma simples manifestação do gosto de Weber pelo uso da terminologia mais à mão para exprimir suas ideias? Afinal, o uso de termos como "infraestrutura" e "superestrutura" em seu ensaio de juventude sobre as causas da decadência da cultura antiga não o converteram num marxista, assim como o recurso a uma terminologia emprestada de Rickert não o define como neokantiano. Como lembra Aron, "é claro que se poderia substituir o vocabulário neokantiano dos valores por um outro, sem pôr em questão as ideias fundamentais de Weber" (Aron, 1964: 272). É igualmente verdade, creio eu, que não se pode falar num Weber "nietzscheano", pois ele sempre usou ideias, terminologias e estudos alheios como meros instrumentos (toscos, no mais das vezes) para tentar abrir seu caminho. Weber é, teórica e praticamente, um mestre na visão instrumental das coisas. Para ele, as obras alheias, a sua própria, as noções de compreensão e sentido, os tipos ideais, a descoberta de regularidades na história, e, no final, a própria ciência e a racionalidade – se acompanharmos interpretações como a de Marcuse (1971: 133-51) – comparecem sistematicamente na condição de instrumentos. Quanto aos fins a que esses meios servem, podem estar no domínio da racionalidade, como no uso dos conceitos no processo de conhecimento científico, ou também fora dele, como ocorre com as decisões que se tomarão em face das indicações propiciadas pela própria ciência, ou como no recurso a valores equivalentes entre si no confronto constante entre os homens na sua disputa por bens materiais ou simbólicos escassos.

Em suma, Weber está sempre mais preocupado com a discussão dos *meios* que dos *fins*, mesmo porque estes, embasados em valores entre os quais não se pode estabelecer qualquer hierarquia ou critério objetivo de seleção, não se prestam ao exame sistemático. Pode-se, é claro, defender aqueles a que se adere, e seguramente Weber tem os seus, pelos quais está disposto a combater, e que também informam a sua obra científica, como premissas metateóricas: a autonomia do indivíduo, a razão, a liberdade, a verdade, a responsabilidade e assim por diante. É em nome desses valores que ele assume uma posição crítica em relação ao seu tempo e, frequentemente, aos seus intérpretes – por exemplo, quando repudia a "forte veia burocrática" dos componentes da escola histórica da Economia alemã, como Schmoller. E é no mesmo sentido que ele se dedica à ciência – por exemplo, quando escreve em 1920, numa carta ao economista Robert Liefmann, que

> se agora tornei-me oficialmente sociólogo, é essencialmente para pôr fim nesse negócio de trabalhar com conceitos coletivos. Em outras palavras, também a Sociologia só pode ser realizada a partir da ação de indivíduos mais ou menos numerosos, portanto de modo estritamente "individualista" quanto ao método. (Cf. Mommsen, 1965: 44, nota 2.)

A questão é saber como se articulam essas duas dimensões no empreendimento de Weber: a prática, na qual seus valores são explicitados, e a teórica, na qual persistem na condição de pressupostos necessários, considerando-se ainda que o seu pensamento é permeado pela convicção da necessidade de separarem-se rigorosamente ambas as esferas.

As afinidades de Weber com o pensamento de Nietzsche e seu afastamento de posições aparentemente mais próximas vão mais fundo, no entanto, do que o nível apenas formal. Uma passagem de seu texto que estou comentando, na qual de resto se torna particularmente agudo o contraste com Rickert, é aquela na qual Weber enfatiza o caráter radicalmente destituído de sentido intrínseco do "mundo" e que, portanto, compete aos próprios homens outorgarem significado a alguns entre os infinitos eventos que o constituem, como condição prévia para o seu conhecimento e também para agirem nele. É impossível, nesse ponto decisivo, não pensar em Nietzsche. Por exemplo, quando este critica, no parágrafo 22 de *Para além do bem e do mal*, a concepção oficial da natureza em termos da sua "legalidade". Após identificar nessa posição a ideia de que há "por toda parte igualdade diante da lei – nisso a natureza não está de outro modo nem melhor do que nós", e de criticá-la como exemplo dos "instintos democráticos da alma moderna", ele adverte que "isso é interpretação, não texto". E levanta a ideia de que "alguém, com a intenção e a arte da interpretação opostas", concluísse, com base nos fenômenos, que o mundo

> tem um decurso "necessário" e "calculável", mas *não* porque nele reinam leis, mas porque absolutamente *faltam* as leis, e cada potência, a cada instante, tira sua última consequência. (Nietzsche, 1974: 280.)

Esse "alguém" é o próprio Nietzsche, claro. Em suas passagens mais radicais Weber desenvolve suas ideias numa linha sugestivamente semelhante. Mas, isso não ocorre sistematicamente. Se há uma presença de Nietzsche em Weber, ela é sem dúvida incomparavelmente mais forte e mais fecunda que a de qualquer neokantiano, mas ainda é filtrada e atenuada, sem ir às últimas consequências. O que vou tentar demonstrar é que, mesmo que se possa argumentar, nesse caso voltando contra mim minhas próprias considerações, que as ideias de Nietzsche afinal não passavam de outros tantos meios para Weber em sua caminhada própria, é patente que se tratava de meios especialmente privilegiados na constituição do seu esquema teórico.

É fora de dúvida que Weber conhecia a obra de Nietzsche e dedicou-lhe considerável atenção. Não lhe faltaram, também, as mais variadas vias indiretas de acesso a esse pensamento, no clima intelectual em que vivia. Está amplamente demonstrado o cuidado com que ele leu e releu o livro de Simmel sobre Schopenhauer e Nietzsche, além de que entre os círculos intelectuais com que mantinha contato pessoal incluíam-se literatos fortemente influenciados por Nietzsche. Deixando de lado o exemplo do poeta Stefan George, cuja obra ele chegou a apreciar mas com cuja posição básica nunca se identificou, há o caso, muito mais sugestivo, do seu interesse pela poesia de Rainer Maria Rilke (Mitzmann, 1971: 262 ss., esp. 265). Se aceitarmos, apesar das polêmicas envolvidas, a interpretação de um crítico literário influente, segundo a qual há grande afinidade entre a poesia de Rilke e temas nietzscheanos, ainda que esses apareçam atenuados nele (Heller, 1961: 109-55), então o quadro torna-se mais completo. Para Heller, o principal ponto de contato entre Nietzsche e Rilke está na ideia da necessidade da "audaz experiência" de atribuir ao próprio homem o papel de redentor, num mundo secularizado e medíocre, já que Deus está morto (Heller, 1961: 148). O tema clássico do "desencantamento do mundo" incorporado por Weber encontra aqui o seu *pathos* mais radical. Afinal, somos "*homens* de cultura": só a nós compete instaurá-la, na luta com outros homens portadores de outros valores e na persistente recusa da mediocridade (noção que em Weber ganhava corpo naquela figura que ele chamou, certa feita, de "são Burocrácio"). É verdade que já aqui desponta o momento básico em que Weber evidentemente deixa de acompanhar Nietzsche. É o da emergência do "novo homem", que lhe é tão estranha quanto a ideia marxista da emergência da "nova sociedade". Poder-se-ia argumentar que pelo menos traços disso existem na sua noção de "carisma", o que já me parece um pouco forçado, apesar do inegável ponto em comum que é a preocupação dos dois autores com o problema da criação de novos valores. De qualquer modo, ambas as ideias soam-lhe como utopias, incongruentes com sua visão realista (ou resignada?) do mundo. Cabe lembrar que, muito caracteristicamente, Weber só admite a utopia num nível, precisamente o metodológico, e não hesita em usar afirmativamente o termo para caracterizar esse instrumento analítico que é o tipo ideal.

A atitude de Weber em relação à literatura, aliás, é também bastante característica do seu modo total de ser.

Há claros indícios de que seus interesses por autores e obras sempre estiveram fortemente marcados por suas preocupações intelectuais mais imediatas e, mais amplamente, pela referência aos seus "valores últimos"; ou por aquilo que, numa alusão ao tema do destino, ele chamava de os "demônios" que detinham em suas mãos os fios da sua vida. Está claro, e não só por essa referência, que ele leu e releu o seu Goethe e que tinha a boa formação literária peculiar a um intelectual do seu meio e da sua época. Mas, no geral, parece que, tal como frequentemente ocorre com grandes intelectuais fortemente envolvidos numa linha de ideias (é também o caso de Freud, por exemplo), ele procurava na literatura o prolongamento das suas preocupações do dia. Assim, não é de surpreender que um dos seus autores favoritos, segundo Honigsheim, fosse o suíço Conrad Ferdinand Meyer, no qual "admirava a habilidade para compreender o mundo do passado e para retratar os aspectos trágicos do uso do poder" (Honigsheim, 1968: 78). Além disso, Meyer, escrevendo no clima pós-1848, preocupava-se intensamente com os problemas da unidade e independência nacionais, embora não estivesse imune à "ideologia abstrata do poder e da missão mística e fatalista de grandes homens", marcados pela sua "solidão" (Lukács, 1963: 222, 224). É Meyer, por sinal, quem atribui a um personagem seu, o rebelde protestante Von Hutten, uma frase que dificilmente deixaria Weber indiferente: "Eu não sou um livro bem raciocinado; sou um homem, com suas contradições." Por outro lado, seu contato com a literatura russa parece ter sido bastante intensa. Além de suas repetidas referências a Tolstói, há indícios de que Dostoiévski exerceu considerável fascínio sobre ele, tanto assim que forneceu temas para boa parcela de seus contatos com o jovem Lukács, que na época estava às voltas com preocupações semelhantes (Mitzmann, 1971: 272-3). Isso, por sinal, suscita um aspecto muito interessante do clima intelectual em que Weber se movia e da formação da sua própria personalidade.

Em contrapartida, não encontrei indícios de qualquer interesse de Weber por Thomas Mann, a despeito das afinidades que se poderiam apontar entre eles quanto à problemática das suas obras e, sobretudo, à circunstância mais geral de que ambos estavam, na expressão de Lukács acerca de Thomas Mann, "em busca do burguês", numa sociedade que sequer teve condições para desenvolver o equivalente linguístico para *citoyen* (Lukács, 1967: 223, 235). Claro que a obra de arte e a obra científica não são comparáveis termo a termo. Basta lembrar que, a despeito de toda a sua recusa de qualquer ideia de identificação do pesquisador com o objeto de análise, e da sua ênfase no *distanciamento* como atitude metodológica, é totalmente inacessível a Weber, enquanto cientista, o recurso literário da *ironia*, que é central em Thomas Mann. É verdade, por outro lado, que o distanciamento que Weber preconizava dizia respeito exclusivamente ao exercício da atividade científica. Quanto às questões políticas, ele não só não a recomendava como a repudiava na prática. Nisso reside uma diferença básica e talvez decisiva entre ele e o Thomas Mann seu contemporâneo, que ainda em 1918 (quando Weber preparava sua conferência sobre "Política como vocação") escrevia suas "Considerações de um apolítico" e vinculava expressamente o afastamento irônico, que defendia também no domínio político, a uma postura conservadora. "A ironia e o conservantismo são intimamente afins", escrevia ele. "A ironia é uma forma de intelectualismo e o conservantismo irônico é um conservantismo intelectualista. Nele contrapõem-se de certo modo o ser e o agir, e é possível que ele fomente a democracia, que estimule o progresso pelo modo como o combate" (Mann, 1977: 53-4).

Em face disso, a relação entre Weber e Nietzsche deve ser examinada de maneira matizada. Não se trata de uma continuidade direta e explícita na obra de Weber, embora em situação mais informal ele tivesse identificado Marx e Nietzsche como os pensadores decisivos para a sua época (Baumgarten, 1964: 554-5); o que, traduzido para o seu universo de discurso, significa que Weber considerava indispensável tomar posição perante eles. Ressalvado, no entanto, um problema particular (o da interpretação da religião em termos de "ressentimento"), será difícil encontrar uma tomada de posição clara e vigorosa de Weber em relação a Nietzsche, diversamente do que ocorre com Marx. É que sua relação com Nietzsche é mais sutil, e mais de afinidades que de contrastes. É possível que ela tenha passado mais pelo domínio da experiência estética que pelo da reflexão filosófica. Assim, suas afinidades reforçam-se, enquanto as diferenças, que são profundas, tornam-se secundárias. Isso significa que, no caso específico de Nietzsche, a absorção por Weber de um estilo e de certos temas não é algo superficial e negligenciável, justamente porque não é submetida por ele ao controle sistemático, ao contrário do que ocorre em relação à terminologia e aos temas dos "lógicos modernos" que invoca.

Comum a ambos os autores, desde logo, é a atitude de *distanciamento* na análise, expressa na exigência nietzscheana, em *Ecce Homo*, de ter "um senso de distância, de ver em todo lugar a hierarquia, a graduação, a ordenação entre homem e homem, *de distinguir*"; o que não elimina em nenhum deles a paixão pelo conhecimento, antes a exacerba. Eles também compartilham uma atitude aberta, *experimental* em relação ao mundo, alheia à busca de sistemas fechados, sempre pronta para novas tentativas e para descartar as anteriores. Com uma diferença profunda, contudo: Nietzsche está disposto a submeter *tudo* às suas experiências de pensamento, expressas em seus aforismas, ao passo que Weber pára num ponto, que é o da validade do empreendimento científico metódico e racional.

A ideia de Nietzsche, em *Para além do bem e do mal,* de que os "filósofos do futuro" poderiam ser chamados, com todos os jogos de palavras envolvidos nisso, de "tentadores" e de que mesmo essa designação é uma "tentativa, uma tentação", vai além de tudo que Weber pudesse assimilar. Termos como "tentativa" e "experimentação" só podem ser levados ao pé da letra, por ele, na sua área específica de preocupações. Afinal, sua ciência nada tem de "alegre", nem ele é um "espírito livre". O cientista como *vocação,* vá lá; mas como *tentador,* também no sentido de homem de *tentação*? Diante das implicações disso, ambos separam-se, mesmo porque Nietzsche está disposto a ir até o fim, e reivindicar para o filósofo a condição de *legislador,* que é exatamente o que Weber quer vedar ao cientista. (Não que haja um desacordo direto entre ambos quanto a este último ponto, visto que Nietzsche seria o último a conceber um cientista, tal como Weber o entende, como "legislador". São precisamente as diferenças de perspectivas entre eles que estão em jogo.) Essas diferenças refletem-se diretamente num aspecto importante dos seus estilos de exposição. Em Nietzsche, "o uso ocasionalmente frenético da dicção poética, do 'ditirambo', pode ser tomado como tentativa para desvencilhar-se dos hábitos linguísticos, no contexto de uma reflexão obrigada a exprimir-se com o repertório linguístico disponível mas que luta por firmar uma crítica radical à própria linguagem e aos seus pressupostos" (Danto, 1964: 389). Weber é sensível a problemas semelhantes, mas em escala muito atenuada, referente ao uso da terminologia científica e filosófica corrente. Sua atitude é mais de reserva, de hesitação diante dos termos, que não são contestados a fundo e, portanto, ameaçam constantemente carregar consigo os significados já acumulados neles, na medida em que são apenas postos entre aspas.

Nisso revela-se o quanto Weber é afinal uma espécie de Nietzsche tornado "positivo", até mesmo no sentido de que, quando há ameaça de limites críticos do pensamento serem atingidos, ele recua onde Nietzsche prossegue; o que, de resto, o livra de cair no irracionalismo. Isso pode ser observado através da sua atitude em face da história e da historiografia. Sua visão é "poli-histórica" (Hirano, 1975: 16, 20 ss.): há uma multiplicidade de histórias possíveis, cada qual correspondendo a uma ordenação de um conjunto de eventos conforme determinados interesses de conhecimento valorativamente fundados. Até aqui, falar de uma história ou de outra é uma questão de "perspectiva", de interpretação, no que ainda estamos próximos de Nietzsche. Mas, Weber jamais chega ao ponto de negar a ideia de que se possa alcançar uma verdade científica a respeito da história e da sociedade, ainda que particularizada. Não acompanha até às últimas consequências a visão de Nietzsche, pela qual no fim das contas só há *interpretações* mas nenhum *texto* (Habermas, 1973: 260), e muito menos essa forma sofisticada de naturalização e eliminação da história que é a noção de "eterno retorno". A ideia da verdade do conhecimento histórico reaparece em Weber, rebatida sobre o plano da verdade do conhecimento científico de tal ou qual história particular. É que Weber não está empenhado em *desmascarar* radicalmente os valores e suas manifestações históricas, não está procurando uma resposta genérica sobre o que valem afinal os valores, mas parte da vigência *empírica* e particular deles, para preocupar-se com o método adequado para estabelecer relações entre eles que possam ser aceitas como válidas por todos os que aceitam a verdade como valor legítimo, e a ciência como um modo de atingi-la. Nesse ponto ele move-se exatamente dentro do universo que Nietzsche está procurando aniquilar pela crítica imanente. É que aqui aparece a afinidade básica de Weber com o positivismo: existem *muitas* histórias, mas somente *uma* ciência legítima, ou, mais precisamente, existe a *unidade do método científico*. Diante disso, Nietzsche provavelmente o incluiria entre aqueles que, desde o século XIX, asseguraram "não a vitória da ciência, mas a vitória do método científico sobre a ciência".

Tanto Nietzsche quanto Weber estão de acordo em que o mundo não é intrinsecamente dotado de sentido e que não há um sistema de valores já dado, independente da luta entre os homens. Ambos também coincidem em conceber a vigência de determinados valores como expressão da dominação de grupos humanos sobre outros; ou seja, vinculam estreitamente a temática dos valores à do poder. Claro que as ênfases das suas análises são diferentes. Enquanto Nietzsche está mais empenhado em trazer à tona os mecanismos psicológicos mais profundos que conduzem os homens a conceberem seus valores como verdadeiros, Weber busca a caracterização em termos sociais e históricos dos processos que engendram as próprias estruturas de dominação. Por isso mesmo um termo como "racionalização" ganha sentidos totalmente diversos nas obras de cada qual. Persiste, no entanto, a ideia comum a ambos de que, fora de condições específicas de dominação, não há como encontrar qualquer hierarquia "objetiva" de valores; tomados como tais, eles são todos equivalentes. Cabe também propor a ideia de que Weber acompanha Nietzsche quando este inverte a problemática clássica, ao

> sobrepujar a questão deixada aberta da verdade do valor para propor aquela que lhe parece mais radical, sobre o valor da verdade. (Fink, 1973: 127.)

Isso inclui a própria ciência; só que aquilo que para Nietzsche é uma questão *crítica* fundamental converte-se, em Weber, num problema metodológico.

Creio que é nessa ordem de ideias, e não nas pálidas concepções de um Rickert, cuja terminologia ele insiste em adotar, que devemos procurar a razão última da exigência metodológica de Weber, segundo a qual a seleção do objeto particular de análise só pode ser feita com referência a determinados valores, posto que do contrário só restaria o ceticismo total ou o puro arbítrio irracionalista. A Weber, contudo, interessava *fazer ciência;* e mais nitidamente, fazer uma *ciência da realidade*. E isso conduz-nos de volta a um tema que agora ganha novos contornos. Trata-se da insistência de Weber no caráter causal da explicação em ciências sociais. É talvez esse o ponto em que ele mais se afasta de Nietzsche, na medida em que este submete ambas as noções – a de causalidade e a de sujeito como um ego integrado – a uma crítica intensa, fundada na ideia de que se trata de ficções, de "metáforas" fundamente entranhadas na própria estrutura da linguagem de que se valem tanto o senso comum no trato cotidiano quanto a metafísica nas suas cogitações. Um dos corolários dessa crítica é a rejeição da ideia de que se possam tomar noções como as de "motivo" ou de "vontade" como tendo qualquer caráter causal (Danto, 1964: 388 ss., esp. 389-90). Conforme comenta Habermas,

> o artigo de fé mais antigo é o conceito de *ego* como uma identidade. Essa identidade é projetada sobre todas as coisas, e é somente assim que emerge a categoria de "coisa", à qual se podem predicar atributos (...) Na forma gramatical primordial da sentença, a relação sujeito-predicado cristalizou-se num esquema geral de explicação. Da mesma forma, a distinção fictícia entre o agente ativo e a ação está fixada como forma gramatical. Ela traz consigo as categorias de causa e efeito, pois a causalidade é representada conforme o modelo de uma obediência dos sujeitos agentes perante leis. (Habermas, 1973: 253.)

No tocante ao papel das noções de ação, motivo e consequência para o conhecimento, Nietzsche tem passagens muito taxativas:

> Desconhecemos os motivos da ação; desconhecemos a ação que executamos; desconhecemos o que resultará dela. Mas cremos *o contrário* a respeito de todos os três. O suposto motivo, a suposta ação e as supostas consequências pertencem à história que conhecemos, mas elas também fazem parte da sua história desconhecida, enquanto soma, em cada caso, de três equívocos. (Nietzsche, 1969: 567.)

Ações, motivos, intenções não podem, portanto, ministrar qualquer base para o conhecimento objetivo do mundo humano pelos próprios agentes; mas, tampouco podemos recorrer a uma noção de sujeito-agente que as articule para convertê-las em objetos de conhecimento legítimos. Tudo indica que é difícil superar o hiato que separa isso de uma análise baseada no sentido visado da ação de sujeitos-agentes, como ocorre em Weber, ainda mais porque tampouco é possível recorrer à noção de causa e que tudo isso evidentemente tem a ver com a problemática da compreensão e da interpretação.

Na realidade, a categoria de causalidade cria tantos embaraços ao próprio Weber, obrigando-o mesmo a recorrer a fórmulas alternativas menos precisas como aquela, do maior interesse, de "afinidades eletivas" entre ordens diversas de sentidos da ação, que ocorre mesmo perguntar pela razão dessa insistência nela. Com efeito, consideremos suas principais concepções acerca do tema: qualquer fenômeno singular resulta de uma infinidade de causas; a análise causal só adquire caráter empiricamente verificável quando toma como unidades as ações de sujeitos individuais; é impossível encontrar *uma* causa final ou sequer fundamental em relação às demais para a história ou para sociedades tomadas como um todo; e, como consequência mais drástica disso tudo, uma relação causal estabelecida para relacionar processos históricos (no exemplo clássico, a relação calvinismo/capitalismo) não é unívoca, mas pode ser lida nos dois sentidos possíveis, vale dizer, pode aparecer invertida em outra análise igualmente legítima. Elas sugerem dificuldades metodológicas apreciáveis. No entanto, a resposta para a questão formulada é simples, e permite ao mesmo tempo ajudar a esclarecer por que as reflexões de Weber se concentram sistematicamente sobre o plano metodológico. É que a exigência da análise causal *prende* o pesquisador às regras universalmente aceitas do método científico, e assegura o caráter também universal (o que, neste contexto, significa: válido como conhecimento para todos os interessados) das suas conclusões. Em suma, Weber apoia essas considerações de método na categoria de causalidade porque, já que não há garantia alguma de universalidade (vale dizer, no caso, de intersubjetividade) para os *fins*, que ao menos ela exista para a ciência enquanto *meio*.

Isso lhe permite ser congruente com a advertência de Nietzsche, na *Genealogia da moral*, de que a ciência

> necessita, sob todos os aspectos, de um ideal de valor, de uma potência criadora de valores, *a serviço* da qual ela *pode acreditar* em si própria – ela mesma nunca é criadora de valores (Nietzsche, 1974: 328),

sem no entanto acompanhá-la até as últimas consequências. Pois Weber limita-se a tirar disso a conclusão de que não se podem converter diretamente os resultados da atividade científica em critérios normativos para a ação. A ciência pode informar-nos sobre algumas implicações das nossas decisões possíveis em relação aos temas de que trata, mas não pode dizer qual delas deve ser adotada. Enfim, deve ser assumida pelo que é: um instrumento. Mas Nietzsche vai mais longe. Para ele, a ciência é impotente para responder à pergunta decisiva, que, no caso dessa passagem da *Genealogia da moral*, diz respeito a encontrar-se "o antagonista natural do ideal ascético" e que se traduz na questão mais geral: "Onde está a vontade adversária, em que se exprime o *ideal adversário?*"

Esse tópico pode ser discutido em relação a Weber tomando-se como ponto de referência um tema que comparece reiteradamente em suas análises, desde a conclusão da *Ética protestante e o espírito do capitalismo* até a conferência sobre "ciência como vocação": o tema do *destino*. A ideia básica é a de que as ações investidas de sentidos e reciprocamente referidas dos sujeitos desenham, para além da sua vontade, do seu controle e mesmo da sua consciência, as figuras fixas no interior das quais as ações futuras estarão condenadas a se moverem, sempre repetidas, tornadas cotidianas. Intimamente ligadas a essa estão duas outras ideias. A primeira é a do "paradoxo das consequências", vale dizer, a de que os homens engendram nas suas ações resultados que não correspondem necessariamente ou mesmo se contrapõem às intenções que originalmente os moveram. (Os puritanos buscavam indícios da salvação e viram-se convertidos em burgueses racionais e metódicos, e assim por diante.) A segunda é a de que a ação concreta de indivíduos reais raramente ocorre com plena consciência dos elementos envolvidos e das suas implicações.

Desta segunda ideia há um desdobramento importante, que por sinal também evoca um tema nietzscheano, que é o da relação entre *memória* e esquecimento (ou faculdade de reprimir a memória). Em consonância neste ponto com Nietzsche e em direto confronto com essa categoria central do historicismo que é a da memória, Weber levanta, no ensaio sobre a objetividade, a questão de que, no seu cotidiano concreto, os homens frequentemente agem esquecidos da "ideia" historicamente original que fundamenta os princípios orientadores das suas ações, seja porque essa ideia já pereceu, seja porque apenas se difundiu através das suas consequências (Weber, 1973: 198). E, completando isso, adverte, em sua conferência sobre a ciência como vocação, contra o desconhecimento dos valores últimos entre os quais as opções se fazem necessárias, pois "é fraqueza não saber encarar de frente a face severa do destino da época" (Weber, 1973: 605). As consequências diretas disso são, primeiro, de ordem puramente metodológica – não é possível fazer ciência com base no imediatamente vivido pelos agentes, cumpre construir *tipos* – e, depois, numa perspectiva mais ampla, que compete à ciência operar como órgão de uma memória que não é espontânea, ao chamar a atenção dos homens para os reais valores últimos que orientam as suas ações e para indicar consequências disso.

Essa ideia de destino ganha toda a sua força quando reposta no centro das preocupações weberianas, no qual a dominação do homem sobre o homem num contexto burocraticamente racionalizado aparece como convertendo-se numa força fatal, que fecha os homens no "férreo revestimento" que eles próprios construíram enquanto buscavam outros objetivos.

> O puritano *queria* ser homem de vocação – nós somos *forçados* a sê-lo. Porque quando o ascetismo saiu das celas monásticas para a vida cotidiana e começou a dominar a moralidade intramundana, ele contribuiu com sua parte para a construção do formidável cosmos da ordem econômica moderna. Essa ordem está atualmente ligada aos pressupostos técnicos e econômicos da produção mecanizada que hoje determinam com força irresistível o estilo de vida de todos os indivíduos nascidos nesse mecanismo, não somente daqueles diretamente ocupados com a atividade lucrativa. Talvez continue a fazê-lo até que se queime a última tonelada de carvão fóssil. Nas palavras o cuidado com os bens externos deveria repousar sobre os ombros dos seus santos como um leve manto, que pode ser posto de lado a qualquer momento. Mas quis o destino que o manto se convertesse em férreo revestimento. (Weber, 1972a: 203.)

Numa análise da concepção de destino na antiguidade, citada por Walter Benjamin em seu ensaio "Crítica da violência", o filósofo Hermann Cohen (em obra cuja leitura Weber recomendava a Robert Michels, numa carta) define-o como "um conhecimento que se torna inescapável e cujos próprios mandamentos parecem originar e produzir essa infração, esse desvio" (Benjamin, 1965: 58). A formulação é interessante, mesmo quando, a rigor, está sendo retirada do seu contexto. Pode sugerir algo a respeito do modo como a própria ciência acaba sendo simultaneamente reveladora e cúmplice do "destino" do homem moderno em Weber. Numa análise crítica dessa concepção weberiana, o teólogo e sociólogo Jacob Taubes fecha o círculo ao comentar que um autor como Weber, que tão bem conhecia os perigos dos conceitos coletivos, como o atesta sua insistência em que as entidades coletivas reduzem-se às "chances" de que ações determinadas sejam executadas por indivíduos determinados, "deveria, sempre que fala do destino, *dar os nomes*" (Taubes, 1969: 129-30, grifos meus). Isso parece atingir em cheio a incoerência fatal (o termo é intencional) do pensamento weberiano, e permite ver por outro ângulo um tema nuclear do presente trabalho, que é o de como o próprio esquema de Weber ameaça constantemente fechar-se sobre ele, de maneira análoga ao que ocorre com os agentes que ele demonstra, em suas análises, serem vítimas do "paradoxo das consequências".

No entanto, de certo modo a questão de Taubes é "nietzscheana". Com efeito, para Nietzsche é fundamental a substituição da questão sobre *o que* pela pergunta sobre *quem*, sempre que se queira chegar à essência das coisas.

> A interrogação: "Quem?", segundo Nietzsche, significa isso: considerando-se uma coisa, quais são as forças que dela se apoderaram, qual a vontade que a possui? Nós apenas somos conduzidos à essência pela pergunta: Quem? Pois, *a essência é somente o sentido e o valor da coisa;* a essência é determinada pelas forças em afinidade com a coisa e pela vontade em afinidade com essas forças (...)

> A arte pluralista não nega a essência: ela a torna dependente em cada caso de uma afinidade entre fenômenos e forças, de uma coordenação entre essas forças e vontade. (Deleuze, 1973: 87.)

Está claro que essa não é diretamente a ordem de preocupações de Weber, sobretudo se considerarmos que a resposta final de Nietzsche a essa questão não diz respeito a tais ou quais agentes sociais, mas a essa entidade impessoal que é a "vontade de potência". Também é patente que Weber nada tem a ver com qualquer variante de "filosofia da vida", no que difere de Simmel, que buscou muita inspiração em Nietzsche nesse ponto. No entanto, nessa linha de raciocínio é possível, mesmo admitindo-se as diferenças entre o filósofo e o sociólogo preocupados com questões de método, sugerir que a crítica de Taubes, tal como é formulada, talvez seja correta para o tópico particular a que se aplica, mas no geral é discutível. Ocorre que precisamente Weber enseja, talvez com mais força que qualquer outro clássico da Sociologia, a questão sobre *quem*.

> Interesses (materiais ou ideais) e não ideias dominam diretamente a ação dos homens. Mas: as "imagens do mundo" criadas por ideais muito frequentemente determinaram, como guarda-trilhos, os rumos pelos quais a dinâmica dos interesses impulsionou a ação (Weber, 1972: 252),

escreve Weber em seu ensaio sobre a ética econômica das religiões mundiais (e não "psicologia social das religiões mundiais", como traduzem Gerth e Mills, numa concessão à tendência norte-americana para incorporar Weber num registro psicologista). Basta ir aos textos para comprovar que a "dinâmica de interesses" que Weber buscava conhecer para cada caso não pode ser discutida sem "dar os nomes". O que se pode questionar é se ele realmente conseguiu dar os "nomes certos" em determinadas análises. E isso é apenas uma maneira de propor a questão mais profunda, sobre se, no seu esquema, Weber tem condições para *ir além* do ato de "dar os nomes" em cada caso; pois é disso (que não é simplesmente uma dúvida empírica) que se trata, sobretudo se a crítica busca sua inspiração no marxismo.

CAPÍTULO 4
DOMINAÇÃO E DIALÉTICA

A referência ao marxismo sugere, nesse contexto, que talvez se encontre, na concentração das suas preocupações na pergunta sobre *quem*, uma das raízes da aversão de Weber pelo que chama de "concepção econômica da história". Isto porque, para ele, tal concepção, fundada numa visão do mundo "monocausal", teria uma única e obsessiva resposta para ela, aplicada a todos os casos concretos: os "interesses econômicos". Claro que isso é uma caricatura, mas a referência a ela serve para advertir o quanto Weber, como de resto Nietzsche, nada tem em comum com qualquer tipo de reflexão dialética, opondo-se mesmo resolutamente a ela. É por isso que dificilmente se poderá encontrar equívoco maior que tentar estabelecer quaisquer vínculos que não puramente circunstanciais entre Weber e Hegel, como o faz, por exemplo, Reinhard Bendix, em sua "biografia intelectual" de Weber (Bendix, 1962: 387-8 e 490-3). Essas relações estabelecidas por Bendix são corretamente caracterizadas por Fleischmann, em seu artigo sobre Weber e Nietzsche, como "puramente imaginárias". O curioso é que, no livro que dedica à *Fi-*

losofia do direito de Hegel, o próprio Fleischmann pague seu tributo a uma tendência comum aos comentaristas contemporâneos dessa obra e vá encontrar nela a prefiguração de ideias weberianas. Para isso, ele cita uma parte do parágrafo 198 da *Filosofia do direito*, no qual Hegel sustenta que "o universal e o objetivo no trabalho repousa na *abstração* produzida pela especificação dos meios e das necessidades, da qual também resulta a especificação da produção e a *divisão do trabalho*", para comentar que isso "é o que Max Weber chamará mais tarde – muito mais tarde – de 'racionalização' da vida social" (Fleischmann, 1964a: 219). Deixando de lado o seu caráter ainda discutível, a observação de Fleischmann é pelo menos matizada e sugestiva – lembra um pouco o modo como Lukács trabalha o tema – além de não envolver a afirmação de afinidades mais fundas nos pensamentos de ambos os autores. Nisso ele leva vantagem sobre os numerosos comentaristas que, fascinados pela forte presença de temas como o da burocracia em Hegel e Weber, acabam indo além das semelhanças temáticas para afirmarem a identidade dos fundamentos das ideias de ambos, pelo menos nesse particular. Isso pode conduzir a aproximações insustentáveis, como ocorre na observação crítica feita por Nikos Poulantzas, na qual prolonga linearmente Hegel em Weber:

> Conforme seu papel próprio a burocracia intervém assim na autonomia relativa do Estado capitalista: mas, seu papel não é nem a causa nem o fator principal dessa autonomia, como o apresentam o conjunto das concepções idealistas, que apanham o Estado como *sujeito* e que vinculam sua "autonomia" à sua "vontade racionalizadora", da qual a burocracia seria a encarnação (Hegel, Weber etc.). (Poulantzas, 1974: 201, nota 1.)

No meu entender essas aproximações são equivocadas, sempre que não se limitem a apontar semelhanças temáticas (o que é trivial) mas sugiram analogias nos próprios fundamentos das linhas de pensamento envolvidas. O problema óbvio é que qualquer aproximação com Hegel tem que passar pela questão da dialética. Procurarei apresentar em seguida alguns pontos básicos de discordância entre as linhas de pensamento em exame, para em seguida deter-me num ponto específico e especialmente sugestivo.

A lista sumária das diferenças naturalmente começa pelo modo como se concebe o conceito e sua relação com o real. Na posição estritamente metodológica assumida por Weber o conceito é o instrumento que o pesquisador forja para ordenar um segmento da realidade e construir seu objeto. Entre o conceito e o real estabelece-se uma enfática separação. Na perspectiva hegeliana o conceito, em sua acepção mais ampla, é o próprio real no seu processo de constituição, ou, por outro ângulo, cada manifestação particular do conceito capta um momento desse processo. Cabe ao pensamento acomodar-se a esse movimento do real, acompanhá-lo e captar suas determinações (o que, naquilo que é mais que um mero jogo de palavras com a expressão alemã *bestimmung*, significa invocar o real pelo seu nome, que é o conceito). Além disso, não encontramos em Weber nada que se assemelhe à dialética entre o geral e o particular, sempre presente no pensamento hegeliano. Ao contrário, Weber restringe-se ao particular, tomado explicitamente de modo unilateral ("abstrato", diria Hegel), e repele qualquer referência ao geral. Weber trabalha sempre com conteúdos subjetivos da consciência empírica dos agentes e jamais acompanharia a caminhada hegeliana da autoconstituição de um "espírito" que, na incorporação gradativa da experiência histórica em formas de consciência, passa do "subjetivo" ao "objetivo" encarnado nas grandes instituições e alcança o "absoluto" nas formas universais de uma autoconsciência incondicionada. Para ele isso equivalia a converter aquilo que interessa às ciências sociais, a ação significativa de sujeitos empíricos, em "emanação" de uma entidade meramente especulativa. Ainda mais, é fundamentalmente diversa a concepção da "negação" em ambas as linhas de pensamento. Em Hegel, ela aparece como imanente ao próprio movimento do real, ao passo que em Weber ela é externa, reflete uma recusa subjetiva de tal ou qual aspecto do mundo. Isso tem seu desdobramento na concepção de crítica, que em Hegel se refere à própria coisa e em Weber aplica-se ao modo de conhecê-la, no plano metodológico, ou então reaparece como simples recusa estribada em certos valores que se contrapõem a outros equivalentes, no plano substantivo; ou ainda, neste mesmo plano, pode assumir uma acepção neutra, de exame da eficácia da articulação entre meios e fins num tipo particular de conduta.

Uma outra distinção entre ambas as orientações, que conduz a um aspecto especialmente interessante do pensamento de Weber, refere-se às ideias de "mediação" em Hegel e de "elo mediador" em Weber. Em Hegel, a mediação refere-se à determinação da negação recíproca entre dois termos opostos, no seu movimento constitutivo de uma unidade, na qual esses próprios termos deixam de ser isolados, abstratos, indeterminados para se apresentarem como determinados no interior dessa unidade nova, que volta a desencadear, já em outro nível, o movimento mediador. Isso, que é central em qualquer reflexão de tipo dialético, é totalmente estranho a Weber. Nele temos, contudo, a noção de "elo mediador", no sentido não dialético de "intermediário" (convém insistir, nesse ponto, em que a mediação dialética não é um terceiro termo, mas o próprio movimento que perpassa os termos opostos e os determina na sua unidade).

Ao discutir, por exemplo, a ética econômica da religião chinesa, Weber observa que "nenhum elo intermediário conduzia do confucionismo para um método de vida burguês" (Weber, 1972a: 524). Nisso ele retoma uma linha de preocupações que já estava presente em seu trabalho sobre a ética protestante e o espírito do capitalismo, no qual a ideia de "vocação" pode ser interpretada como desempenhando esse papel mediador entre a ética religiosa e a conduta metodicamente racional na esfera econômica. Numa análise ousada e estimulante um especialista em teoria literária, Frederic Jameson, submete a exame a estrutura narrativa da obra de Weber e sustenta que essa ideia de elo mediador desempenha um papel específico e central nela, na medida em que sua função na análise consiste precisamente em *desaparecer* no seu final. Assim, o conceito com que Weber efetivamente trabalha, ainda que implicitamente, seria o de "mediador evanescente", que caracterizaria "todo o pensamento sociológico e histórico weberiano e pode ser visto como a estrutura dominante da sua imaginação" (Jameson, 1974: 136). Na interpretação que Jameson propõe para o estudo de Weber sobre a ética protestante e o espírito do capitalismo, a primeira desempenha o papel de "mediador evanescente" entre o mundo "tradicional medieval" de que emergiu e o mundo "moderno e secularizado" que ajudou a preparar. Sua importância estaria num aspecto paradoxal da narrativa weberiana, e essencial nela: é que não encontramos nela a exposição um tanto trivial de uma transição para o "desencantamento" racional do mundo através do *enfraquecimento* da religião mas, ao contrário, é a *intensificação* do caráter religioso da vida pelo calvinismo que, ao converter o mundo todo no equivalente a um monastério, ajuda a desencadear as transformações cujo ponto final é o capitalismo moderno. É apenas ao reforçar sua presença histórica que a ética protestante promove a coerência entre os fins e sentidos religiosos e a organização racional dos meios. E ao fazê-lo, cria, de maneira não intencional nos seus agentes, as condições para o seu desaparecimento da cena histórica no que diz respeito à organização e persistência do mundo racionalizado em moldes capitalistas. O capitalismo triunfante dispensa o apoio da ética religiosa, como diz Weber.

Para além do interesse específico da sua análise (e contrariamente, talvez, a algumas de suas intenções) o trabalho de Jameson permite ilustrar como a ideia de "elo mediador" em Weber, por importante que seja no seu pensamento, nada tem em comum com a "mediação" hegeliana, que jamais é concebida como intermediária e muito menos como "evanescente" nos processos em que figura. Essa mesma distinção pode também ser examinada com apoio num outro tema que apanha aspectos centrais das obras de Hegel e Weber. Trata-se do confronto entre a ideia hegeliana da "dialética do senhor e do servo" e a ideia weberiana da "dominação" como relação social fundamental. Parece-me que é aí que encontraremos o ponto de partida mais rico para o exame das eventuais afinidades e, sobretudo, das fundas diferenças entre essas linhas de pensamento, de preferência ao de burocracia, que afinal está subordinado à temática da dominação.

A secção sobre "dominação e servidão" constitui uma das passagens mais célebres da *Fenomenologia do espírito*, de Hegel. Na descrição do movimento do espírito para si próprio através de figuras de consciência que se desdobram e vão ganhando conteúdo concreto nesse processo de formação que constitui o tema geral da Fenomenologia, o exame da dominação e da servidão aparece na segunda parte da obra, dedicada à "consciência de si", e refere-se mais diretamente à "independência e dependência da consciência". Não tenho condições para pretender oferecer um comentário desse texto, nem seria este o lugar para isso. Vou limitar-me a assinalar alguns dos seus temas essenciais para a presente discussão, com base estritamente nessa parte da obra (Hegel, 1952: 133-50).

A descrição hegeliana fala do "senhor" e do "servo" e busca apanhar as relações dialéticas que os vinculam numa unidade. Essa unidade é uma *figura da consciência* que deve ser entendida como um todo e que trata especificamente não do servo e do senhor como entidades que comportem tratamento separado, mas da dominação e da servidão como momentos inseparáveis na formação da consciência de si independente e, em seguida, livre. Assim, quando se fala do senhor e do servo a referência é à consciência senhorial e à consciência servil, e não diretamente a indivíduos ou categorias sociais.

Trata-se, portanto, de examinar a formação da consciência de si; e esta somente se realiza através de uma outra consciência de si. Ela é "uma consciência de si para uma consciência de si". Para reconhecer-se a si própria ela carece do reconhecimento por outra e, para tanto, precisa reconhecer a outra. Mas esse reconhecimento precisa ser especificamente humano e não meramente natural: não pode ficar limitado ao desejo imediato e à sua satisfação. O senhor tornou-se tal justamente por ter superado, no combate, o âmbito meramente natural da vida e ter afrontado heroicamente – isto é, em nome de exigências e necessidades que escapam ao mundo natural – a morte, o "senhor supremo". O servo, vencido, torna-se tal ao aceitar sem mais a vida, na qual é mantido em troca da servidão. Na primeira relação entre ambos o senhor aparece como capaz de atingir a independência e a consciência de si, e o servo surge como inteiramente dependente dele, que dispõe sobre sua manutenção em vida, e subordinado à pura exterioridade natural. Sua relação com o senhor é de puro temor. Mas, as relações entre ambos se desdobram num movimento complexo que acaba invertendo a posição inicial, sem no entanto anulá-la. O senhor não reconhece o servo como outra consciência de si. Ele é o seu instrumento para satisfazer seus desejos, e suas relações com as coisas desejadas passam sempre por ele. Mas o senhor depende para seu reconhecimento como consciência independente da consciência dependente e não reconhecida por ele do servo. Nesta caminhada o senhor não tem como atingir a consciência de si, e a consciência dependente do servo passa a ser a verdade da consciência do senhor. A consciência do senhor está subordinada ao desejo; a do servo, às coisas com que se relaciona para servir ao amo. Entre o senhor e as coisas interpõe-se a consciência servil; e entre o servo e a consciência senhorial interpõem-se os objetos da sua atividade servil. Mas na atividade do servo realiza-se algo inacessível ao senhor: a mediação do desejo e da satisfação, que é o trabalho. O trabalho é "desejo reprimido" e persistência da satisfação, ele é "formador": sua relação com o objeto é negativa, ele o nega ao impor-lhe uma forma, e esta permanece. Nisso o trabalhador forma o objeto e se forma a si próprio, como ser para si. Mas o trabalho sobre as coisas abre também o caminho para que o servo negue, através da negação do objeto imediato no seu trabalho sobre ele, o próprio senhor que se contrapõe à sua consciência de si, e caminhe para ela. O confronto com o objeto no trabalho é também seu confronto interno com seu temor e a abertura para sua superação, pela qual ele se torna formalmente (subjetivamente) livre e pode reencontrar o seu senhor nesse mesmo plano, nos momentos posteriores do desenvolvimento do processo.

Isso já permite trazer à tona o que efetivamente interessa apontar aqui, que é o caráter assumido pela *dominação* na relação entre o servo e o senhor. É verdade que esta formulação já é viciada pelo empenho no confronto com as ideias de Weber, porque apanha unilateralmente a dominação, quando em Hegel o processo é descrito de tal modo que dominação e servidão atravessam-se mutuamente numa unidade inextricável. O importante, contudo, é assinalar como em Hegel a dominação/servidão perpassa ambos os termos opostos, o senhor e o servo, determinando-os numa unidade em que cada termo também assume um caráter contraditório. Nesse movimento o senhor é também servo do servo e o servo é também senhor do senhor. Ao mesmo tempo, senhor e servo estão envolvidos não apenas num confronto externo mas também interno a cada qual: trata-se de tornar-se senhor de si próprio. Assim, a dominação está na relação entre os termos *e* nos próprios termos. Ao cabo do processo descrito por Hegel fica claro que, na dialética da dominação e da servidão, é ao servo que cabe efetivamente determinar-se como *sujeito*, em ambos os sentidos do termo. Vale, no entanto, frisar que em Hegel esse processo todo corresponde à descrição de uma figura particular da consciência, no interior de um movimento em que ela se desdobrará em outras e que só ganha sentido da perspectiva mais desenvolvida (na acepção dialética do termo, de desentranhamento das diferenças) que é o "saber absoluto", do conceito constituído plenamente, no qual se estabelece a unidade consciente do subjetivo e do objetivo; ou seja, da perspectiva da conciliação entre o conceito e o real, na qual, para lembrar a formulação célebre da Filosofia do Direito, a realidade tornada concreta, efetiva, é racional e o racional é realidade efetiva. Não faz muito sentido, assim, perguntar-se sobre quem é decisivo, o senhor ou o servo, e não faz sentido algum conceber essa relação como eterna e imutável, pois, como momentos de uma figura da consciência que é uma etapa na formação do espírito, ambos deverão ser superados.

Não se trata aqui, é claro, de caricaturar a reflexão hegeliana, reduzindo-a à sociologia ou à historiografia, quando sua preocupação é mais propriamente com os fundamentos últimos da sociedade e da história. A questão é sobre a possibilidade de reconhecer-se nisso algo da orientação das ideias de Weber acerca da dominação; pois, se isso não ocorrer aqui dificilmente ocorrerá em outro ponto, salvo no plano da mera semelhança temática.

Em Max Weber a *luta* é uma dimensão sempre presente nas relações entre os homens, que "não pode ser eliminada de toda a vida cultural" (Weber, 1973: 517) e "atravessa potencialmente toda e qualquer modalidade de ação [social]" (Weber, 1973: 463). Mas, para além disso, a *dominação* constitui processo fundamental na sua caracterização da vida social e no seu esquema analítico, como se vê em várias passagens do presente trabalho. Neste momento interessa o confronto entre a concepção weberiana dessas questões e a hegeliana, esboçada acima.

A luta a que Weber se refere não diz respeito a uma configuração de uma consciência que transcende os homens empíricos, mas sim a uma orientação básica nas condutas reciprocamente referidas de agentes sociais. Refere-se estritamente a conteúdos subjetivos da ação de cada qual e não tem qualquer desenvolvimento fora das suas ações efetivas. Quanto à dominação, trata-se de conceito fundamental em Weber, quando nada porque permite associar duas premissas do seu esquema analítico: a da existência na vida social de uma multiplicidade de valores equivalentes, entre os quais não se podem estabelecer critérios estritamente racionais, objetivos e, muito menos, universais de escolha, e a da escassez como pano de fundo de toda ação social. Da associação entre ambas deriva a ideia de uma apropriação diferencial de bens valorizados materiais e simbólicos, que se tornam objetos de uma disputa, latente ou aberta, acerca da sua distribuição social e da sua persistência na condição de valorizados em detrimento de outros possíveis. Mais especificamente, a dominação, que envolve a possibilidade de obter-se obediência, repousa na legitimação pelos dominados dos valores que fundamentam a capacidade de mando dos dominantes. A legitimação implica, portanto, omissão, ou repressão, da busca de valores alternativos pelos dominados. O exame dos motivos subjetivos para a legitimação permite construir uma tipologia da dominação, relativamente vazia de conteúdos históricos e portanto aplicável a situações concretas bastante diversas, conforme a orientação do interesse do pesquisador. Vale assinalar aqui que Weber constrói tipos de *dominação*, dos quais os motivos de legitimação são complementares. Não é possível estabelecer uma analogia entre o par conceitual dominação/legitimação e a oposição hegeliana consciência senhorial/consciência servil, visto que, no caso weberiano, os termos não se interpenetram e se desdobram na formação de uma unidade nem, muito menos, são suscetíveis de qualquer inversão. Mas o ponto decisivo para caracterizar o modo como Weber separa o que em Hegel são momentos de uma unidade – e o faz assumindo uma perspectiva senhorial – consiste em que sua grande questão está na criação de novos valores e não na mera opção entre os possíveis existentes. E isso cabe exclusivamente aos dominantes (mais precisamente, a um tipo particular de dominante, o líder carismático) e nunca aos dominados; o que contrasta fortemente com a imagem hegeliana do senhor ocioso e confinado no momento do desejo. Se observarmos esse contraste e considerarmos que a criação de novos valores, que para Weber define o que há de mais fundo na dinâmica histórica, é concebida por ele como irracional (no sentido de irredutível a considerações puramente racionais fundadas em quaisquer condições objetivas já dadas), transparece o peso que tem, para a formação do seu esquema, o abandono do tema do trabalho, tão presente nas considerações hegelianas sobre a dominação (e depois incorporadas criticamente por Marx). Como é sabido, o pensamento weberiano move-se no campo da apropriação e da distribuição e não do trabalho e da produção; e aqui manifesta-se sua diferença não só em relação a Marx mas já em relação a Hegel, expressa ambas as vezes na rejeição de qualquer perspectiva dialética, que, no concernente a Hegel, ele caracterizava negativamente como uma visão "emanatista" e "panlogista" da história. A isso também se vincula a concepção weberiana da luta e da dominação como dimensões sempre presentes na vida social, sem qualquer perspectiva de superação.

Um último ponto, que me parece especialmente sugestivo, diz respeito ao modo como aparecem, no tratamento do tema da dominação, a ideia hegeliana de "mediação" e a weberiana de "elo mediador". Como vimos no exame da dialética da consciência senhorial e da consciência servil – que são ambas formas da "consciência alienada" – o movimento dominação/servidão pode ser interpretado como sendo a mediação na unidade desses momentos opostos, no interior do processo de constituição da consciência de si. E quanto ao mediador na análise weberiana da dominação? A questão pode parecer um tanto artificial, pois a busca de um elo intermediário entre tipos contrastantes foi apontada antes como ocorrendo nas análises históricas concretas de Weber e sequer foi sugerido, e muito menos demonstrado, que ela também se encontre nas demais dimensões do empreendimento weberiano, incluindo o seu esquema analítico. E possivelmente nem se poderia cogitar dessa generalização, sobretudo tendo em vista a tendência de Weber para operar com dicotomias rígidas, entre as quais não há conciliação nem terceiro elemento intermediário. Mas isso não invalida a questão, antes a reforça, pois o conceito de dominação ocupa posição nuclear no esquema de Weber e, portanto, merece tratamento muito particular da sua parte. O fato é que há um mediador entre dominantes e dominados no esquema weberiano, e com características muito peculiares. Trata-se do "quadro administrativo", que é assinalado por Weber como componente de qualquer tipo de dominação que tenha vigência ao longo do tempo. A peculiaridade do quadro administrativo consiste em que, se considerarmos a análise de Jameson citada acima, ele é um mediador *não* evanescente. Ao contrário, quanto mais Weber enfatiza a eficácia de um tipo de dominação, ou seja, quanto mais ele se aproxima do exame da dominação de tipo racional-legal, cujo quadro administrativo é de tipo burocrático, mais se acentua a consistência interna e a durabilidade desse mediador privilegiado, que é o quadro administrativo intercalado entre dominantes e dominados. O quadro administrativo não é uma mediação dialética mas é estritamente concebido como um intermediário, externo aos termos que vincula. Como tal, figura como instrumento para assegurar a adequada efetivação dos mandatos dos dominantes. Mas, como ele não se limita a estabelecer a passagem entre os termos e depois desaparecer, introduz-se o risco sempre presente de que o instrumento venha a usurpar a competência daqueles que o usam, e a pôr em xeque o próprio controle externo sobre ele por parte dos dominantes, ao mesmo tempo que se afasta ainda mais dos dominados; e isso ocorre com maior força no caso da burocracia (recordem-se as análises weberianas sobre o conflito entre o político e o burocrata, por exemplo). Atingimos aqui um ponto em que já não se trata somente de demonstrar as diferenças entre o pensamento weberiano e outros, mas no qual um dos problemas mais fundos desse próprio pensamento vem à tona. Trata-se do empenho, sempre presente nele, no sentido de definir certas entidades como instrumentos subordinados a fins externos a elas – a burocracia, a ciência, a própria razão – que entra em choque com a tendência de vê-los oscilar entre a usurpação dos fins e o simples desaparecimento, através da incorporação das suas funções por um dos termos que intermediavam. Esse problema retornará mais adiante, após um exame de alguns aspectos importantes do tipo ideal como recurso metodológico básico em Weber.

CAPÍTULO 5

CARÁTER, DESTINO E HISTÓRIA

As afinidades entre o pensamento de Weber e o de Hegel são, como vimos, superficiais e quando muito de natureza temática. É verdade que nesse campo temático seria possível assinalar duas linhas de afinidade mais fundas e muito interessantes entre ambos os autores, ainda que exploradas de maneira muito diferente por cada qual. A primeira refere-se à questão da busca de *reconhecimento*; a segunda, à questão de tornar-se, e permanecer, não apenas senhor de outros mas *senhor de si*. Ambos os temas permitiram investigar melhor certas características centrais da posição, ao iluminar o seu forte componente *senhorial*, que tem como contrapartida metodológica a tendência à construção de oposições binárias assimétricas, com ênfase unilateral no polo dominante. Entretanto, a busca de linhas de pensamento que revelem semelhanças profundas com a de Weber, em especial no tocante a seus fundamentos metodológicos, nos conduziria a autores que não eram indiferentes nem para Hegel nem para Weber, como, por exemplo, Montesquieu. A propósito, Ernst Cassirer sustenta, em seu livro sobre a filosofia do iluminismo, que:

> Pode-se afirmar que Montesquieu é o primeiro pensador a conceber e exprimir de maneira clara e precisa a noção de "tipo ideal" histórico. *O espírito das leis* é uma teoria política e sociológica dos tipos. (Cassirer, 1997: 283.)

Cassirer cita como exemplos disso as formas de governo analisadas por Montesquieu e, embora considere a capacidade de "exprimir uma certa estrutura" uma característica central dos tipos, sua interpretação não é irrelevante para o exame do tema em Weber.

> Montesquieu tem perfeita consciência da natureza lógica particular dos conceitos fundamentais que ele assim introduziu. Não vê aí conceitos abstratos que possuíssem tão somente a universalidade de um gênero e apenas pretendessem destacar certos traços comuns, tal como se encontram nos fenômenos reais. Para além de tal generalidade empírica, ele quer estabelecer a generalidade, a universalidade de sentido que se exprime nas formas particulares de Estado; quer tornar visível a regra interior que domina e governa essas formas. O fato de que essa regra nunca se exprima plenamente em qualquer forma individual, de que não possa realizar-se plena e exatamente em nenhuma individualidade histórica, nada retira à sua importância. Ao atribuir às diversas formas de Estado um princípio específico, repousando a essência da república na virtude, a da monarquia na honra etc., ele não entende que se possa tomar essas essências por realidades empíricas concretas. Mais do que um ser, é um dever-ser (...) o que elas exprimem. (Cassirer, 1997: 284.)

Claro que essa caracterização não diz respeito diretamente ao modo como Weber concebe o tipo ideal. Salta aos olhos a referência ao tipo como exprimindo "mais do que um ser, um dever-ser", que nos colocaria nos antípodas de Weber. A diferença, embora real, não vai tão longe. O próprio Cassirer tem o cuidado de demonstrar, em nota, que esse *dever-ser* é mais da ordem do método do que de natureza normativa. É que, na ausência do princípio que lhe infunde o "espírito" característico, a forma de Estado fica "imperfeita", não se completa. Há, contudo, aproximações mais nítidas, como o caráter particularizador, "irreal", comparativo do tipo, e a circunstância de ser construído com base num princípio que o articula e lhe dá sentido. Entre nós este último ponto é defendido vigorosamente como constituindo traço essencial do tipo ideal nos trabalhos de Maria Sylvia de Carvalho Franco (Carvalho Franco, 1972: 23-4). A propósito, essa circunstância pode ser útil também para explicar a perturbadora frequência do termo "estrutura" nas análises de Weber, especialmente em *Economia e sociedade*. Assim, quando ele escreve que "em consonância com seu princípio estrutural o patrimonialismo foi o lugar específico do desenvolvimento da figura do 'favorito'" (Weber, 1972: 646), isso poderia ser lido em termos de que, *segundo o princípio que informou a construção do tipo*, destacam-se determinados fenômenos, entre os quais o apontado.

O conceito de tipo ideal aparece inicialmente como a expressão mais nítida da solução dada por Weber aos problemas suscitados pela sua concepção de ciência histórico-social. Essa solução consiste em assumir da maneira mais consequente o caráter fictício dos conceitos com que operam essas ciências. Com isso, eles são entendidos estritamente como instrumentos para análises empíricas e particulares, no âmbito portanto de uma "ciência da realidade", como de resto fica explícito no ensaio sobre a objetividade. Vale dizer, de uma ciência preocupada unicamente com o modo de apresentação dos fenômenos e com as relações entre eles, sem questionar seus pressupostos para além do plano metodológico e sem preocupar-se com a busca de quaisquer "essências" não acessíveis à experiência empírica. É nesse ponto que, demais das eventuais inspirações neokantianas ou mesmo nietzscheanas, ganha sentido a ideia de que há pelo menos tanto de Hume quanto de Kant incorporado ao pensamento weberiano (Jonas, 1964: 34).

"A razão enquanto tal não prescreve qualquer forma de agir. Ela pode mostrar, mediante um conhecimento de causas e efeitos, que o resultado de agir de uma certa maneira será este ou aquele; ainda persistirá a questão sobre se, ao cabo do raciocínio, o resultado será aceitável ou não para a inclinação humana. A razão é um guia para a conduta na estrita medida em que mostra quais meios atingirão uma meta desejada ou como pode ser evitado um resultado desagradável (...)."

A citação acima, com algumas pequenas adaptações, poderia apresentar-se como uma descrição sumária do papel da ciência social segundo Max Weber, tal como ele o expõe na introdução ao seu ensaio sobre a objetividade. Na realidade, trata-se de trecho do comentário que George Sabine dedica à célebre frase de Hume, de que "a razão é e deve limitar-se a ser escrava das paixões e jamais pode aspirar a outra tarefa senão servi-las e obedecê-las" (Sabine, 1973: 551-2). Entre as "pequenas adaptações" a que aludi para tornar essa passagem congruente com as ideias de Weber estaria a substituição de "razão" por "ciência" e de "paixões" por "valores", o que, bem examinado, revelaria não ser pouco; mas as semelhanças entre as linhas de pensamento saltam aos olhos, e talvez pudessem ser desde logo acentuadas, para além das diferenças, se considerássemos o forte papel desempenhado em ambos os casos por noções como as de *escassez* e *interesse*. Efetivamente, seria possível assinalar vários pontos de afinidade entre o pensamento de Weber e aquele que tem Hume como seu ponto de referência, ou seja, a melhor linhagem positivista – entendida aqui não em termos comteanos mas como aquela que vai precisamente de Hume a tendências contemporâneas, como o empirismo lógico e o pragmatismo. As reiteradas objeções de Weber ao "naturalismo" (que interpretava basicamente como uma concepção do conhecimento que atribui à ciência a faculdade de legislar diretamente sobre a conduta) não devem obscurecer sua proximidade em relação ao positivismo em vários pontos importantes. Entre estes cabe assinalar: seu nominalismo, expresso na recusa em admitir outras referências que não individuais para quaisquer conceitos; sua crença, mantida apesar das interpretações em contrário, na unidade do método científico; sua preocupação com distinguir nitidamente entre enunciados sobre o "ser" e sobre o "dever ser". Este último ponto, é claro, já está também presente em Hume, com o qual o pensamento de Weber também guarda outras afinidades mais específicas. Apontarei somente uma, sempre com a ressalva de que não se trata de raciocinar em termos de "filiações" ou "influências" diretas, mas sugerir que determinados problemas relevantes para o entendimento de Weber podem ser descritos proveitosamente com referência à orientação classicamente representada por Hume.

O ponto em questão diz respeito à atenção que ambos os autores dedicam às características da ação individual, num contexto de ênfase nos processos particulares e de desconfiança diante das generalizações sumárias, mas sobretudo àquilo que concerne à ideia da regularidade das condutas humanas. Em ambos os casos a concepção da tendência humana para persistir numa orientação da conduta tornada habitual desempenha papel importante, tanto no trato com questões substantivas (como a da estabilidade da vida social) como na organização do próprio esquema analítico. No caso de Weber isto se manifesta na sua ideia de que o conhecimento de regularidades empíricas da conduta (o conhecimento "nomológico") é importante para a explicação histórico-social, e constitui mesmo o fundamento da aplicação do conceito de "possibilidade objetiva", pela qual se busca "apreender conexões causais reais mediante a *construção* de conexões *irreais*" (Weber, 1973: 287); e essa construção só é viável quando se associa a ideia de decursos históricos alternativos possíveis à de que as regularidades empíricas de conduta observadas no curso efetivo se manteriam no curso alternativo construído pelo pesquisador. Essa ideia, da tendência dos motivos e das orientações da ação para se manterem constantes, permite aproximar Weber da concepção de Hume, de que esses motivos básicos são constantes e em número reduzido (o que não implica que as formas das suas combinações e da sua manifestação empírica sejam suscetíveis de análise exaustiva). O essencial, em Weber, é que o conhecimento "nomológico" refere-se a regularidades observadas que são insuficientes para estabelecer leis gerais mas ensejam inferências plausíveis, que assentam na probabilidade de se repetirem as conexões entre motivos e condutas já reiteradamente observadas.

No geral, contudo, a posição básica de Weber acerca dessas questões é clara. Ele está perfeitamente disposto a pagar o preço de operar com construções explicitamente fictícias, desde que isso crie condições para tornar cognoscíveis e controláveis determinados segmentos da realidade empírica, quando nada porque esse, mais que a vocação, é o destino do homem de ciência. Dificilmente seria possível associar um exame do pensamento de Weber à discussão do ceticismo, como costuma ocorrer com relação a Hume. E essa diferença está presente, entre outros pontos, no papel de relevo que ocupa no esquema weberiano a ideia de destino, que exprime a raiz ética do seu pensamento, em contraste com a postura mais propriamente estética de Hume (que se manifesta na sua concepção da história como espetáculo) e que afinal está na base da atração que ele exerce sobre o pensamento conservador. E essa própria ideia de destino pode ajudar-nos também a examinar alguns aspectos diretamente relevantes para a análise do problema da construção e aplicação dos tipos ideais.

O tipo ideal é um conceito fundamentalmente *caracterizador*. Ele não se aplica aos traços médios ou genéricos de uma multiplicidade de fenômenos, mas visa a tornar o mais unívoco possível o caráter singular de um fenômeno particular. Seu princípio básico de construção é genético: tais ou quais traços isolados da realidade são selecionados e associados no tipo na estrita medida em que a ordem de fenômenos a que ele se refere é significativa para o pesquisador, porque permite formular hipóteses acerca da sua influência causal sobre o modo como se apresentam contemporaneamente certos valores a que o pesquisador adere; em suma, trata-se de examinar a *responsabilidade* histórica do tipo em face daquilo que importa ao pesquisador.

Em seu ensaio sobre "Destino e caráter" Walter Benjamin levanta, evidentemente em outro contexto, certas questões que são muito sugestivas para o nosso tema. Numa passagem, ele comenta uma fórmula de Nietzsche – "Se alguém tem um caráter, ele também tem uma experiência vivida, que sempre recomeça" – e a interpreta da seguinte maneira: "se ele tem um caráter, ele está submetido, por isso mesmo, a um destino que, no essencial, permanece constante" (Benjamin, 1959: 49). Ora, se transcendermos a experiência vivida e tomarmos esse alguém estritamente pelo que tem de característico, isso equivale a tomá-lo como *tipo*. Nada fazemos, então, senão definir univocamente e *fixar* sua experiência, isto é, entendê-la como *destino*. "O tempo do destino é um tempo fixo, e disso advém essa transparência das coisas que favorece a tarefa dos videntes", diz Benjamin; e favorece também a tarefa dos sociólogos weberianos.

O tipo ideal sociológico, contudo, sempre se refere a entes individuais, sejam eles agentes ou constelações históricas. Mas é nesse ponto que o termo "indivíduo" revela sua ambiguidade enganadora, pois o próprio do tipo é tornar *impessoal* a ordem de fenômenos a que se refere, e isso ele também compartilha com a noção de destino. "O sujeito do destino permanece indeterminável" (Benjamin, 1965: 72).

A identificação destino-caráter assim concebida, que Walter Benjamin critica, vincula atributos dos sujeitos a um veredito sobre eles; ambos são despojados de qualquer conteúdo moral, são como que naturalizados. As qualidades dos sujeitos são matéria de constatação, não de julgamento moral. Mas, "somente as condutas têm significação moral, não as qualidades", lembra Benjamin. O tipo ideal lida com condutas, com linhas de ação dotadas de sentido; mas, não só se trata dos sentidos *para os sujeitos* como, no processo mesmo de construir os tipos, as condutas convertem-se em *traços* dos agentes, em qualidades. Assim, também o tipo é valorativamente vazio.

Separemos, contudo, o caráter do destino – do "sistema de relações que liga o homem ao erro"– e examinemos a sua expressão mais pura. As comédias de um Molière, por exemplo, mostram-nos isso em sua plenitude. O que ocorre? Continua o caráter amoral, ou pseudomoral, do tratamento. As qualidades do caráter cômico em questão – a avareza, a hipocondria – não são analisadas, e nada aprendemos sobre elas. Nos personagens de um Molière,

> O caráter se exibe qual um sol; o brilho do seu único traço é tão poderoso que ao redor dele os outros tornam-se

> invisíveis. O que torna sublime a comédia de caráter é que o homem, como sua moralidade, nele permanece anônimo, no momento mesmo em que, no seu único traço de caráter, vê-se o indivíduo chegar ao seu ápice. Enquanto o destino desenrola a imensa culpabilidade da pessoa culpável, o múltiplo encadeamento de liames que se tecem ao redor do seu erro (...), o caráter traz a resposta do gênio. Ao complexo sucede o simples, o *factum* torna-se liberdade. O caráter do personagem cômico não é o espantalho que os deterministas forjam; ele é a tocha que ilumina a liberdade dos seus atos. (Benjamin, 1965: 76.)

Em seu ensaio, Walter Benjamin está empenhado em distinguir as ideias de caráter e destino, em repô-las nos seus devidos lugares. No tipo ideal, contudo, elas aparecem entrelaçadas e privadas de quaisquer motivos éticos ou religiosos. O que faz com que o conceito sociológico de tipo, tal como o é concebido por Weber, vincule, numa construção unívoca, a ideia da liberdade do sujeito, ao caracterizá-la unilateralmente para ressaltar seus traços predominantes, e a da trama inexorável do seu destino? É o procedimento *genético* envolvido na sua construção. Na medida em que apenas se tornam significativos os traços individuais (e pouco importa que se trate do agente, como, por exemplo, o "puritano", ou de um indivíduo histórico, como o "espírito do capitalismo") que têm a ver com o modo como influíram ou influem sobre determinados valores contemporâneos não questionados, seus desdobramentos no tempo já estão prefigurados na sua própria construção. Isso persiste mesmo quando o propósito em jogo é explicitamente o de formular hipóteses acerca dessas relações causais, pois assim apenas se torna condicional e sujeita a metódica verificação empírica a relação estabelecida.

O conceito de tipo ideal incorpora, na sua expressão mais pura, as ambiguidades do empreendimento weberiano. Ele combina, num "todo não contraditório", a concepção da liberdade e da autonomia do sujeito com a de que suas ações têm consequências que poderão questionar pela base esses mesmos atributos. Vale dizer, toma o indivíduo como "caráter", mas o faz mediante um procedimento que desde logo o vincula ao seu "destino". Isso permite lembrar, também, que dadas as premissas gerais e a posição básica de Weber, o conceito de tipo ideal é necessário ao seu esquema, mas ao mesmo tempo o particulariza. O equívoco de Weber, nesse ponto, foi imaginar que toda e qualquer modalidade de análise científica no domínio histórico-social opera, ainda que espontaneamente, com tipos, e não se dar conta de que o esquema metodológico que propõe pode ser considerado ele próprio um "tipo ideal" (Ashcraft, 1971: 165, nota 169).

Creio que essa ordem de considerações – que faço porque Weber não era um simples metodólogo e pesquisador empírico, mas um homem integralmente voltado para o seu tempo e cujo pensamento se nutriu de todas as fontes a que teve acesso – poderia ajudar também a esclarecer um tópico que não será mais examinado aqui. Trata-se dessa conjugação de opostos representada pela presença de uma "ética da convicção" e uma "ética da responsabilidade" em Weber.

Enquanto instrumento caracterizador o tipo ideal não se confunde com conceitos generalizadores ou classificatórios. Ele particulariza certas modalidades de ações com sentido ou de seus agentes portadores precisamente ao torná-los "anônimos", de tal modo que sua presença, ou ausência, sem deixar de ser singular, possa ser localizada pela pesquisa empírica em tais ou quais manifestações da realidade histórico-social. Nesse sentido, ele exprime também o esforço de Weber para operar uma síntese, mais do que uma contraposição rígida, entre um conhecimento individualizador e um conhecimento generalizador no domínio histórico-social. A construção do tipo pressupõe um certo grau de conhecimento de uma realidade específica, para a qual ela fornece os elementos básicos, além de demandar, em maior ou menor grau, o recurso ao "conhecimento nomológico". Este segundo ponto é salientado de maneira expressiva por Guenther Roth:

> Os tipos são construídos com a ajuda de regras da experiência histórica, que são usadas como proposições heurísticas. Por exemplo, a teoria da monarquia de Weber inclui a observação de que os monarcas, ao longo do tempo, desde a Mesopotâmia antiga até a Alemanha imperial, têm-se preocupado com o bem-estar dos seus súditos, porque necessitavam do apoio dos estratos inferiores contra os superiores; entretanto, esses estratos superiores, a nobreza e o clero, normalmente mantêm-se importantes para a manutenção do poder e legitimidade monárquicos. Em consequência, a estabilidade da monarquia repousa em parte na habilidade do chefe em equilibrar ambos os grupos. É a partir de observações como essas, que permitem a especificação necessária, que emerge o tipo ideal do patrimonialismo. (Roth, 1968: 33.)

Uma vez construído o tipo, ele pode ser aplicado a todos os casos em que fenômenos comparáveis àqueles que comandaram sua construção se apresentam. Desde, naturalmente, que se considere que cada um desses casos será, por sua vez, individual e particular. Por essa via Weber tenta superar os impasses entre o historicismo e o positivismo.

Significa isso que os tipos construídos por Weber, ou em consonância com seu método, são a-históricos? Seguramente não. É verdade que os tipos ideais propriamente sociológicos – os de dominação, por exemplo – são relativamente vazios de conteúdo histórico, no que se diferenciam dos tipos caracterizadores de "individualidades históricas" – a ética protestante, por exemplo – em que o próprio conteúdo é historicamente saturado. Para todos os casos, porém, vale a consideração decisiva de que a natureza histórica do tipo ideal não está no seu conteúdo, mas no seu próprio procedimento de construção. Sua historicidade intrínseca reside no seu caráter genético, que, sendo da ordem do problema mais do que do objeto, lhe é essencial. É verdade também que o próprio modo de exposição adotado por Weber (ou pelos responsáveis pela publicação de suas obras póstumas) possa por vezes sugerir o contrário. Com efeito, nas passagens sistemáticas, sobretudo em *Economia e sociedade*, pode-se ter a impressão de que Weber estaria buscando formular um sistema de tipos puros de ação e de dominação, com validade geral; em dado momento ele próprio levanta a ideia de uma "casuística", que envolveria ir tratando, passo a passo, de todos os casos possíveis, para logo abandoná-la.

Ambas essas ideias, contudo, entram em choque direto com as premissas básicas do seu pensamento, no tocante ao conhecimento científico. Com referência à primeira ainda é possível fazer uma concessão, e admitir que um pesquisador individual, ou um conjunto deles *com a mesma orientação*, pudesse elaborar um esquema tipológico fechado e exaustivo, *entre outros possíveis*, e não é improvável que algo assim estivesse na mente de Weber, ao realizar a sua obra. Feita essa ressalva, as objeções permanecem. Primeiro, porque o fundamento valorativo da seleção do objeto, num universo de valores equivalentes e irreconciliáveis, torna inconcebível a articulação da multiplicidade de tipos possíveis caracterizadores desses objetos em termos sistemáticos, pois eles são essencialmente heterogêneos quanto ao princípio de seleção. Tentar conjugá-los num sistema abrangente permitiria, ao máximo, reproduzir no plano analítico as pugnas entre valores presentes no mundo histórico-social concreto. Quanto à "casuística", é evidentemente incompatível, salvo como tarefa infinita, com as ideias weberianas sobre o caráter inesgotável dos nexos no universo empírico em cada momento e sobre o caráter histórico do próprio conhecimento, que se redefine à medida que novos problemas e perguntas vão emergindo.

Como vimos, no entanto, Weber é suficientemente tributário de uma concepção positivista sobre a unidade do método científico para insistir, no ensaio sobre a objetividade, em que a ciência é constituída não pela articulação objetiva entre "coisas", mas pela articulação conceitual entre "problemas". Pode-se, então, pensar numa ciência histórico-social unificada como conjunto de problemas? Não vejo como, se os próprios fundamentos para a formulação dos problemas e dos conceitos são heterogêneos e estão em constante mudança. Na realidade, nem mesmo no plano estritamente metodológico Weber tem como sustentar a ideia da unidade da ciência histórico-social, contraposta à ideia da multiplicidade de histórias. Se o faz, é para não cair num relativismo irracionalista, mesmo que à custa de hesitações e incongruências. Convém ressaltar que não estou empenhado aqui em contrapor a Weber esquemas que lhe são alheios; interessa-me apenas acompanhar sua posição até o fim. E ele conhece muito bem os riscos que corre, pois dirige-se explicitamente àqueles que *querem* fazer ciência, que compartilham à sua maneira os valores da verdade e da razão. Mas ele não tem nenhuma garantia contra o perigo do isolamento. Talvez daí advenha, em parte, sua preocupação constante com a *coerência*. Diante do risco, perceptível já na sua época, de um isolamento real nas suas posições, ele age conforme a expressão de Lutero sobre o homem solitário, que "sempre deduz uma coisa da outra e pensa tudo até a sua mais amarga conclusão" (Arendt, 1960: 477).

Na realidade, o modo de exposição dos tipos puros em *Economia e sociedade* que, na parte introdutória, segue a forma da definição, induz facilmente a equívocos graves. Muitos já foram levados a operar com os tipos weberianos em suas pesquisas empíricas como se eles fossem *modelos* (tanto no sentido de exemplar como na sua acepção analítica), tomando-os mesmo em numerosas ocasiões como se fossem paradigmas já prontos para utilização sobre qualquer objeto e livres de pressupostos. No limite, questiona-se a própria legitimidade do uso de tipos, com base numa análise em que esse aspecto não é devidamente levado em conta (p. ex., Blau, 1963: 306-16).

É preciso, contudo, ter em mente que, se os tipos ideais, incluindo o mais notório que é o de dominação burocrática, já aparecem prontos na obra sociológica de Weber, isso não deve levar-nos a esquecer que para tanto eles tiveram antes que ser construídos. E construídos com base em premissas que os tornam inerentemente históricos, no sentido forte do termo, dado pelo seu caráter genético. Por outro lado, há uma distinção fundamental a ser feita neste ponto, sem a qual tanto o caráter genético do tipo quanto a relação entre conceito e realidade em Weber ficam ininteligíveis. Pois, o fato de o tipo ser intrinsecamente histórico na sua construção não implica que ele se confunda com a história empírica. É preciso distinguir o decurso histórico/empírico, do qual se extraem os traços que comporão o tipo e ao qual este se aplica como instrumento de pesquisa, da historicidade do próprio tipo. Esta só se realiza na sua relação com outra historicidade, a do pesquisador. É nessa segunda relação que se manifesta a natureza genética do tipo, na medida em que ele é construído e aplicado tendo em vista a clara formulação de problemas que são significativos para o pesquisador, no momento e no contexto em que ele se move. É essa distinção que fundamenta a diferença mais profunda estabelecida por Weber neste particular, que está entre a sucessão empírica dos eventos e a sucessão genética típico-ideal; sempre considerando-se que o termo "genético" não se refere aqui à gênese do próprio tipo, mas ao papel que lhe pode ser imputado na gênese de situações ou eventos significativos nos quais possa figurar como fator causal. Em suma, *genético* como atributo do tipo ideal deve ser entendido como *causalmente significativo*; e isso é equivalente a *historicamente relevante*; e, por fim, a relevância histórica é definida em termos da *historicidade do pesquisador*. A distinção básica proposta por Weber transparece, por exemplo, quando ele escreve, numa passagem da sua apresentação das "categorias sociológicas fundamentais da vida econômica", em *Economia e sociedade*, que, no estádio ainda preliminar de elaboração de um arcabouço de conceitos unívocos indispensáveis para a pesquisa em que a análise se encontra naquela passagem, "é evidente que *não apenas a sucessão empírico-histórica como também a sucessão típico-genética* das formas [de ação social orientada economicamente] não são tratadas de modo satisfatório" (Weber, 1972: 63, grifo meu).

Entre as premissas da tipologia weberiana é essencial a da ênfase na racionalidade da ação e no processo de racionalização como características do universo cultural europeu, vale dizer, do mundo de Weber. Basta considerar isso para perceber que até mesmo os tipos aparentemente mais genéricos e vazios historicamente – os quatro tipos ideais de ação social – são construídos rigorosamente em termos dessa premissa. Eles se articulam, com maior ou menor afastamento, em torno do núcleo constituído pela ação racional com referência a fins. E por que somente essa construção seria possível?

CAPÍTULO 6
COERÊNCIA E COMPROMISSO

De modo geral, portanto, fazer sociologia "weberiana" não se reduz a fazer a sociologia de Weber. Não consiste simplesmente em usar os *seus* tipos e alguma versão do seu método (salvo, no primeiro caso, se o pesquisador assumir explicitamente posição idêntica à de Weber em face da realidade estudada e demonstrar que isso é empiricamente válido). O requisito básico, no caso, é ter condições e disposição para construir os tipos adequados às situações cujo conhecimento se procura e incorporar, na sua aplicação, as propostas metodológicas fundamentais de Weber. Surge por vezes na literatura a crítica a Weber no sentido de que seu tipo ideal de dominação burocrática é por demais calcado nas condições dos serviços públicos prussianos da sua época e que isso diminui ou mesmo elimina sua utilidade para o estudo de condições diferentes. Mas, supondo que seja o caso, isso não é uma crítica a Weber e sim àqueles que imaginam ser possível, ou até necessário, tomá-lo ao pé da letra. São numerosos os equívocos encontradiços tanto nas tentativas de aplicação dos tipos ideais à pesquisa empírica como em críticas e comentários a seu respeito. No mais das vezes, eles derivam da insuficiente consideração pelo caráter construtivo e genético do tipo; ou, em outras palavras, esquece-se de que, para Weber, não são as qualidades objetivas de uma realidade já dada que comandam a construção e utilização dos tipos, mas os interesses específicos do conhecimento, em condições e com pressupostos também específicos. Três exemplos, sumariamente apresentados, são: (1) supor que apenas um único tipo possa ser construído para cada objeto, esquecendo-se de que, afinal, o tipo é constitutivo do objeto e de que, para cada segmento da realidade, tantos tipos podem ser construídos quantos forem os interesses da pesquisa envolvidos; (2) operar com um tipo isolado, esquecendo-se de que se trata de instrumento caracterizador e comparativo útil para formular *hipóteses* e de que isso implica operar com pelo menos dois deles, para poder estabelecer as relações hipotéticas entre fenômenos relevantes para o caso; (3) confundir o conceito de tipo com o de *modelo*, ou seja, tomá-lo como se fosse um sistema de variáveis que, pela manipulação dos seus valores quantitativos, permite a simulação das características do objeto real.

De qualquer modo, é inegável que o recurso aos tipos ideais é indispensável e necessário sempre que se opere com as premissas weberianas, referentes à concentração da análise no sentido da ação individual e no caráter inesgotável e indeterminado da multiplicidade de eventos que constitui a realidade empírica. Os tipos são imprescindíveis, nessas condições, para introduzir uma certa ordem em segmentos da realidade no plano analítico, ou seja, para que se possa estabelecer relações entre modalidades diferentes de fenômenos.

Essa ordem nós sabemos de onde provém, na medida em que se encontre na realidade: da dominação entre os homens e sua legitimação. Em contrapartida, sabemos de onde ela *não* provém, para Weber: de qualquer modalidade de *determinação* objetiva de uma esfera do real por outra ou de todas elas por uma única. A importância analítica do conceito de dominação é tanto maior em Weber quanto mais fortemente ele rejeita o conceito alternativo, de determinação; pois são essas as categorias que realmente se opõem no seu pensamento e não, como alguns parecem supor, as de dominação/conflito por um lado, e consenso/harmonia por outro, visto que esses dois pares, longe de serem intrinsecamente incompatíveis, podem ser vinculados entre si pela ideia de legitimação. No pensamento de Weber esse confronto está marcado pela única concepção de determinação que parece ser-lhe acessível, segundo a qual, tomado qualquer aspecto da realidade histórico-social, a análise sempre revelará que seu modo de apresentar-se pode ser derivado, desde que se estenda convenientemente a cadeia causal, da forma vigente de organização das atividades econômicas. É inegável que o caráter polêmico de sua obra contra Marx reforça sua ênfase sobre a categoria de dominação e, em consonância com isso, sobre o nível político-ideológico da análise. Mas isso não é suficiente para explicá-la nem, a rigor, necessário. Ela deriva logicamente das suas premissas. Claro que se poderia argumentar que as próprias premissas são antimarxistas. É inquestionável que são opostas às do materialismo histórico e que entre ambas não há, em princípio, conciliação possível, apesar dos esforços de um Merleau-Ponty para construir um "marxismo weberiano", nas suas *Aventuras da dialética*. Mas, pessoalmente, não vejo como afirmar sem mais que elas foram concebidas e adotadas com esse fim específico em vista. Como de hábito, a história é mais complexa; Lukács que o diga.

O que interessa salientar, nesse ponto, é o importante aspecto metodológico aqui envolvido, que é o da distinção entre uma análise centrada numa dimensão *analiticamente determinante* (no sentido de que a determinação é real mas não imediatamente observável) e outra, como a de Weber, que opera em termos de uma dimensão *empiricamente dominante* na ordem dos fenômenos considerados. Negar a primeira perspectiva significa enfatizar a segunda. E isso implica que, se nada é determinado intrinsecamente, somente resta a capacidade efetiva de dominação e de exercício do poder por alguns para dar forma aos eventos, *em cada caso particular*.

Dadas as premissas weberianas da multiplicidade de valores equivalentes, da ausência de determinação objetiva dos fenômenos e da escassez de recursos materiais e simbólicos valorizados, é inevitável que a dominação ocupe posição central em seu esquema. Em termos das ideias expostas acima, pode-se dizer que *a dominação é a figura concreta assumida pelo "destino" na história*, visto que é o processo responsável pela persistência de linhas de ação e de sentidos e, portanto, pela imposição de uma certa *ordem* (sempre singular e apenas possível) aos fenômenos.

É verdade que seria simplificar demais as coisas se interpretássemos o conceito de dominação apenas pelo seu viés perpetuador de situações, mesmo porque também nesse ponto a análise weberiana está preocupada fundamentalmente com a dinâmica específica dos fenômenos, que examina enquanto *processos*. Deixando de lado o caso da dominação carismática – a "grande força revolucionária da história", porque cria as condições para a emergência de *novos valores* mas que, convém lembrar, também se "rotiniza" – já foi demonstrado por Bendix que na própria formulação dos tipos de dominação está envolvido um componente dinâmico. Esse componente deriva da "dualidade de regras" a que os próprios dominantes estão sujeitos, e que compromete constantemente a continuidade da legitimação dos seus mandatos. O exemplo mais sugestivo é o da dominação tradicional, no qual há uma tensão constante entre as exigências do respeito à tradição e da iniciativa pessoal por parte da chefia (Bendix, 1965: 21). Por outro lado, situações específicas de disputas grupais pelo acesso à condição de portadores do poder de mando podem ser decisivas para as opções práticas realizadas entre valores equivalentes entre si, como sugere Terry Lowell para o caso da escolha entre jansenismo e puritanismo na França seiscentista (Lowell, 1973: 304-23). Uma tensão mais funda deriva do conflito entre os interesses dos dominantes e os dos membros do quadro administrativo indispensável para a manutenção do seu domínio. "Parte da realização de Weber repousa no fato de que ele tratou empiricamente a 'validade' dos modos de legitimação em relação às perenes lutas pelo poder entre os dominantes e o *staff* (e parcialmente também os dominados)" (Roth, 1976: 312). Essa tensão interna ao próprio processo de dominação/legitimação pode, contudo, ser interpretado como mais propício à sedimentação que à disrupção das relações sociais que sustenta.

O mesmo tema permite examinar por outro ângulo a questão do caráter histórico dos conceitos weberianos. Tomemos os seus tipos ideais de dominação: são a-históricos? Visivelmente não, a despeito de serem relativamente vazios de conteúdo, pois não são independentes entre si no que diz respeito à sua construção e suas relações mútuas não se reduzem ao plano sistemático-formal. Eles não são concebidos como equivalentes. Um deles é dominante em face dos demais, tanto porque estes são construídos em função dele como porque esse predomínio é concebido como se exprimindo na forma de uma tendência efetiva no interior de uma história que precisamente ele permite caracterizar. Trata-se da dominação racional-legal, aquela que particulariza a "cultura ocidental". Isso tem uma consequência importante. É que, nessa linha de raciocínio, fica patente que a ideia de dominação é responsável não somente pela *ordem substantiva* dos eventos no esquema weberiano como também pela própria *ordem lógica* desse esquema.

É na ênfase na racionalidade e no processo de racionalização que reside a fraqueza, mas também a força do pensamento weberiano, como revela o seu exame imanente. Cumpre, então, completar esse exame.

Do que foi visto até agora, transparece que *sujeito* e *dominação* são categorias fundamentais do esquema analítico weberiano. No interior do seu quadro analítico elas estão estreitamente articuladas através da construção de tipos, mas, se tomadas cada qual de per si, revelam-se as diferenças de papéis que desempenham no conjunto. Se a dominação pôde ser identificada antes com a figura do "destino", então o sujeito se apresenta como a tradução para o plano analítico da ideia de "caráter". Em outras palavras: se uma exprime a visão "realista" e "desencantada" de Weber, a outra incorpora os valores básicos aos quais adere, sobretudo os de autonomia e liberdade. Já vimos que a noção de sujeito-agente é indispensável no esquema weberiano, porque define a única entidade na qual os diversos sentidos possíveis nas diferentes esferas de ação se encontram e se relacionam. É mesmo fundamental que

> a ação real de indivíduos pode ser orientada com sentido subjetivo conforme *várias* ordens que, conforme os hábitos do pensamento convencionais para cada caso, são contra-

> ditórias quanto ao seu sentido mas são simultaneamente "vigentes" empiricamente. (Weber, 1973: 445.)

No entanto, as dificuldades suscitadas por essa ideia de sujeito vêm à tona quando consideramos os seus estreitos vínculos com as noções de *compreensão* e de *sentido*. Na realidade, Weber jamais conseguiu dar conta de maneira inequívoca desses conceitos, supostamente centrais na sua análise. O mais claro sintoma disso é o caráter inconclusivo e logicamente viciado por um raciocínio circular da sua definição de *sentido*, no início de *Economia e sociedade*. "Por sentido entendemos aqui o sentido visado e subjetivo do sujeito da ação..."; e segue-se uma enumeração de formas de manifestação de sentidos, sem que o termo mesmo seja mais bem examinado. Procedimento semelhante é realizado com referência à *compreensão*, que de resto não é claramente distinguida da *interpretação*. Num autor rigoroso como Weber isso dá o que pensar. O problema, do qual essa imprecisão é um sintoma, é, em termos sumários, o seguinte: dadas as condições examinadas antes, e sobretudo o papel nuclear reservado para a dimensão racionalizada dos processos, o procedimento metodológico associado às ideias de sentido e sujeito, ou seja, a compreensão, tende a ficar comprometido. Isso porque, para o caso puro de ação racional referente a fins, é perfeitamente plausível o argumento de que, conhecidos os fins, os meios e as máximas de ação correspondentes, o sentido mais adequado da ação pode ser derivado inequivocamente sem passar pelo sujeito, mesmo porque há um único curso de ação que maximiza os resultados da relação meios–fins.

Isso não elimina a importância do recurso à compreensão no esquema weberiano, mas sugere claramente o modo pelo qual suas construções analíticas se contrapõem, em suas implicações últimas, aos valores a que ele adere. Com efeito, só se justifica a exigência à compreensão quando a margem de autonomia do agente não permite outra via mais direta de acesso a hipóteses adequadas sobre os seus cursos de ação. Lembro que Weber associa a racionalidade da ação à liberdade. Por que, então, no final, a racionalização da ação acaba imprimindo rumos unívocos às linhas de conduta dos agentes, mesmo dentro do esquema weberiano? A resposta mais plausível é a de que isso resulta da sua concentração na ação racional de caráter instrumental, voltada para a eficácia de uma relação entre meios dados e fins não questionados; ou seja, da racionalidade *formal*. Por outro lado, é verdade que Weber também fala de uma racionalidade material, que abrange o tratamento dos fins, mas essa passa para posição secundária no decorrer da sua obra, salvo na ideia de que, no domínio da ação orientada economicamente, é impossível incrementar simultaneamente ambas essas formas de racionalidade. Temos aí a "irracionalidade básica e inexorável da economia" (Weber, 1972: 60) que reforça, para Weber, sua polêmica com o socialismo. Isso não impede que muitos autores, a começar pelo texto clássico publicado em 1932 por Karl Loewith sobre Weber e Marx (Loewith, 1970), tenham enxergado na tensão entre essas duas modalidades de racionalidade a fonte da dinâmica da análise weberiana, o que, no meu entender, é insuficiente para caracterizá-la.

No tocante à noção de compreensão, cabe assinalar que, além do seu papel estritamente analítico, ela desempenha algo como um papel ideológico no pensamento weberiano. É que, apesar de todos os problemas e ambiguidades envolvidos no seu uso, é nela que se exprimem da maneira mais profunda os valores básicos que informam as concepções metodológicas de Weber, sobretudo a ideia de que os agentes são sujeitos, vale dizer, entidades autônomas capazes de investir seus atos de sentido. Aqui, novamente, aparece uma dificuldade reveladora. Os agentes individuais (ou os grupos, na medida em que são redutíveis a eles) são caracterizados como *portadores* de sentido. Simultaneamente, a insistência na necessidade da compreensão desses sentidos "subjetivos" não serve apenas para advertir que o que está em jogo não é a *subjetividade* dos agentes mas unicamente a *referência a sujeitos* (aqui o raciocínio é análogo ao da distinção entre valorização e referência a valores). Serve também para marcar a adesão à ideia de que esses portadores são, afinal, sujeitos, e não simples suportes empíricos de sentidos analisáveis sem consideração pelas suas vontades, intenções e opções. Weber tinha plena consciência de que, com o avanço do processo de racionalização, os sujeitos convertem-se cada vez mais em meros portadores de sentidos e suas opções cada vez mais definem-se univocamente e de modo independente deles, nas situações em que estão envolvidos. Contudo, sua postura crítica básica em relação a isso acaba exprimindo-se nas ambiguidades das suas formulações e conceitos.

É também em boa medida disso que deriva o caráter *dualista* do seu pensamento, que opera sistematicamente com pares opostos: racional/não racional, cotidiano/extracotidiano e assim por diante. Weber está consciente dos dilemas com que seu pensamento se defronta, mas assume essas dualidades até o fim, mesmo no tocante à oposição entre conhecimento científico e ação prática. Isso introduz uma tensão constante e fecunda no seu pensamento e, ao mesmo tempo, sugere muito acerca da sua atitude básica enquanto cientista e homem de ação, preocupado com os problemas do seu tempo. Um episódio narrado por Karl Jaspers pode ilustrar isso de forma sintética. Weber combateu com todas as forças, sem ser ouvido, a extensão da guerra submarina pela Alemanha, durante a I Guerra Mundial, advertindo sempre que isso acabaria envolvendo os EUA, o que seria desastroso para a causa alemã. Quando, no entanto, soube que o fato que temia estava consumado, seu comentário foi: "Então, agora é o destino, e com ele nós nos arranjamos." Ou seja, enquanto estamos envolvidos num processo em curso, agimos, criticamos e combatemos, mas, diante dos fatos consumados, resignamo-nos. Em face disso, não seria o caso de perguntar se, na límpida separação que Weber faz entre ciência e ação prática, não caberia à ciência o domínio da *resignação*, do conhecimento *distanciado* dos fatos que, pela própria natureza do esquema analítico adotado, estão, senão consumados, pelo menos prefigurados?

Por outro lado, Jaspers tem razão quando diz que Weber fracassou no seu empreendimento total, mas que se trata de um malogro fecundo. A prova disso está num aspecto do seu trabalho científico que, no meu entender, constitui sua contribuição mais pessoal e decisiva para a reflexão no domínio histórico-social. Passemos, então, a esse último tópico.

Em repetidas oportunidades, como vimos, Weber adverte que, nas hipóteses que formulamos para dar conta de eventos particulares, valemo-nos de um "conhecimento nomológico", referente a certas regularidades da ação observáveis ao longo do tempo. Com isso ele procura assegurar a possibilidade geral de fazer-se ciência, ao impedir a confusão entre a ideia de caráter não determinado dos fenômenos com a de simples acaso. O que desejo apontar, em relação a isso, é que por essa via alcançamos a ideia mais importante de todas em Weber, aquela que permite articular todas as demais e reduzi-las às suas devidas proporções no conjunto. É que essas regularidades ocorrem no interior de esferas específicas da ação social. Avançando mais um passo, chegamos à ideia, totalmente decisiva em Weber, da *autonomia das esferas da ação*, tomando-se o termo autonomia no seu sentido exato, de *legalidade própria* (que é, aliás, a tradução mais aproximada do termo originalmente usado por Weber, embora talvez ainda fosse melhor usar – como ocorre em várias passagens do presente texto – a expressão "legalidade intrínseca"). Vale dizer, cada esfera da ação desenvolve-se, enquanto processo, conforme sua *lógica imanente particular*, ao mesmo tempo que entra em contato e estabelece relações com as demais, *através dos sujeitos individuais*.

Não há condições aqui para examinar passo a passo a ideia; isso exigiria um estudo especial. Tenho que limitar-me a apontar algumas de suas implicações.

Os textos de Weber em que essa ideia é mais intensivamente explorada são os da sociologia da religião, a partir da *Ética protestante e o espírito do capitalismo*, e as referências mais explícitas encontram-se no ensaio sobre "orientações e etapas da rejeição religiosa no mundo". Não admira que assim ocorra: é nesses estudos que Weber examina da maneira mais minuciosa e consequente o problema das afinidades ou tensões entre sentidos da ação em esferas diferentes da existência dos sujeitos. Para tomar uma passagem, entre muitas possíveis:

> A racionalização e sublimação conscientes das relações do homem para com as diversas esferas da propriedade de bens exteriores e interiores, religiosas e seculares, pressionaram no sentido de tornar *conscientes as autonomias [legalidades próprias] internas* das esferas singulares pelas suas consequências, permitindo que entrassem naquelas tensões mútuas que estavam ocultas para a primitiva relação ingênua com o mundo exterior. (Weber, 1972a: 541-2.)

O quadro que se desenha, à luz dessas ideias de autonomia, é o de linhas da ação com sentido, cada qual correspondendo a uma esfera da existência histórico-social, que seguem suas legalidades próprias, sua lógica interna, mas que não são indiferentes umas às outras naquilo que realmente interessa, que é a orientação das ações dos sujeitos. É nele que elas se cruzam, aproximando-se ou repelindo-se. É com referência a essas linhas de ação que relações causais sociologicamente relevantes podem ser estabelecidas; relações essas que também admitem a designação, adotada por Weber, de "afinidades eletivas" (nas quais esses termos, expressivamente alusivos mais do que rigorosos, apontam para a dimensão significativa sem a qual não se pode falar de causalidade social).

A contrapartida disso, fundamental mas só implícita em Weber, é a premissa da *unidade do sujeito*. Sem ela a visão atomística dos eventos no universo histórico-social empírico conduziria a um irracionalismo incompatível tanto com as questões de método como com os princípios últimos que preocupavam Weber. O recurso aos tipos ideais de ação com sentido pressupõe o caráter *dividido* do sujeito-agente; mas, o estabelecimento de relações entre eles e o recurso à compreensão pressupõem a sua *integridade*, embora tensa e mesmo contraditória. Dificilmente haverá caso mais nítido de tradução dos dilemas de uma época e de uma formação social para o plano conceitual.

A isso vincula-se a questão da *autonomia* como atributo básico do sujeito. Na concepção weberiana o agente social é identificado com o conjunto das suas ações, de cujos sentidos é portador. Essas ações, tomadas cada qual de per si, são dotadas de sentido para ele mas constituem, no conjunto de relações que estabelecem entre si nas múltiplas situações em que se realizam, uma rede significativa que escapa ao seu alcance e que, nas suas inumeráveis conexões, desafia qualquer apreensão ou mesmo descrição exaustiva. Assim, ter o domínio do sentido das próprias ações singulares (ou poder tê-lo: a rigor, isso só é plenamente acessível ao agente típico-ideal) envolve uma participação na trama significativa da história, mas não implica fazê-lo conscientemente. Há um sentido na ação, mas não há um sentido imanente à história, não porque ela seja insensata (assim formulada, esta questão nem se coloca para a ciência), mas porque não tem um sentido único e inequívoco. Os múltiplos sentidos da história constituem-se atrás das costas dos agentes, a partir de ações que para eles esgotam seu significado em suas realizações singulares. Entre sentido da ação e sentido da história há um hiato insuperável; e, como não há sentido senão na ação efetiva, não há como realizá-lo no plano totalizador de uma história da humanidade, pois esta simplesmente não existe (nem vale argumentar que possa vir a existir, pois não cabe à ciência propor utopias salvo como instrumentos metodológicos). O que existe efetivamente é um fluxo de eventos recortado internamente por ordens heterogêneas de sentidos. Enfim, se quisermos falar de história – e Weber evitava fazê-lo com qualquer conotação substantiva, e preferia falar em "decurso das coisas", "acontecimentos no mundo" ou termos semelhantes, procurando sempre evitar a confusão entre a história como ordenação conceitual de uma certa ordem de eventos, como análise histórica, e o próprio decurso empírico dos fenômenos – há tantas histórias quanto valores últimos e equivalentes que fundamentem a atribuição de importância a determinadas configurações de eventos e situações. Isso, no entanto, não conduz sem mais ao relativismo, pois, embora não haja critérios universalmente válidos e objetivos para hierarquizar os valores – e, portanto, as múltiplas histórias que eles permitem articular – os há *subjetivos*: eles são hierarquizados praticamente por homens concretos, que sustentam valores específicos e combatem em seu nome, e buscam mesmo tornar efetivamente dominantes. Para Weber, a multiplicidade dos valores não conduz à indiferença relativista, mas exacerba o compromisso com a luta por aqueles a que se adere e impõe aos agentes sociais concretos uma carga tanto maior de *responsabilidade* (outra ideia central nele) pelas consequências dos seus atos.

Assim, a autonomia do agente – ou seja, sua constituição em sujeito – não pode ser concebida como sendo conquistada na construção prática da história de todos os sujeitos, mas na *luta* com outros agentes. Portanto, não pode haver autonomia generalizada, emancipação do gênero humano. A autonomia é um ponto de fuga, um valor particular entre outros (ao qual Weber adere e que informa o seu pensamento, de tal modo que é impossível usar o seu esquema analítico sem incorporá-lo também) sem o qual não é possível falar em sujeitos. Sua realização, contudo, é problemática, devido à exterioridade entre a ação significativa individual e o decurso coletivo e tornado objetivo dos eventos. E é essa exterioridade que provoca o descompasso entre as metas perseguidas pelos agentes individuais e as efetivamente realizadas no decurso histórico, naquilo que Weber chamou de "paradoxo das consequências". E é também ela que conduz Weber a reintroduzir a categoria de causalidade na análise histórico-social, contra toda a herança kantiana, para a qual a ideia de autonomia só é compatível com uma concepção teleológica da ação, voltada para um "reino dos fins" livremente perseguidos. Finalmente, é a preocupação com não perder de vista, apesar de tudo, a ideia de autonomia que em boa medida está na base das ambiguidades, do tratamento da causalidade por Weber.

Na realidade, a categoria de *causalidade*, tomada no seu sentido estrito de uma sequência linear e unívoca com validade universal, pouco tem a ver com o esquema analítico weberiano. Para ele interessa saber como, *em situações particulares*, as legalidades próprias das diversas esferas da ação se articulam para resultar numa orientação específica das ações de muitos agentes, e como essas configurações singulares podem dar origem a linhas de ação, a sentidos ou então a valores novos, que por sua vez possam ser reincorporados na dinâmica das diferentes esferas da existência histórico-social. Por exemplo: em que condições foi possível ao judaísmo antigo (que Weber toma como o núcleo histórico do "desencantamento do mundo") ou ao protestantismo ascético desdobrarem-se em significados e orientações da conduta novas no conjunto da existência de múltiplos indivíduos? Nos estudos em que procurou responder a isso Weber utilizou sistematicamente sua ideia da autonomia, não dos sujeitos, mas das diversas esferas da ação. Na realidade, para Weber as ações sociais não são nem contingentes nem univocamente determinadas, nem atribuíveis a causas isoladas. Dada a presença decisiva da autonomia das esferas de ação e a circunstância de que elas entram em contato através dos agentes e em configurações sempre particulares, o curso efetivo dos eventos não é determinado somente pela legalidade própria da esfera em que ocorrem, nem por alguma determinação sempre presente em última instância, nem muito menos por alguma determinação inerente a alguma totalidade de que façam parte, mas pela conjugação conjuntural (mas "rotinizável" nos seus efeitos) e significativa de esferas de ação diferentes. É nesse espírito que ele escreve, nas páginas iniciais do seu estudo sobre a "ética econômica das religiões mundiais":

> É evidente que, em confronto com todas as atitudes perante o mundo condicionadas por componentes religiosos ou outros de caráter "interno" (...) aos homens, ela possui uma certa medida de pura legalidade intrínseca, determinada no mais alto grau por dados de natureza econômico-geográfica e histórica. Mas de todo modo a determinação religiosa da conduta de vida também se inclui como uma – bem entendido: somente *uma* – das determinantes da ética econômica. Esta mesma, por seu turno, naturalmente sofre profundas influências de componentes econômicos e políticos no interior de limites geográficos, políticos, sociais e nacionais dados. (Weber, 1972a: 238-9.)

Nesses termos, é possível propor algo que creio ser mais do que um jogo de palavras. O pensamento de Weber está centrado na ideia de uma *sobredeterminação* dos eventos e situações, sem qualquer *determinação* final, geral ou unívoca.

O aparente jogo de palavras envolvido nessa ideia de uma "sobredeterminação sem determinação" na realidade repousa numa distinção conceitual importante. É que nos defrontamos aqui com duas acepções distintas de "determinação". A primeira delas é compatível com o esquema weberiano, na medida em que é pertinente a uma análise de natureza causal, na qual o termo determinado figura como efeito ou modo de expressão de um termo determinante que lhe é externo, ou de vários simultaneamente, quando então ocorre a "sobredeterminação". A segunda, que é incompatível com ele, quando nada porque tem como núcleo a ideia de uma totalidade determinada, está associada à dialética marxista. Numa formulação muito sumária ela pode ser definida como a especificação das diferenças no interior de um processo tomado como um todo, no qual um dos termos – no caso, o momento da produção – figura como determinante na medida em que necessariamente está presente no interior do conjunto das formas também necessárias assumidas pelas demais, passando no entanto pela especificidade de cada qual; sendo que "necessário" significa aqui que somente se realizam as formas adequadas à dimensão determinante e que esta, por sua vez, não se realiza senão através dessas formas, e que o processo todo não tem como assegurar a sua continuidade senão pela reposição do seu momento determinante. A sugestão, portanto, é que a ideia da autonomia das esferas da ação em Weber, associada à sua preocupação com a análise causal, é eminentemente compatível com a noção de "sobredeterminação" conforme a primeira das acepções acima, mas claramente elimina a possibilidade de cogitar-se da "determinação" na segunda delas. É esse, aliás, o ponto básico em que Weber se opõe a Marx.

Num texto recente encontra-se uma referência a essa questão, que merece comentário. Nele, lê-se que "Miriam Glucksmann [em seu livro *Structuralist Analysis in Contemporary Thought*] aludiu à possibilidade de que a noção estruturalista de sobredeterminação poderia ser simplesmente outro termo para descrever as explicações multicausais de Weber" (Turner, 1977: 12). Mas, como é sabido, a ideia de sobredeterminação não é originalmente "estruturalista", e talvez valha a pena ir à sua fonte, ou seja, a Freud. Numa exposição de 1901 sobre a interpretação dos sonhos, Freud escreve:

> Cada elemento do conteúdo [manifesto] do sonho está *sobredeterminado* pelo material das ideias oníricas [que formam o conteúdo latente do sonho e somente são acessíveis à análise]. Ele não se filia a um único elemento dessas ideias mas a toda uma série deles, que de modo algum precisam estar próximos nelas mas podem pertencer aos

> domínios mais diversos da trama de ideias. O elemento onírico é, no sentido exato, a *representação substitutiva no conteúdo do sonho* para todo esse material díspar. Mas a análise ainda revela uma outra faceta das relações complexas entre o conteúdo onírico e as ideias oníricas. Assim como cada elemento onírico se vincula a várias ideias oníricas, também em regra *uma ideia onírica* está *representada* por mais de um *elemento onírico*; as linhas de associação não convergem simplesmente da ideia do sonho para o conteúdo do sonho, mas cruzam-se e entrelaçam-se multiplamente no caminho. (Freud, 1972: 26.)

Pode-se sustentar, em face dessa formulação, que essa noção original de sobredeterminação (deixando-se de lado, portanto, suas elaborações mais recentes) tem algo a ver com o esquema weberiano? Do ponto de vista estritamente metodológico, creio que sim, como também acredito que essa aproximação pode suscitar questões muito interessantes; do ponto de vista mais amplo, que envolveria identificar as orientações mais profundas de ambas as linhas de pensamento, já não seria possível responder afirmativamente, pois há diferenças insuperáveis entre elas. Freud nunca abandonou, pelo menos em sua concepção da ciência que criara, a ideia de um determinismo causal radical, que Weber somente poderia repudiar como uma forma de "naturalismo" monocausal que, como todo naturalismo, engendra uma "visão do mundo" e regras éticas em nome da ciência. Já em 1907 Weber sustentava ter lido as "principais obras" de Freud e prestava homenagem ao seu valor científico, valor que, no entanto, restringia à contribuição que poderia dar ao estudo da cultura, negando-o totalmente no aspecto terapêutico, visto que este lhe parecia envolver postulados éticos inadmissíveis: os de uma "ética da mediocridade", cujo lema é "admite o que és e o que desejas" e que por isso contrasta com a "ética heroica" defendida por Weber, pela qual cada homem deve defrontar-se sempre com tarefas acima das suas forças no cotidiano. Quem não tem condições para lembrar-se dos aspectos "vergonhosos" de sua vida, quando poderia muito bem fazê-lo se quisesse, e procura o "divã de Freud" para tanto, nada ganhará com isso do ponto de vista ético, sustenta Weber numa carta na qual vetava a publicação de um artigo de um adepto de Freud nos *Arquivos para a ciência social*, e da qual estou retirando os dados da presente exposição (Baumgarten, 1964: 644-8; Mitzmann, 1971: 281-2).

Quanto à convergência metodológica – na medida em que se dá, pois não vou estender minhas considerações além desse ponto – o apoio mais direto para minha argumentação consiste em que tanto na ideia freudiana de sobredeterminação quanto na weberiana de autonomia das esferas da ação estamos diante de esquemas analíticos preocupados com procedimentos de *interpretação*. Além disso, em ambos encontramos a ideia de que esses motivos normalmente (para Freud, necessariamente) não estão presentes na consciência dos sujeitos empíricos. Esta ideia é central em Freud, mas também se encontra em Weber, à sua maneira. Já vimos antes como ele considera o esquecimento dos motivos originais da ação pelos agentes; cabe agora lembrar que, para ele, o próprio sentido da ação deve ser analisado de modo análogo: "A ação real transcorre no mais das vezes na obscura semiconsciência ou inconsciência do seu 'sentido visado'", escreve ele nas páginas iniciais de *Economia e sociedade* (Weber, 1972: 10). A isso soma-se que, em ambos, os encadeamentos dos motivos para a formação do sentido (impulsos ou interesses) figuram como uma cadeia causal, ou melhor, como um conjunto de cadeias causais em relação a estes. De todo modo, temos aqui uma pista para explorar os possíveis desdobramentos dessa ideia central em Weber, de que as configurações significativas singulares são engendradas pela presença simultânea de múltiplas cadeias motivacionais – e portanto causais – pertencentes a esferas diversas e autônomas da ação.

Diante disso tudo faz sentido a aspiração de Weber, referida no início deste trabalho, de ter acesso a uma forma de escritura semelhante à musical, "para poder dizer várias coisas ao mesmo tempo"; e para poder mostrar como as sequências de eventos na complexa pauta da realidade histórico-social formam composições sempre novas, somente possíveis porque não correm numa única linha mas também não seguem vias paralelas e indiferentes entre si.

Creio que é nessa concepção que se encontra o caráter específico do pensamento weberiano, e a ideia que permite articular os componentes de suas análises, e não nos conceitos de "compreensão", de "sentido" ou mesmo de "tipo ideal". Por outro lado, é inegável que também essa ideia é afetada pela ênfase weberiana no processo de racionalização, visto que ele se distingue precisamente por imprimir sua lógica própria a *todas* as esferas da existência, comprometendo, portanto, e pela base, sua autonomia. No entanto, penso que vale a pena pelo menos sugerir, já que isso não será examinado aqui, que o esquema weberiano, tal como foi exposto, constitui poderoso instrumento de análise sempre que se trate de trazer à tona a dinâmica de interesses, de orientações da ação e de relações de força num momento particular de um processo em curso, sobretudo em situações de *crise*, ou seja, quando as legalidades próprias de diferentes esferas de ação apresentam descompassos que demandam decisões fortes dos agentes sociais. Tanto as suas análises particulares no campo da sociologia da religião revelam isso quanto, talvez mais ainda, os seus exames de conjunturas políticas. No geral, pode-se dizer que no esquema de Weber as diferentes dimensões do real cruzam-se e relacionam-se entre si em três níveis: em termos das suas premissas gerais, *no sujeito-agente*; metodologicamente, *no tipo ideal*; empiricamente, *na situação*, sobretudo nos momentos de crise.

O pensamento de Weber tematiza o particular sem ter como articulá-lo ao geral, que repele. Sua crítica científica é metodológica, não é do objeto nem o transcende. Daí a ênfase na dimensão do poder em suas análises. O objeto particular apresenta-se assim e não de outro modo, igualmente possível, porque há uma força que o constrange a ser assim, e essa força é social e também particular: dominação, poder. Daí também a contrapartida valorativa disso, no que concerne à tomada de posição extracientífica, que é a negação heróica, individual, marca de adesão à ideia de uma autonomia cuja realização efetiva não se concebe em termos universais mas que não se admite ver sufocada no particular. Nesse contexto a ciência é o domínio da resignação, mas é preciso lembrar que, se ela não pode prescrever formas específicas de ação, tampouco prescreve a resignação. Ela não prescreve nada fora do seu domínio. Weber não quer a resignação, mas também não quer abrir mão da racionalidade; e não tem como conceber uma crítica racional com validade objetiva e capaz de ministrar diretrizes práticas. Assim, a crítica racional fica confinada ao domínio do conhecimento. Cumpre, portanto, não ter ilusões quanto ao alcance da ciência e ficar atento às lutas que se desenrolam na arena dos valores e dos interesses inconciliáveis, não para ficar inerte, mas para tomar posição de maneira adequada. Na realidade, a ciência não prescreve nada, *salvo fazer ciência*. A neutralidade valorativa do cientista enquanto tal não significa subordinação ao objeto dado nem indiferença aos móveis e às consequências do empreendimento científico, mas implica uma tomada de posição: aquela que é compatível com a ciência. Há outras possíveis, mas não são científicas; para fazer ciência cumpre assumir essa. A ética da responsabilidade também tem vigência no interior do domínio científico; é nisso que Weber incansavelmente insiste.

O essencial nisso tudo é novamente a ideia da autonomia das esferas de ação, que agora aparece no seu significado mais pleno no pensamento weberiano. Na sua luta contra a confusão entre o conhecimento científico e as "visões do mundo" orientadoras da ação prática, ele via nela a causa tanto da ilusão de que a ciência enquanto tal possa servir como guia da ação quanto da recusa irracionalista da ciência em nome de algum decisionismo ou voluntarismo arbitrários. Só há para ele uma maneira de escapar disso, que consiste em enfatizar e respeitar a legalidade própria, a autonomia das esferas da ação, e localizar o domínio específico da ciência nesse contexto. Sua preocupação com problemas metodológicos pode ser pensada como um esforço para explicitar essa legalidade própria da ciência, contra as distorções oriundas de fora e sobretudo de dentro dela. Com isso fica marcada a coerência interna da sua obra, articulada em torno dessa ideia básica. Por outro lado, cabe lembrar que concentrar a atenção sobre a autonomia da esfera de ação científica – vale dizer, em termos weberianos, daquela pertinente à ação orientada para o conhecimento racional e metódico dos fenômenos – somente acentua a circunstância de que, como toda modalidade de ação social, também o conhecimento científico está *sobredeterminado*; tanto mais quando ocorre em contextos institucionais definidos, com divisão de trabalho, quadros administrativos e tudo mais que diga respeito à dominação racional-legal, da qual é inseparável.

Weber procurou sempre fazer frente ao grande dilema a que seu pensamento o conduzia: aquele entre a *crítica* que se traduz na ação e a *resignação* que se traduz no conhecimento neutro nos seus resultados, vale dizer, disponível para quaisquer fins. Talvez se possa sustentar, como entre nós já havia feito Maurício Tragtenberg (1974) e sugere em vários momentos Michel Löwy, que ele incorporava algo como o "máximo de consciência possível" no quadro do pensamento burguês da sua época – desde que se considere que ele figura como uma espécie de Maquiavel tardio, que tanto mais enfatiza a ideia de *virtú* quanto mais a de *fortuna* é substituída pela de *destino*. Ocorre que essa época ainda não está superada, no essencial, e que, portanto, ele permanece atual, para quem se dispuser a assumir o desafio das consequências do seu estilo de pensamento. Estilo inseparável, nele, do "estilo de vida burguês" ao qual adere ao seu modo, vale dizer, nos termos da luta entre a fatal divisão e a busca heroica da integridade. Isto, afinal, suscita o grande tema da sua vida e da sua obra, que agora reencontramos com todas as suas ressonâncias: o de que, no mundo em que lhe coube viver, não há como escapar ao condicionamento mútuo da *ação* e da *renúncia*.

Creio que Weber apreciaria a formulação do poeta Novalis, de que "um impulso absoluto para o terminado e o completo é uma doença, tão logo se revela destrutivo e hostil contra o incompleto, o inacabado". Se sua obra ficou incompleta e permanece como um desafio, não compete a nós assumir uma doença contra a qual sempre lutou e que não é dele, mas do seu e do nosso tempo.

EPÍLOGO
WEBER E ADORNO: AFINIDADES ELETIVAS

Weber e Adorno juntos? Quando mal se suportariam caso se encontrassem? Pena, mas quando Weber morreu Adorno tinha 17 anos. Mesmo assim, seria fascinante vê-los reunidos numa mesa com gigantesca cerveja bávara para um e um vinho fino, talvez da adega do pai, para o outro, discutindo coisas como o contraste entre ética da convicção e ética da responsabilidade ou o conteúdo social da forma sonata. Quem poderá negar, entretanto, que ambos divergem em pontos essenciais na teoria e na prática social? A clara percepção dessa oposição permite definir sem resto que nada há de comum entre as trajetórias dessas duas grandes figuras do pensamento social no século XX. Ou não? Pretendo mostrar adiante que não é bem assim. Há distância, sim – os modos de pensar são independentes –, porém não indiferença, muito menos hostilidade. Procurarei pelo menos sugerir que, ocultas pelos sinais de total incompatibilidade, há sutis correntes que tornam suas diferenças muito mais nuançadas do que possa parecer. Nestas considerações finais em um livro dedicado na origem a

Max Weber, o grande tema anunciado no seu título será retomado numa perspectiva que tenta combinar de algum modo as respostas de ambos à associação entre crítica e resignação no pensamento social. Firme e duro como Weber, flexível e sensível como Adorno, mas intransigentes em suas posições éticas e políticas, eles nos guiarão nessa jornada.

Weber e Adorno divergem em quase tudo, sim, entretanto percorrem caminhos que trazem a marca de uma linha central comum, que se bifurca em momentos decisivos. Não é difícil identificar o formato geral do terreno em que ambos se movem. Trata-se da fase coeva a um e a outro do desenvolvimento e das tendências das sociedades com perfil capitalista. Não nos esqueçamos de que o capitalismo moderno era o grande tema deles. Havia diferenças, por certo. O mundo de Weber era o de uma já problemática grandeza europeia e da ascensão nacional alemã marcada pela traumática experiência da Primeira Grande Guerra, ao passo que Adorno teve que responder, contra todos os seus impulsos internos, à muito mais aguda experiência da segunda etapa da nova Guerra dos Trinta Anos iniciada em 1914 e encerrada em 1945, com direito a nazi-fascismo seguido por Guerra Fria e boa parte daquilo que compôs o circo de horrores do século XX. A questão, todavia, vai mais fundo. Trata-se de ver *como* os nossos dois autores se movem e de entender as idas e vindas em suas caminhadas. Eis, pois, uma tensa exploração de caminhos que em algum ponto se bifurcam e exigem exame cuidadoso.

Como, enfim, colocar juntos dois pensadores tão díspares, habitantes do mesmo mundo e no entanto em perspectivas inteiramente diversas? O mesmo mundo, embora ainda nos prenúncios daquilo que poderia oferecer de pior no caso do severo Weber e já brutalmente escancarado para o hipersensível Adorno? A sólida fortaleza de um e o frágil caniço do outro? Um mundo que leva um deles a concentrar sua atenção no modo de condução da vida por agentes inteiriços e o outro a tentar decifrar a vida inapelavelmente frustrada? Um mundo com o mesmo fundamento histórico de índole capitalista, reconhecido por ambos embora os afetasse por ângulos inteiramente diferentes? Quando, diante de eventos adversos malgrado todos os esforços, Weber proclama que "agora é destino, e com ele temos que lidar" e Adorno dedica-se a deitar ao mar garrafas com mensagens para interlocutores em lugares distantes e tempos incertos? Quando Weber afirma que faz ciência para saber até onde pode suportar e Adorno admite, sem ver razão para atenuantes, que cada vez mais se dedica à arte? Encarar o severo semblante do dia, diria Weber. Não se conformar, diria Adorno. Como dar conta das armadilhas de uma razão que se projeta sobre tudo e se esquece de si própria, pergunta-se Adorno, em contraste com a visão weberiana do rígido habitáculo que ela tece com fios oferecidos por ações humanas. Obstáculos para ambos, com feições diferentes e modos diversos de enfrentar.

Como, enfim, se constrói um pensamento social teimosamente aderido ao limite do possível? É tarefa exaustiva e provavelmente com baixo proveito acompanhar passo a passo o desenrolar dessas duas formas de pensamento, atentas ambas às demandas e exigências do seu tempo e ao seu clima intelectual, em caminho que pode levar até à configuração psíquica dos autores, como já se tentou fazer em estudos biográficos. Não vamos aqui chegar a tanto. Nem por isso é preciso renunciar a anedota que ilustra um pouco a figura do jovem e altamente precoce Adorno. Intrigado com o interesse dele por Freud sem no entanto jamais ter procurado a psicanálise, um membro do seu grupo de amigos recebeu a resposta: "mas como, você acha que ele iria se arriscar a perder sua neurose altamente produtiva"? Claro que esse prudente afastamento em relação à prática psicanalítica não impediu Adorno de se dedicar ao tema de múltiplas maneiras. Isso contrasta com a reserva de Weber na mesma matéria, explicitamente em nome de algo que jamais ocorreria a Adorno. A saber, a ideia de que enfrentar bravamente os "dilemas morais" que nos consomem sem recorrer a "alívios fáceis" é questão de honra. É tão difícil imaginar Adorno brandindo argumento tão aristocrático quanto vê-lo com cicatrizes de duelos estudantis no rosto (que no caso de Weber lhe custaram sonora bofetada materna, enquanto Adorno mal podia conceber a ideia de a mãe sequer esboçar gesto de impaciência).

A arte do exagero

O próprio Adorno oferece aquilo que a ele parece ser o principal ponto de convergência com Weber, ao reservar espaço na sua *Dialética Negativa* (nas páginas 142-144 da edição brasileira) a questão de método central para Weber, a da construção do *tipo ideal*. Trata-se da ênfase de Weber no caráter gradativo, ao longo da pesquisa e da exposição, da emergência daquele recurso de método adotado por ele. Recurso, de resto, que exprime do modo mais cabal a presença no cerne mesmo da sua pesquisa da índole extremada de seu pensamento, numa espécie de *exagero construtivo*. A questão que despertou o interesse de Adorno consiste exatamente no procedimento construtivo de que Weber se vale e que nos seus próprios termos é o da *composição*. Isso significa que o tipo (do fiel calvinista, ou do empresário capitalista, ou do burocrata) não se encontra pronto no início da pesquisa e só se apresenta em sua forma mais extrema, *ideal*, no seu término. Longe ser acidente, isso é fundamental na armação analítica de Weber. Se, como ele sustenta, não há de antemão objeto de estudo pronto na forma de sociedade ou de sistema e só ações prenhes de sentido, como saber por onde pode começar a análise e, sobretudo, onde ela chega ao cabo sem se diluir na correnteza de miríades de ações? Em termos analíticos a resposta é clara. O ponto inicial de estudo específico é dado pelo interesse bem fundamentado do pesquisador. O ponto terminal, por sua vez, é dado pela composição acabada dos tipos de ação ou de agentes (pois são vários, cujas relações constituem o problema que importa no caso). Sem a referência clara a tipos compostos com peças retiradas da observação dos fenômenos observados e articulados analiticamente, em ideia portanto, não há como efetuar a pesquisa científica no âmbito social e cultural, até porque não há âncoras firmes para estabelecer relações.

Em estreita correspondência a isso encontra-se uma ideia que desempenha papel fundamental nesse modo de pensar. É a ideia de *nitidez*, sem a qual perdem arrimo as concepções tão importantes em Weber de ação racional e de processo de racionalização. Isso é fundamental. Sem referências nítidas e livres de interferências geradoras de vagueza não há como falar de ação social na sua expressão mais acabada. Não há como falar, enfim, de ação, sobretudo quando racional, isto é, com orientação inequívoca e despojada de quaisquer perturbações. Orientação *inequívoca*. Tal termo é da maior importância. Constitui o indispensável complemento para a ideia de nitidez, ao operar como sua vertente prática. A nitidez do objeto não se esgota em si mesma, e só exibe seu significado inteiro quando serve sem margem à dúvida na orientação da ação.

Bem diferente é o caminho de Adorno. Quando confrontado à ênfase weberiana na separação entre a ordem substantiva dos fenômenos e a ordem analítica de seu estudo e com a expressão disso na nitidez dos termos envolvidos, o procedimento de Adorno tem algo de impuro. Falta-lhe a meticulosa ordem de cada coisa em seu lugar que marca o pensamento weberiano. Em Adorno o primeiro problema de método consiste precisamente em como alcançar rigor e validade na análise ao aceitar como intrínseca ao próprio processo de conhecimento a interferência da matéria examinada em suas condições de exame. E essa matéria é da ordem da experiência social. Nenhuma referência a uma razão pura e despojada de marcas da experiência, ainda quando limitada ou filtrada por referências valorativas, é aceitável para Adorno. A questão passa a ser, então, a de como estudar um objeto que insistentemente se intromete naquilo que está na própria base dos procedimentos cognitivos.

O objeto de estudo de Weber é disciplinado, enquanto o de Adorno é intrometido. No essencial, contudo, pode-se dizer que o objeto é construído tanto para Weber quanto para Adorno. Em acepções opostas, todavia. Se para Weber o sujeito-pesquisador constrói metodicamente o objeto sobre o qual incidirá a análise, em Adorno há, sim, construção (seria mais adequado dizer constituição), prévia porém ao cuidado com o objeto que vai sendo constituído. Ele já aparece como se produzindo, não pelo interesse cognitivo do pesquisador e sim pelas condições efetivas da sociedade em que se insere. Nesse sentido ele é plenamente objeto, e o primeiro problema do pesquisador consiste em investigar o modo social como se dá essa constituição. É nesse passo que é negada ao objeto essa sua aparente condição de coisa dada e tem início a análise, precisamente pela reconstrução do modo como foi produzido (ou, por outro ângulo, como foi composto).

Há composição em Adorno assim como em Weber, mas com bases e ênfases diversas. Importa inicialmente para Adorno uma posição como a de Weber, ao sustentar que o tipo ideal não é resultado direto de observação empírica e só se revela em cada caso no final da exposição, após ter sido construído passo a passo ao longo da pesquisa. Todavia, a partir desse ponto as posições se afastam. Em Weber a atenção se volta para a adequada caracterização do objeto de análise contra um pano de fundo difuso e, no sentido exato do termo, desinteressante. Em Adorno o olhar (ou a audição, em seu caso) busca discernir o "material", para usar seu termo quando fala de música, como o conjunto de recursos de ordem histórica, técnica e propriamente composicional que literalmente *informa* a maneira como o objeto se apresenta. (Isso quando consideramos que a dialética é fundamentalmente uma teoria da informação no sentido forte do termo, de imposição de forma). A partir disso pode-se tratar da sua forma como problema de conhecimento do nexo entre produtor e produzido, ambos sociais.

Para Adorno, um objeto assim rebelde a procedimentos analíticos centrados na separação entre a ordem das coisas e a ordem das ideias não pode sem sofrer violência ser tratado como construção tipológica liberada da ganga bruta. É preciso construir um conceito que de algum modo incorpore a diversidade junto com o que há de impreciso e equívoco naquilo que cabe conhecer, a realidade social. Adorno vai encontrar os fundamentos para tanto em Walter Benjamin, seu verdadeiro mestre (embora Adorno fosse um "discípulo" rebelde e bastante atrevido). Trata-se da ideia de *constelação*. Está em jogo uma forma de exposição adequada à visada dialética, mais do que recurso de método.

Na concepção de constelação (quase o protótipo da unidade construída com parcelas cujos nexos não são evidentes) encontra-se espaço para acomodar múltiplos traços do objeto em questão e, sobretudo, para buscar acompanhar a mobilidade própria de cada um deles e de seu conjunto, visto em suas relações não fixas senão mutáveis. Essa mobilidade interna tem caráter muito específico. É que ela não consiste em mero movimento, mas em procedimento de outra ordem. Diz ele respeito a reajustes de seus componentes, "reagrupamentos" no dizer de Adorno, consoante as exigências do objeto. A constelação não tem caráter descritivo nem analítico, não permite construir tipos nem modelos nem se esgota na construção, mas exige composição. Sua significação é de outra ordem. É que ela permite orientar uma específica intervenção, que consiste em *decifrar* o modo como se apresentam fenômenos ou conjuntos de fenômenos na realidade. O modo de composição da constelação como um conjunto de componentes de uma unidade significativa permite obter a "chave" para decifrar seus segredos, tomando-se cada componente como uma "cifra". Na expressiva imagem de Adorno isso se torna possível quando se percebe, graças precisamente a ela, que o segredo a ser desvendado (ou seja, aquilo que está oculto pelo modo de apresentação das coisas) só se revela mediante uma específica combinação de termos ao invés de um único em isolamento. Envolvido nisso encontra-se um modo peculiar de aproximação do objeto, em que cada um dos seus traços tem seu isolamento aberto ao revelar como leva consigo a multifacetada "sombra" dos demais, indício de sua forma de atração e afastamento. Trata-se mais uma vez da fundamental distinção nos dois autores entre o que se poderia denominar em Adorno *imersão interrogativa* no objeto e aquilo que em Weber se apresenta como *afastamento controlado* dele.

Convém, nas ideias de modelo e de constelação, ficar atento não apenas aos aspectos substantivos trazidos por elas ao exame como, em especial, ao modo como sua aplicação revela traços fundamentais do modo de pensar próprio a Adorno, tão diferente daquele de Weber. É um tipo de pensamento que se move por aproximações sucessivas, como que se esquivando e sempre usando vias indiretas para chegar ao ponto, como se fosse um ágil esquiador e não o condutor de poderosa locomotiva. Até que, chegando ao ponto, desencadeia o aguilhão da crítica, aí sim incisiva, que revela os limites do objeto e seus descompassos em relação àquilo que se propõe ser.

Uma observação sobre um aspecto inesperado de entendimento, à distância embora, entre nossos dois autores é oportuna por sua afinidade ao tema já tratado, da composição do objeto. Para tanto será usada a concepção de constelação adotada por Adorno, que certamente difere em pontos importantes daquela encontrada em Walter Benjamin. Neste, a constelação ganha um aspecto de índole "reticular" (para usar termo de Willi Bole, o responsável pela monumental edição brasileira das *Passagens* de Benjamim), muito apropriado para representar figurativamente a distribuição das peças de um conjunto significativo. Em especial quando a atenção se volta para o jogo entre o movimento e a parada (o tema da parada, do movimento interrompido, mesmo da "dialética em inércia" (Dialektik im Stillstand) desempenha papel importante no pensamento de Walter Benjamin e está praticamente ausente no pensamento de Adorno, por mais que ele se preocupe com o impulso desenfreado, sem limites). Adorno é mais fiel à concepção de raiz astrológica de imagem, ao concebê-la como cruzamento de significados em uma distribuição em que se sublinha que nenhuma peça faz sentido separada das outras e, por essa via, ganham relevo as conexões entre elas e o modo de se aproximarem ou se afastarem sem dissolver a figura inteira. A imagem disso evoca mais um caleidoscópio do que um reticulado. Importa, enfim, não apenas a distribuição das peças como a afinidade entre elas. Afinidade. Não estaríamos próximos de Weber, o cronista das *afinidades eletivas* entre linhas de ação ou, dependendo da ótica, conjuntos significativos? Certamente, e esse é o ponto da mais forte, mais discreta e também mais fina afinidade (com a licença pelo termo) entre Weber e Adorno, para além de todas as suas diferenças. No passo inicial e decisivo de composição a constelação e o tipo ideal exibem movimento análogo. Trata-se de fixar a atenção nos traços nucleares do processo em exame, de um modo que em ambos os casos remete à caracterização de tais ou quais traços singulares. Em seguida, porém, o caminho se bifurca. Weber, como disciplinado cão pastor alemão, mira o seu alvo e não o perde mais de vista na construção da figura típica, enquanto Adorno, pequeno esquilo cheio de agitada ansiedade, vê em cada traço não a sua singularidade a ser retida e refinada e sim a referência àqueles outros com quem compõe relações.

Destarte enseja a composição daquilo que importa, que é um conjunto multifacético que distribui seus sentidos ao longo de seus componentes. E nisso radicaliza a ideia de composição do objeto, pois cada constelação é uma rede particular de relações, no conjunto e não apenas em tal ou qual traço singular, como tipo.

Proximidade e distância

As diferenças entre aqueles recursos conceituais aqui identificados como tipo ideal e constelação vão muito fundo, chegam quase ao âmago do pensamento dos autores. Na construção do tipo ideal sobressai o estilo de Weber: nitidez, coerência, univocidade, marcas de um pensamento linear e vetorial que se mantém à distância de seu objeto. Sem por isso ser pobre, todavia. Igualmente importam nele as afinidades, as ressonâncias entre as linhas vetoriais em seus trajetos diferenciados, naquilo que à primeira vista seria o mais forte ponto de encontro com Adorno. Não é bem assim, todavia, pois os autores trabalham em registros diferentes. Em primeiro lugar, o pensamento de Weber é causal de ponta a ponta. Termos como "afinidade eletiva", já altamente expressivos por si mesmos, prestam-se bem a sugerir possíveis relações causais, ao passo que Adorno está voltado para a decifração de complexos particulares de relações para neles detectar o modo de presença do entorno social mais amplo. Para ele a questão não é tanto a de Weber, de identificar como causa o tipo de ação responsável (termo central nele) pela presença de tais ou quais traços em outros, tornando-se destarte *explicativo*. Trata-se mais de detectar o modo como o fenômeno social em questão ganha suas qualidades específicas em suas relações intrínsecas ao andamento da decifração do entorno social mais amplo e destarte se torna *determinado*, prenhe de conteúdo. Na constelação adorniana ganham relevo os atos de aproximação e envolvimento ao objeto, de acercar-se (a aproximação, o achegar-se, é central em Adorno, tanto como é anátema para Weber). É uma forma de conduta para a qual não é abusivo o termo *mimética*, desde que ele seja liberado de qualquer referência à imitação. Trata-se, antes, de acomodação, de afinidade formal enfim. Nela traduz-se um empenho de índole simpática (Adorno odiaria este termo, que lembra um autor que nem ele nem Weber apreciavam especialmente, Max Scheler). Não mera identificação, antes um impulso para aproximação marcada pela plasticidade e pelo caráter ativo, que elimina a mera reiteração do objeto e de algum modo o transfigura, não como espectro e sim com seus traços mais fundos à mostra. Assim, faz sentido o ato de imergi-lo numa configuração conceitual até ele revelar-se "com suas fendas e fissuras à mostra", para usar expressão pungente na conclusão de *Minima Moralia*. Trata-se de um modo de aproximar-se do objeto ao negá-lo como mero objeto, ao vê-lo como forma específica de determinada matéria, que é visceralmente social.

Digressão 1. Fantasia exata.

Aqui, uma rápida e não autorizada digressão. Não deixa de ser fascinante, por aquilo que sugere de afinidades entre campos muito diferentes do conhecimento, ser informado de que o matemático Alexander Grothendiek (apátrida, anarquista, herege até o último fio de cabelo, duríssimo em suas exigências éticas), considerado um dos muito grandes do século XX, recomendava, como modo

> de enfrentar um problema duro, cercá-lo por todos os lados, como que o mergulhando na água até fazê-lo amolecer e revelar seu segredo. Aqui, como em tantos outros casos, pensadores que enfrentam de modos inteiramente diversos aspectos do mesmo mundo encontram soluções semelhantes para problemas muito distantes entre si. Nesse caso específico, em que se trata de incluir o objeto em algo envolvente como um ambiente, assim como na constelação adorniana, encontramos um modo de tratamento que pode ser denominado *impregnação*, o exato oposto do ato de mantê-lo distante e livre de interferências. Por outro lado, não seria recomendável colocar Weber e Grothendiek na mesma mesa. Por mil razões, até porque seria algo como pôr em rota de colisão dois imensos rochedos. Menos uma. Não que Weber fosse indiferente à Matemática. Pelo contrário, como revela observação casual em sua fala sobre a ciência como profissão a respeito de Weierstrass, o mestre e apreciador de Husserl como matemático, ao invocá-lo como paradigma de imaginação científica (fantasia, em seus termos; ele poderia dizer "fantasia exata" se já existisse essa expressão de Paul Valéry).

Em Weber trata-se de distinguir o objeto mediante caracterização precisa e adequada. Já em Adorno, de abri-lo ao conhecimento mediante suas relações com outros. A análise weberiana opera por distanciamentos metódicos e bem controlados do objeto, estribados no imperativo da isenção valorativa (ou neutralidade, para usar o termo corrente). Por isso mesmo o recurso de método mal denominado "compreensão" nada tem a ver com empatia e sim com a reconstrução do encadeamento de atos intencionais que se condensam em sentido e por essa via em ação. E o caráter intencional da ação não se reduz a móveis psicológicos no agente, deve-se à orientação (termo fundamental em Weber) para certa meta. Nesse sentido, a compreensão significativa refere-se mais propriamente à capacidade de entender-se a orientação da ação do que a alguma imersão empática na mente alheia. (Já que em outros momentos se fala aqui das labirínticas expressões alemãs, que atentemos para a arquitetura do termo "compreender", captar junto ou apreender, que em Weber aparece como *Verstehen*, literalmente "pôr-se diante de". Algo muito justo, portanto, para falar de unidade significativamente orientada como é o sentido).

No mesmo passo elucida-se também o que vem a ser o "sentido". Para além de ser a fecho da compreensão, a operação do sentido permite escapar da pura referência a entes e processos, que por si próprios se estenderiam num encadeamento infinito de eventos. Isso é feito exatamente ao se atribuir sentido a uma parcela específica deles. Ou seja, o sentido não é algo que preexista à ação, antes somente se faz valer quando é objeto de atribuição, implícita na ação e proposital no analista. O modo como isso ocorre não é arbitrário, e sim estribado na observação e consoante estritas regras de método. Pois, afinal, se o sentido não é ente rombudo que se impõe sem mais à conduta da ação, tampouco é coisa etérea, que pode ser invocada em qualquer circunstância. Ao se definir como tal o sentido é condicionado por um conjunto de restrições impostas em cada caso pela situação. Weber dedicou pouca atenção à importante ideia de situação, que permeia muito da sua obra e que acabou sendo capturada por Karl Popper. Ela não é, entretanto, tão difusa e inofensiva como pode parecer à primeira vista, e em certa medida Popper intuiu isso. É que o termo "situação" sempre alude, em Weber, a um contexto de disputa ("luta"), a um campo de forças enfim. O sentido constitui, assim, expressão paradigmática daquele problema com que se depara o cientista na composição de seu objeto, ao estabelecer de modo responsável um limite no interior do inesgotável campo dos fenômenos. Nessa perspectiva, ele atua em duas frentes. Por um lado, permite fazer um corte específico no encadeamento potencialmente infindável de fenômenos sociais e, por outro, confere unidade ao conjunto, obtido mediante uma decisiva seleção. Isso tudo se dá contra o pano de fundo da afinidade do tema do sentido com o de orientação, traduzido em seu caráter vetorial e não apenas linear, que precisamente permite falar em sentido na sua acepção mais forte.

Dois estilos

Weber e Adorno exercitam em suas obras estilos marcadamente diversos e de alta importância ambos. Weber representa em sua mais qualificada expressão o estilo robusto de quem quer enxergar as coisas de frente e desenhar em todos os seus traços relevantes um quadro fiel de aspectos do mundo diante dos quais é preciso tomar posição firme e sem ilusões. Se o mundo vai se tornando mais brutal, sua resposta é clara: é preciso tornar-se duro, numa espiral sem fim previsível.

A dureza de Weber com o mundo suscita resposta análoga no plano da concepção do objeto. O fulcro da análise é inequivocamente a ação, e esta requer, para alcançar índole social (ou seja, orientada para uma referência significativa compartilhada) um agente específico, que irá interagir com outros. O problema que se põe é o da relação do agente com o sentido orientador da ação. E nisso, mais uma vez e consoante a interpretação que aqui se faz, Weber é duro. O sentido da ação não é próprio ao agente, nem ele está em sua origem. Ele o encontra na teia significativa de seu entorno social, filtrada no intercâmbio com outros agentes, onde também vai encontrar a orientação que será imprimida à ação entre muitas possíveis. Ao estudar a ética protestante e o "espírito" do capitalismo (as aspas são dele, e o tema merece exame) e não o sujeito protestante e o sujeito capitalista, Weber introduz uma inflexão importante na análise. O agente converte-se destarte no *portador* do sentido, o detentor de sua posse mais do que de sua propriedade.

A questão que assim se põe incide na distinção entre "posse" e "propriedade", sempre mantendo a terminologia weberiana. Ao agente não é dado acesso à propriedade do sentido, até porque isso lhe facultaria um nível de iniciativa própria incompatível com a arquitetura da relação entre sentido e agente. Pois então lhe seria facultada a busca daquilo que é importante para Weber, o "monopólio", ou, por outro ângulo, a "disposição exclusiva sobre" (o sentido, no caso). No cenário construído pela teoria isso desenha uma condição paradoxal, a saber, que a figura dominante no processo é o sentido e não o agente. Isso desde que se entenda sentido em termos propriamente weberianos, como fecho de uma ação, como culminação de uma unidade de atos significativos para os agentes envolvidos. Não é a reconstrução hermenêutica do sentido que está em jogo, é a identificação de seu fundamento e, aí sim, a reconstrução de sua orientação, daquilo para o que ele aponta. E isso é social, na medida em que o sentido sempre se revela como entrelaçamento de propósitos individuais.

Importante nisso tudo é o caráter da referência a um sentido que se atribui ao agente social na efetivação da ação. Como caracterizar tal referência? Qual é, afinal, a relação que nisso se estabelece entre sentido e agente? Na perspectiva de Max Weber concebe-se o agente como mero portador de sentido sempre que este tenha alcançado o grau máximo de autonomia, como, por exemplo, em condições de racionalização plena. Isso, contudo, é caso limite, em que o agente é literalmente sujeito, em ambos os sentidos do termo. Em geral, entretanto, não é isso que ocorre. O agente não se apresenta como mero portador passivo, desempenha papel ativo na específica operação que caracteriza o sentido. Em termos amplos pode-se assim sustentar que o agente não se reduz sem mais a sustentáculo do sentido, assim como no extremo oposto não é a fonte da qual ele emana. Falar em operação do sentido nos remete ao ponto que importa, para além da questão importante do portador. Ele não encontra um sentido já feito e se ajusta a ele, nem tampouco o cria ao seu arbítrio. O agente social é, mais propriamente, um *operador de sentido*. Sem ele a névoa significativa que envolve cada ação a levaria a perder-se por indefinição, para ficar com termo que Weber aceitaria. O ponto não é tanto o mais trivial, de que sem o agente não haveria ação e se ficaria em situação literalmente sem sentido, que só existe socialmente quando se efetiva. É que o agente ou ator é exatamente isso, sem mais nem menos. Ele detém a capacidade de executar ações, mas não tem controle sobre sua orientação, que remete à situação formada pelo conjunto de ações dos agentes envolvidos (ele pode, sim, controlar os atos que compõem a ação) e por conseguinte nem sobre o sentido que ela venha a assumir.

Isso tem uma implicação que remete a um aspecto sugestivo do confronto entre Weber e Adorno. Em Weber o agente envolvido na ação social só pode ser pensado como sujeito em termos estritamente analíticos, para além disso perde-se no horizonte. Se em Weber a condição de sujeito pleno só pode ser atingida analiticamente na abstração do método, em Adorno ele também não tem como se realizar. Por razões substantivas, contudo. É uma forma específica de sociedade, aquela submetida à lógica da valorização do capital, que obsta o avanço nesse rumo, ao constrange-lo a resultados de suas ações que escapam ao seu controle pontual e à sua realização integral.

Dizer que o agente é "mais propriamente" um operador remete ao ângulo original de nossa questão. Qual é, afinal, a relação entre agente e sentido no curso da ação? Aqui volta a nos atormentar a questão das nuances de certos termos alemães, que os tornam de tradução tão dificultosa. No caso está em jogo a expressão "gemeinter Sinn", na qual o primeiro termo, a fonte de nossas preocupações, modifica o segundo, que significa "sentido". A solução encontradiça em português (e em francês, de onde proveio) para traduzir aquele termo é que há um sentido "visado" pelo agente ao realizar sua ação. Em variantes da língua espanhola se diria "mentado". Já no primeiro passo a dificuldade consiste em que na ação o agente não tem por objeto de atenção algum sentido. Não se visa o sentido, este é o ponto. Visa-se uma meta, e o sentido oferece a orientação para chegar a ela. Sem dúvida, a meta é dotada de significado para o próprio agente, como condição de sequer haver ação. Tal significado, todavia, é impreciso ao encetar-se a ação e, no caso da ação social propriamente dita, é objeto de uma espécie de negociação tácita preliminar sem a qual não há como lhe dar início. (Isso é devido à chamada "dupla contingência" da ação em esquemas analíticos baseados na ação social. É um dilema, pois para dar início à ação cada parceiro da interação depende do conhecimento do significado da possível ação do outro para agir e nenhum deles o tem de antemão). Nessas condições, sentido e meta não se confundem. E é exatamente isso que ocorre quando se fala em sentido visado.

Para avançar, retomemos a expressão usada por Weber que vimos logo acima. Nela o primeiro termo, que modifica o correspondente a sentido, deriva do verbo "meinen". Em primeira aproximação "meinen" significa achar, considerar, julgar. Significa, em suma, assumir posição diante de algo. O aspecto mais sugestivo disso consiste na possibilidade (por analogia semântica e não por rigoroso estudo etimológico) de nisso encontrar uma raiz do termo, que seria *mein*, ou seja, *meu*. Haveria assim incorporada no termo usado por Weber a ideia de *apropriação*, de caracterização daquilo que *é próprio* à ação. Essa dimensão fundamental do conceito weberiano fica perdida nas traduções habituais. Entretanto, ela é mais forte do que aquilo que termos como "visado" ou mesmo "pretendido" exprimem. O que está em jogo, nos termos mais exigentes, é algo como "ter em mente", com ênfase no "ter". Há envolvido nisso algo como uma reivindicação, que se resolve na representação da capacidade, e não da efetivação, de domínio sobre o sentido.

O agente não é passivo, ou não seria agente; mas também não é o senhor do sentido. Sua busca de apropriação do sentido corresponde a uma orientação da ação e não a um ato autônomo. Nessas condições, e de modo muito característico do pensamento de Weber, permanece-se no campo das representações, de modo análogo àquele em que não se fala sem mais de "valor" e sim de "ideias de valor". A rigor, no modo weberiano o sentido não é algo dado e captável por via hermenêutica.

É muito mais um fugidio ponto de fuga, um horizonte de orientação da ação que só ganha consistência ao ser disputado, do mesmo modo que falar em escassez de recursos envolve a ênfase na escassez e não nos recursos.

Nessas circunstâncias o agente no sentido estrito deixa de ser figura heroica para assumir a condição de subordinado e revela-se literalmente como ator. Por esse ângulo ele guarda mais semelhança com o burocrata atento ao que convém aos mandantes do que com o intrépido desbravador de novos rumos. A referência aos mandantes tem destino certo. É que as figuras inseparáveis da escassez de recursos disponíveis e de sua apropriação diferencial estão presentes também no campo significativo. Aqui, como em tudo mais, a capacidade de apropriação de recursos escassos é fundamental na concepção de Weber. Pode parecer exacerbado falar nos agentes como meros portadores de sentido sempre que certos quadros institucionais se consolidam como dominantes no campo significativo. Todavia, a conhecida observação segundo a qual os puritanos queriam ser homens de profissão e nós somos obrigados a sê-lo pode também ser lida em registro não habitual, desde que se considere que o propósito secular dos puritanos foi alcançado e com isso satisfez-se sua vontade, que se tornou obrigação para os demais interessados (nem todos almejam o mesmo objetivo). Nessa condição eles se convertem em dominados, vale dizer que disputam entre si um recurso escasso de posse de terceiros. No mesmo diapasão enfatiza-se a outra observação de Weber no mesmo contexto, de que no capitalismo avançado a orientação da ação econômica dispensa a âncora religiosa do seu período heroico e impõe-se por si mesma. Isso pode ser visto à luz da ideia de que nesse quadro conceitual os sentidos para ações constituem recurso escasso como quaisquer outros e se convertem em objetos de apropriação diferenciada e, por conseguinte, de dominação. Ou seja, em termos consentâneos àquela concepção weberiana, não se trata simplesmente da presença de orientações de ações afins entre si, porém de sua apropriação diferencial por determinados portadores, aptos a formarem grupos sociais de caráter econômico, político, religioso ou outros. Pois os sentidos de ações, como quaisquer recursos, são tanto passíveis de apropriação exclusiva quanto de distribuição controlada. Nesses termos uma específica conjugação significativa se torna dominante em seu contexto, abrindo com isso o caminho para a conversão de condutas estritamente individuais em "fenômeno de massa", para usar expressão a que recorre Weber. Destarte vai prevalecendo a lógica da articulação significativa mais do que quaisquer atos intencionais de agentes, que passam de originários a portadores de sentidos. E estes de certo modo se rotinizam, tal como ocorre com a dominação carismática estudada por Weber. Nesta, tal rotinização, tal absorção no cotidiano, permite superar a crise da transmissão do comando e abrir caminho para lideranças não ungidas pela graça carismática. No caso que aqui importa, aquele processo, sob a forma da institucionalização, vai se generalizando em ambiente marcado pela ação racional.

Em Adorno, por seu lado, é essencial a capacidade igualmente metódica de captar a partir de dentro o modo como o objeto se organiza e funciona por seus próprios meios. Nada a ver com empatia, certamente. Trata-se, no sentido mais rigoroso do termo, de análise imanente ao objeto. Tem pouca valia a caracterização externa do objeto de pesquisa, muito menos perder-se nele. Importa penetrar sua casca, acompanhar de perto sua pulsação interna, para retornar em condições de entender suas relações com outros e, sobretudo, o modo como incorpora em sua forma o entorno social mais amplo. Em Adorno a pesquisa é no sentido mais eminente do termo experiência, sair de si para retornar transfigurado pelo contato ativo com o mundo. Se em Weber está em jogo a disputa pelo caráter do sentido dominante, apto a impor a orientação da ação que se sobrepõe às demais, em Adorno importa decifrar o modo como a configuração do entorno social dominante impõe a cada momento de sua reprodução a sua forma matriz, configura seus limites, torna-o enfim determinado.

Falou-se há pouco na lógica da articulação significativa. Nessa referência à lógica toca-se em questões centrais da nossa área de interesse. Se nos ativermos ao termo estaremos mais no terreno de Weber, onde ele encontra condições especialmente favoráveis de emprego. Isso se dá pela afinidade que o termo guarda com as ideias de nitidez, coerência e univocidade, tão caras a ele. Nessa perspectiva restrita, a lógica pode ser entendida como uma propriedade de processos significativos sempre que eles exibam um encadeamento impositivo e internamente coerente de elementos. Essa acepção é suficiente para nos conduzir ao cerne do confronto entre os dois modos de pensar a ciência social que nos ocupa. Consiste ele nas concepções defendidas em cada um deles naquilo que concerne à racionalidade da ação e das relações sociais e, por outro lado, ao processo secular de expansão do âmbito racional nos diversos campos da ação social e das instituições, a chamada *racionalização*. Podemos entender a concepção weberiana de racionalidade (no sentido de padrão de orientação de ações e não como qualidade abstrata) como a síntese dos três atributos fundamentais lembrados acima: a coerência, a nitidez e a univocidade. Isso tem por consequência o deslocamento, conquanto não a rejeição, da relação habitualmente invocada para identificar a racionalidade, aquela entre os fins almejados e os meios mobilizados para atingi-los, concentrando-se a posição racional na escolha mais eficiente dos meios. É que, na perspectiva aqui adotada, a racionalidade vai mais fundo. É precisamente ela que permite discernir entre meios e fins, em distinção fundamental que se deve a ela. Ocupa posição fundante e não de mera relação. É mediante essa distinção que se abre caminho para o agenciamento mais eficaz, logo mais racional nessa perspectiva, dos recursos pertinentes.

Digressão 2. Dominação e segregação

Um aspecto de grande importância, porém pouco evidente do esquema analítico weberiano, consiste na coincidência de dois pares de relações envolvendo a dominação e não só um, como se tende a considerar. A relação usualmente observada se dá entre dominante e subordinado. A segunda refere-se à conjugação entre a dominação e a segregação e exclusão para segundo plano. A primeira dessas relações manifesta-se no plano das ações e dos agentes, enquanto a segunda concerne ao plano dos significados. A dominação é relação relativamente simples, resume-se à capacidade de obter obediência a mandatos, como exercício efetivo de poder. Já a outra dimensão, de caráter significativo, é mais complexa e discreta. Tem referência histórica bem definida, ao associar-se diretamente aos efeitos da expansão da orientação racional da ação no processo de racionalização. Essa relação alcança mais fundo do que a exigência metodológica de manter separados os dois campos. No plano efetivo do processo

> de racionalização ocorre precisamente que as considerações de caráter fatual vão impelindo para a margem a normatividade valorativa. Em consequência a normatividade se desloca e é incrementada de modo predominante no campo das considerações de fato, submetida em escala crescente às exigências racionais da coerência e da consistência, ou seja, a requisitos estritamente formais. O caráter denso e substantivo em grau máximo da normatividade valorativa de tipo tradicional vai se adelgaçando até só resultar o imperativo mais abstrato e mais forte de todos, o da estrita lógica na regência das ações. O gradativo afastamento das orientações da ação voltadas para a avaliação para além da mera facticidade, naquilo que Weber designaria como "racionalidade substantiva", vai conferindo à dominação racional a supremacia plena em nome da coerência e da consistência. Nisso os obstáculos ao exercício da lógica racional da ação vão sendo expelidos. É verdade, e de modo fundamental, que isso ocorre sem eles serem excluídos sumariamente, permanecendo como referência possível embora desprovida de vigência e eficácia. Max Weber foi sensível a esse processo quando ele ainda estava em andamento, com uma restrição puramente circunstancial. É que naquela etapa de seu trabalho (quem poderia imaginar que seria interrompido tão cedo?) sua atenção foi absorvida pela relação matriz entre as condutas religiosa e econômica na configuração daquilo que aqui vem sendo denominado fase heroica do desenvolvimento do capitalismo moderno. Um século depois a nitidez nesse campo ainda é precária, mas é evidente que a possibilidade e a necessidade de formular novos problemas estão aí como desafios, no melhor estilo de Weber.

É verdade que Adorno, pessoalmente e na sua colaboração com Horkheimer, fala mais em razão do que em racionalização. É como se Weber estivesse preocupado com um processo e Adorno, com uma entidade. Mas não é nada disso, certamente. A perspectiva de Adorno é pelo menos tão balizada pela ideia de processo quanto a de Weber, porém em outro registro. Em Weber o processo consiste em um encadeamento de ações no tempo, ordenado e com orientação discernível (sem teleologia, contudo, pois a meta perseguida na ação é inteligível sem deixar de ser contingente). Em Adorno não encontramos processos lineares e retilíneos, eles carregam consigo toda sorte de perturbações. Nele o processo não é visto como sequência de itens independentes, mas, em linguagem ainda enigmática à qual voltaremos, como o modo de movimento do objeto, como relações se entrelaçando dinamicamente.

Lógica e legalidade

Até aqui estamos mais no universo weberiano do que no adorniano. Um passo a mais, todavia, nos leva a terreno bem mais escarpado, em que as aproximações e distanciamentos entre ambos se tornam mais fortes e mais intrincadas. Comecemos novamente com Weber. No centro mesmo de seu esquema analítico encontra-se ideia especialmente engenhosa, sem a qual sua armação conceitual não teria como se sustentar. Trata-se da ideia da "legalidade própria", ou intrínseca a cada linha de ação, entendida como encadeamento de atos significativos. Ela representa o outro lado da "lógica própria", segundo a qual ao se desenrolar cada linha de ação segue por sua própria via, que não se confunde com nenhuma outra. Para usar imagem de Weber em outro contexto, cada uma segue de modo autônomo seus trilhos específicos. Para a mente "ferroviária" de Weber, afeita a vias e direções bem definidas, é de se imaginar seu fascínio pela fundamental questão de método que então se apresenta. Como estabelecer relações entre entes que não dependem de quaisquer outros para seguir seu caminho? Como sabemos, é pelo lado das afinidades ou repulsas de significados em linhas diversas embora não indiferentes entre si (este é o ponto) que a coisa se resolve. Não é na concepção do tipo ideal, que ele nem mesmo atribuía a si, nem no foco na ação social, nem no cuidado com a dimensão significativa da ação que se encontrará Weber em sua potência máxima. É na ideia da autonomia das linhas de ação. O que está em jogo não é o aspecto formal de tal autonomia, e sim o modo como incide na capacidade de orientar ações. Ou seja, a atenção se concentra nas consequências da ordenação interna, pois ela de nada vale senão servir para suscitar ações de determinado tipo. O essencial é que essa lógica e essa legalidade intrínsecas oferecem, juntas, caminho bem definido em cada caso para as ações, sempre considerando-se que a concepção weberiana tem duas faces, a da coerência interna da "lógica" e a do caráter imperativo da "legalidade".

Para o olhar de Weber tal lógica exibe inquietantes sinais de estreitamento no mundo que o cerca. Com uma agravante. É que no mundo moderno um processo decisivo imprime sua marca em todo o resto. Trata-se precisamente da tendência à racionalização de todas as linhas de ação. Vale dizer, é a expansão cada vez mais inexorável do padrão de nitidez inequívoca e unívoca que vimos acima, que ao avançar leva consigo como exigência interna aquela diferenciação de linhas de ação significativa de que falamos. A ideia é que, na medida em que as ações obedecem às exigências da conduta racional consoante suas legalidades próprias, duas consequências importantes se apresentam. Primeiro, elas vão se tornando cada vez mais diferenciadas, cada qual com sua orientação específica, seja ela política, econômica, religiosa ou outra. Haverá em cada circunstância tantas linhas de ação quantos encadeamentos com regras próprias e com sustentação em ações sociais se revelarem significativamente consistentes segundo o critério formal básico. Quanto ao critério substantivo, ele tange à presença ou formação de portadores adequados à ação correspondente, com realce para aqueles que sustentam significados práticos (ou seja, relativos à ação) nucleares em certa configuração, como os intelectuais ou os sacerdotes. Segundo, junto a isso em seus encadeamentos as ações vão se tornando mais rígidas e estereotipadas (o termo é dele) na medida em que ganham índole racional, com crescente intolerância à variação de sentido. O ganho de eficiência propiciado pela capacidade de cálculo acaba sendo compensado pelo caráter previsível e insípido do mundo assim criado. É um mundo que reserva posição de crescente relevo para a organização e a ação daquilo que Weber denomina quadro administrativo, essa agência de gestão eficiente que vai se tornando indispensável em todos os quadrantes. Não se trata de burocratização em sentido literal, o mundo não se converte em mero acúmulo de aparatos burocráticos, mas estes vão marcando presença em todas as áreas, em nome da racionalidade e consequente eficiência na gestão de recursos inapelavelmente escassos.

À proliferação de aparatos burocráticos pontuais responde a concepção adorniana da "sociedade administrada", muito próxima àquilo que outros denominariam "sociedade de controle". Nesse caso a ênfase recai na estreita combinação entre os dois termos, sociedade e administração, que se reforçam mutuamente. Motivo de alarme para Adorno é o modo como essa conjugação suscita a ameaça máxima, expressa na plena constituição da sociedade como totalidade marcada por um centro aglutinador. Aqui não é a orientação dominante da ação que importa, mas a prevalência de um todo constituído em sistema com ordenação estrita, que atropela quaisquer instâncias parciais e converte os indivíduos em peças subordinadas suas. Neste ponto transparece uma vez mais a distância que separa a atenção de Weber no agente individual como unidade última da ação e não problemático nesse sentido e a concepção crítica de Adorno, quando vê o indivíduo como aquilo que há de mais problemático no modo de organização contemporâneo da sociedade sob o império do capital. Em Weber, de resto, a integridade do agente-portador de sentidos é antes de mais nada uma exigência de método, intrínseca ao seu esquema analítico. Pois cabe ao agente o encargo de ser o único locus das relações sentidos entre diferentes linhas de ação das quais é portador simultâneo. A despeito disso e das diferenças das concepções de fundo não deixa de haver uma secreta afinidade entre a ideia weberiana da gradativa coagulação (o termo aparece nele, em outra passagem) das ações com ligações cada vez mais rígidas e a ideia adorniana da constituição de um sistema como totalidade em consonância ao modo como se efetua a dinâmica do valor na marcha histórica do capitalismo.

A questão básica para Weber consiste no aspecto inexorável daquele processo de racionalização uma vez posto em movimento. A plena racionalização da ação está para Weber assim como a democracia para Tocqueville. Ambas não podem ser sustadas quando postas em movimento e têm efeitos (isto é, suscitam ações) positivos, porém não são inteiramente desejáveis, por razões diferentes. Por ameaçar a liberdade, no caso do aristocrata francês assustado com a implacável expansão democrática; por comprometer o exercício da decisão inovadora na política, no caso do nacionalista alemão preocupado com a substituição do caráter excepcional do grande político pelo mero funcionário perito no manejo dos regulamentos formalmente racionais. Ao convicto católico Tocqueville preocupa o caráter providencial do processo, ao passo que para o reticente luterano Weber é a figura do destino que avulta no horizonte histórico em momentos decisivos de seu pensamento. Com relação a essa questão central em Weber cabe reiterar um ponto da maior importância. É que a ação racionalmente orientada não *substitui* propriamente as outras, mas as *subordina* a si. Torna-se não única, porém dominante de modo cada vez mais inabalável, a exemplo de como a orientação racional faz com a mágica-encantada. Nesses termos, aquilo que para Tocqueville é providencial para Weber é dominante.

Digressão 3. O mal-estar na razão

A razão é totalitária, afirmam Horkheimer e Adorno ao discutirem a "dialética do esclarecimento", naquele que talvez seja o ponto em que mais se aproximam as concepções weberianas e as da Teoria Crítica. Weber não usaria esse termo, não só porque não estava disponível no vocabulário de sua época (ele só passou a ser usado em registro positivo no fascismo italiano) como também porque sua atenção ansiosa concentrava-se mais em seu caráter internamente inexorável do que naquele da expansão externa. É nessa dimensão interna que cada passo demanda um e um único passo seguinte, sem haver como escapar dessa via – salvo por mudança completa das regras do jogo, mediante a criação de novos fundamentos últimos da conduta, de novas orientações valorativas enfim. É difícil considerar a mescla de resignação e de postura escatológica na posição de Weber diante do enrijecimento do mundo racionalizado sem lembrar a frase desalentada de pensador com morada em outro quadrante, Martin Heidegger, algumas décadas e duas catastróficas guerras depois: "Só um deus poderá nos salvar".

Diga-se o que se quiser do pessimismo de Adorno, sua visão de uma redenção difícil e nem por isso impossível era inteiramente secular, inteiramente infensa a voos místicos. Não cheguemos, contudo, a procurar tais voos na igualmente secular visada weberiana, ainda quando essencialmente diversa daquela de Adorno. O principal traço dessa diferença consiste na índole das respectivas conclusões de análises, repletas ambas de história presente. Em Weber seus maiores comentários sobre as consequências daquela grande tendência em termos históricos assumem um tom prospectivo, quase profético ("um gélido inverno nos aguarda"), de quem está às voltas com o grande tema do destino. Já em Adorno o olhar também se dirige para frente, para um porvir indefinido, mas por ângulo inteiramente diverso, afinal compatível a uma bem fundada confrontação ao impossível. Num insólito momento de entusiasmo (até porque escrevia seu artigo sobre "conflito social hoje", e isso junto com uma estudante, o que para ele não era de somenos), ele encontra como fundamento daquela posição a "vontade de mudar". Nele o tema fundante é o da promessa. E esta, vista pelo ângulo adotado aqui, envolve o compromisso com a persistência de atos de vontade de mudar, por ínfimos que sejam, nunca se sabe. Pelo lado crítico a tarefa consiste em desvendar a circunstância que obsta o cumprimento da promessa ou sua redenção, na linguagem à primeira vista desconcertante a que recorre Adorno. Junto a isso comparece o tema da *reconciliação*, que nesse contexto evoca a ideia, presente no âmago do pensamento adorniano, de reaproximação daquilo que foi separado à força, enquanto a difícil aproximação, o achegar-se, presta-se ao gesto espontâneo, livre na mais funda acepção do termo. Cabe lembrar, neste ponto, que a ideia de promessa não se confunde com a de esperança. Esta é basicamente uma atitude passiva e pouco inclinada ao ato efetivo. Já a ideia de promessa, em especial no modo como a podemos ler em Adorno (na realidade não se apresenta literalmente nele, estamos aqui diante de interpretação e não mera exposição) é performativa, envolve compromisso com a ação, sem todavia oferecer segurança de êxito. (Na verdade, sem segurança alguma, tal termo não existe no vocabulário adorniano. Encontra-se nisso, de passagem, desconcertante ponto de convergência entre ele e o visceralmente "positivista" politólogo polonês Adam Przeworski, que dizia "ama a insegurança e serás um democrata"). Pode-se dizer que há algo de inconformidade no destino weberiano e algo de subversivo na promessa adorniana, por mais pessimistas que ambos sejam com relação ao mundo e seu futuro caso as tendências que assinalavam cada um à sua maneira não viessem a se modificar radicalmente.

A divergência entre Weber e Adorno nessa área vai fundo. Para Adorno a imagem da via inescapável era o que havia de pior. Semelhante nisso a Weber, ele levava muito a sério a restrição da latitude de opções e o gradativo enrijecimento dos significados que as orientam. Todavia, não se trata para ele de processo que se desenrola por efeito de uma dinâmica interna, marcada pelo predomínio inapelável da orientação racional da ação. Como sempre nele, cabe ver o processo como produto, o que significa não se deter nele e sim decifrar as condições que o suscitam. No caso, é o modo de organização do capitalismo como processo histórico multidimensional que oferece tais condições e impõe seus resultados, como diretrizes e não como coisa feita. É para ele, então, que se dirige, mesmo quando somente de maneira implícita, o esforço de conhecimento. Também nesse ponto se manifesta o lema fundamental do empreendimento adorniano: onde os demais encontram a pedra dura cabe seguir pensando, levar adiante o questionamento, recusar a mera positividade. Não há via única, assim como não há pensamento único. O acanhamento do léxico significativo e a consequente contração da margem de opções é possível e realmente ocorre, dadas as tendências da sociedade. Mas, em princípio, é igualmente possível sua expansão, por baldado que pareça o esforço para tanto em dado momento. É a consciência da dificuldade dessa respiração, por superável que seja no horizonte, que inspira em Adorno o timbre tão sombrio de muitas de suas considerações.

Na realidade, é de se considerar que permanecer contido nas estreitas margens da única via acessível não se resumia em nenhum dos dois mestres a algo como um símile espacial para a coerção. Ainda que para Weber tal estreitamento fosse inexorável na sua lógica interna, entendida como diminuição da latitude de significados na ação (uma forma possível de ver o chamado "desencantamento"). Para ele o problema da via racionalizada que desemboca no destino envolve estreitamento, em sentido muito específico. É que nele não se encontra mero constrangimento externo, como à primeira vista é sugerido pela célebre imagem do "férreo habitáculo" (ou prisão, gaiola, revestimento e por aí afora) em que penetramos impelidos pelo processo de racionalização. É a redução significativa, o empobrecimento do campo de ações disponíveis (ou seja, dotadas de eficácia) que mais de perto o preocupa. Em suma, o estreitamento do destino. Por essa ótica, é expressão daquilo que aqui é denominado "paradoxo da racionalidade" na teoria da ação weberiana. Pois, à medida que a orientação estritamente racional da ação avança, dá-se a passagem do campo aberto da ação, que ocorre no interior de situações contingentes envolvendo agentes, para a fatal, e fatídica, ordenação objetiva do sistema. Weber não é somente testemunha do apogeu da organização da ação social mediante agentes individuais em situações dotadas de significado. Ele anuncia, com rigorosa e dolorosa convicção imposta pelos fatos, o encerramento desse período histórico e a emergência de seu destino.

Para Adorno, por seu turno, o que desponta à frente em futuro indefinido não é o encerramento do destino, mas um processo bifronte. Por um lado, a continuidade da tendência (pois é sempre de tendência que se trata) para a explícita constituição da sociedade na forma de uma totalidade centrada na reprodução do capital. É essa tendência que ele incansavelmente vai encontrar sob mil formas no modo como a sociedade vai se apresentando em todas as suas manifestações, até naquilo que tem de mais recôndito. Pois é aí que o caráter do conjunto melhor se exprime na presença ou, como possibilidade remota porém real, na ausência dos traços que sinalizam seu predomínio. São os indícios da supremacia do todo, do geral sobre o particular, que Adorno persegue e repudia implacavelmente. Isso lhe angariou a imagem de empedernido pessimista, quando não derrotista. Entretanto, se é de um processo que se trata, seu integral fechamento não está assegurado, é um ponto de fuga e não aquilo que se apresenta como inteiro em cada momento. Isso significa, desde logo, que a negação que inerva (o termo é de Adorno) o conhecimento da realidade social não é negatividade sem mais, repulsa abstrata. Tem conteúdo, precisamente aquele que a pesquisa permite discernir no registro da "negação determinada", a figura nuclear da crítica. É nesse ponto que entra o outro lado da questão. É que, na perspectiva de Adorno, é fundamental aquilo que se anuncia como possibilidade intrínseca ao próprio processo regido pelo movimento do capital. Não significa encerramento (em todas as acepções do termo) do destino, e sim abertura, não apenas na promessa como na redenção. Cabe lembrar que naquela perspectiva o termo significa, para além de salvação, nem mais nem menos do que promessa redimida. E isso se faz mediante a reconciliação e não o aplainamento nem a fusão das diferenças enquanto tais.

Em conjunto, estamos diante de dois modos de pensar com difícil denominador comum. Em Weber tudo se dá por linhas (a rigor, vetores) retas e inequívocas, em paisagem clara. Em Adorno, entramos em ambiente marcado pelas gradações sutis de figuras em meios tons, não há gesto seguro, cada movimento abre um leque de consequências. Não por acaso Weber dedica-se a abrir terreno para a afirmação peremptória, enquanto Adorno procura encontrar no interior do próprio objeto sua negação, não meramente formal porém concretamente material e dotada de conteúdo.

Para Adorno, mais do que via inescapável o processo em curso desenha uma forma de sociedade, uma forma compacta e vulnerável contudo. Vulnerável porque é forma social, que não subsiste sem satisfazer os correspondentes requisitos, sempre problemática e marcada por hiatos internos. Por mais compacta que se apresente e se revele resistente ao confronto direto, os hiatos e as resistências intrínsecas à sua dinâmica interna associada à da sua face material multiplicam os pequenos pontos de vulnerabilidade, ocultos e só acessíveis sob condições muito exigentes. A mudança almejada depende de algo muito mais sutil e difícil do que o golpe de vista incisivo que Weber cobra do estadista, figura exemplar para ele. O que se exige é a paciente construção de uma circunstância que permita associar a palavra certa ao gesto quase imperceptível porém preciso, no átimo de tempo certo e oportuno, para com isso desatar o nó mais remoto e desencadear o processo de mudança radical, embora oculto no início. Uma mudança que não exige êxtases catastróficos e mais corresponde ao deslocamento e substituição do conjunto de mediações pelas quais passa o movimento do conjunto. Algo como uma revolução low profile, condensação de múltiplos atos que isolados são insignificantes. Usurpando linguagem emprestada aos hippies dos anos 1960, é como se num dia qualquer as pessoas constatassem que em súbito entrelaçamento das marcas de múltiplos e insistentes gestos o mundo tornou-se diferente, sim, porque elas se recusaram a fazer o jogo: "Que tal se dessem uma guerra e ninguém aparecesse?"

Não por acaso o tema da oportunidade é central em Adorno, desempenha nele papel análogo ao da contingência e, por extensão, da probabilidade em Weber (que usa o termo "chance"). Em Weber encontramos o gesto poderoso, heroico, da criação revolucionária (o termo é dele) de novas regras orientadoras da conduta, sendo elas regidas pelos valores que operam como critério de avaliação e seleção num campo de fenômenos. Em Adorno, temos o gesto mais afinado (*stimmig*, diria ele, em termo que designa afinação e também, de modo mais indireto, tempo certo, ajustado), impelido pela prontidão mais atenta e pela oportuna suavidade no toque de um músico, como ele era. Enfrentar o desafio manifesto, em Weber. Decifrar a promessa que, apesar de tudo, reluz no horizonte, em Adorno. Enfrentar, com risco de derrota na passagem do evitável para o inexorável, em Weber. Decifrar, na difícil busca do outro significado que a imperativa positividade vigente porfia por ocultar, em Adorno. Captar o sentido, contingente em princípio pois de outro modo nem sequer haveria como agir, de ações que se articulam conforme diretrizes cada vez mais estreitas e inequívocas, em Weber. Enfrentar, decifrar.

Digressão 4. Acumulação e seleção

A questão dos critérios de seleção está sempre presente em segundo plano em Weber. Na realidade, é possível sustentar que se encontra nele a versão mais nítida daquilo que no período subsequente se firmaria com um dos grandes paradigmas do pensamento social, em contraste com outro também poderoso, e mais novecentista. O que emerge em Weber é o paradigma da *seleção*, termo que nele deixa de ser apanágio do pensamento elitista para ganhar alcance mais abrangente. Em direto confronto a ele está o paradigma da *acumulação*, que de imediato evoca Marx, mas vai mais além, até o interior do pensamento "burguês" novecentista e persiste pelo século seguinte, embora não dominante. Na realidade, é por essa via que melhor se pode traçar a oposição weberiana à linhagem marxista, expressa entre outras coisas pela decidida adesão de Weber ao modelo de análise baseado na utilidade marginal na economia.

Em Adorno o processo de reprodução de complexos de relações sociais que se organizam em sociedade passa pelas formas que tais relações neles assumem. Importa, assim, ver essas formas em sua conexão com o que se poderia chamar sua matéria ou seu conteúdo, cuja referência é precisamente o conjunto de tais relações no complexo social envolvido. Isso desde que possamos reconhecer aí uma memória do conceito lukacsiano de totalidade, com a restrição fundamental de que esse todo não é referência efetiva, positivamente dada. Envolvido nisso encontramos problema difícil, pois ao longo do processo em que está envolvida cada relação opera em cada momento como forma de outra e como conteúdo de uma terceira. É uma metamorfose contínua no trânsito entre forma e conteúdo. E isso não é dado diretamente por constrangimentos impostos por escassez econômica ou por imperativos do poder político (como poderia dizer um weberiano apressado), nem pelo modo de geração e distribuição do produto (como poderia responder um marxista apressado). Passa pela integração dessas duas ordens de organização de posições no espaço social em processos mais complexos, atravessados pela dimensão cultural de índole significativa. Há uma tradução fundamental envolvida, que confere significado àquela conexão entre forma a conteúdo, como tarefa do processo cultural (e isso em correspondência ao que é básico na cultura, que é a tradução para o plano significativo da experiência social em todas as suas dimensões). Consiste em converter configurações de relações sociais em configurações significativas, mediante a forma. É nesse ponto que entra a análise crítica, para não somente decifrar essa teia de significados como ir além dela, ao percorrer todo o caminho que permite entender as formas sociais como formas. Ou seja, como expressões de relações que, bem examinadas, podem denunciar descompassos e insuficiências no processo todo pelo qual se reproduz no tempo o complexo social envolvido.

Em Adorno o objeto tem seu modo próprio de constituição e como tal já se apresenta como produto de entrelaçamentos a serem examinados na pesquisa. O pesquisador adorniano deve levar a sério a divisa do *primado do objeto* para decifrar a lógica própria à forma por ele assumida. Isso conduz à questão daquilo que poderíamos denominar a consistência interna do objeto tal como é concebido por Weber e Adorno, se é mais dúctil ou mais rígido e como isso modifica no tempo. A questão é suscitada pela importância que assume em ambos. É que, se para Weber a gradativa racionalização dos sentidos da ação (mais exatamente, de seu encadeamento) vai estreitando suas vias e com isso torna mais difícil sair delas e buscar outros rumos, em Adorno o problema da saída ganha outros contornos. "Abre-te, Sésamo, quero sair" é lema irônico adotado com gosto por ele. Nesse espirituoso lema, dirigido na origem ao fechado regime polonês no pós-guerra, transparece o problema da saída. Como sair da rede de relações dada quando não se está restrito a via com crescente grau de definição entre as possíveis *n* situações como em Weber, mas se está envolvido em configurações formais objetivas em constante mudança? As mais leves modificações no conteúdo social reverberam em múltiplas formas, somente restritas em sua variedade pelos limites impostos pela configuração do conteúdo por um lado e, por outro, pela distribuição de poder e pelas formas de seu exercício. Reverberações, em suma. Mais do que o golpe de vista preciso que Weber atribui ao líder político e que também vale para o pesquisador, em Adorno torna-se necessária a máxima finura na percepção dos contornos do objeto. Junto a isso, a máxima mobilidade no acompanhamento do modo como o jogo de suas mudanças formais desenha um complexo de relações entre as formas assumidas e aquilo que lhes confere figura própria, seu conteúdo material.

Devemos, então, concluir que os dois autores se aproximam fortemente, ao ambos darem atenção ao problema da rigidez crescente dos âmbitos de ação? Em um ponto fundamental pode-se, sim, divisar à primeira vista trajetórias analíticas convergentes, embora como de hábito a divergência logo se instale. É que em ambos os casos a versão mais extrema do problema de como sair de uma rota que se afunila ou de um complexo de relações cada vez mais compacto conduz a uma constatação radical. A saber, que só uma transformação integral do conjunto de relações envolvido pode resolver a questão. A rigidez weberiana, como vimos, advém do *estreitamento* do campo de opções significativas até no limite se condensar em uma linha em que todas as orientações de ação obedecem ao imperativo de encadeamento coerente da racionalidade. Já aquela em que pensa Adorno é mais da ordem da *imobilização*, da conversão do dinâmico e mutável complexo de relações em figura estática, reificada, presa fácil do controle na sociedade administrada sob o império da comensurabilidade generalizada no capitalismo avançado. Cumpre lembrar que, enquanto Weber fala de racionalização como processo em curso e como orientação característica de ações, Adorno fala de racionalidade como *modo social de efetivação da razão*, para confirmar que a razão não é atributo de entes abstratos e sim princípio de organização de relações. Ora, para Adorno a racionalidade pode ser objetivamente incompleta, fraturada e, nesse sentido, falsa. Aqui como em outros momentos Adorno revela o quanto sua reflexão está impregnada pela fundamental intuição de Marx, de que antes de falar de entes ou processos sem mais cabe concentrar a atenção no *modo* como eles concretamente aparecem em cada passo do movimento da sociedade, que cabe desde logo desvendar.

Com efeito, é na relação do par forma e matéria com a realidade social mais abrangente que se põe para Adorno a questão da determinação, no sentido de efetiva qualificação do objeto enquanto objeto no interior do processo em que está inserido. Ela se dá mediante a resolução em cada momento dos compassos ou descompassos entre os termos daquela relação. Lembre-se, de passagem embora de modo importante, que a relação entre o objeto particular de análise e o todo social como entorno mais abrangente distingue de maneira drástica os dois modos de pensar. Em Weber a questão mal se põe e quando se apresenta é para ser contestada com a afirmação de que não há totalidade envolvente e sim uma multiplicidade inesgotável de fenômenos. Toda a sua atenção se concentra nos cursos efetivos ou possíveis de ação particular e em suas consequências. Daí a ênfase na contingência. Em Adorno, é questão crítica central. A totalidade social desempenha em Adorno papel análogo à oclusão significativa pela racionalização em Weber. O todo não é dado, mas é possível e ameaçador. É a persistente sombra da anulação da particularidade mediante sua subordinação ao todo. Mais precisamente, à sua lógica, o que, na mesma linguagem que a da reprodução, seria subsunção como imposição da lógica dominante. "O todo é o falso", para usar sua fórmula cortante.

Forma e movimento

Tudo o que foi dito até agora envolve uma ideia básica, essa sim constantemente explícita em Adorno. É a ideia de *movimento.* Claro que esse termo não tem direta referência física, de mudança contínua de posição no espaço e de duração no tempo. Menos clara é sua acepção adequada. Sustentarei aqui que, para além de entender-se o movimento no registro mais genérico, de alteração de posições recíprocas num conjunto significativo ou de mudança direcional inscrita em um processo, no caso que nos interessa a referência concerne a modificações (talvez fosse melhor dizer desdobramentos) de formas. Em suma, de *metamorfose,* na exata acepção de passagem de uma forma a outra em determinado intervalo de tempo, como transformação bem fundada. Modificação determinada, inseparável de conteúdos sociais igualmente determinados. Qualidades concretas em ambos os polos, pois. Cabe lembrar, neste ponto, um aspecto importante da questão. É que se deve atentar sempre para o risco de conceber forma e matéria como uma dualidade, quando ambas são faces inseparáveis do mesmo processo. Aquilo que demanda atenção é precisamente o que poderíamos denominar *materialidade da forma* por um lado e *figuração da matéria,* pelo outro. Ou seja, constituem conjuntamente a substância mesma do processo, ao estarem no núcleo de seu movimento. *Isso supõe primazia da matéria em relação à forma do ponto de vista genético e necessidade recíproca (ou seja, condição para a reprodução mútua) do ponto de vista estrutural.*

Cabe aqui, do ponto de vista do conhecimento preciso da sociedade em Weber e Adorno, referência a uma aproximação, essa sim inequívoca, entre ambos. É que em um caso tanto como no outro a armação conceitual e o modo de se valer dela em cada momento não se esgota nas formulações literais que revestem no momento de sua formulação. É o oposto: são flexíveis e elásticas o bastante para enfrentar questões que só se apresentarão muito depois. Quando Weber fala do carisma do líder ungido pelo grupo poderia, agora, também falar da exacerbação da imagem e da presença de determinadas figuras mediante processos de construção de imagem muito mais complexos do que a construção original do carisma. Mesmo porque o carisma é propriedade atribuída e não intrínseca, representação social em suma. E quando fala de burocracia como modalidade típica de organização da dominação mediante quadro administrativo com formato legal, é a multiplicidade e não a uniformidade de seu perfil em cada configuração de poder que importa, mais do que o estrito modelo prussiano, o mais nítido em sua época e por isso mais apropriado para a composição de um tipo ideal exemplar. A multiplicidade atravessada pelo fio vermelho da racionalização é problema para Weber, mais do que a opaca uniformidade. E Adorno, quando fala da indústria cultural, não limita sua visada a uma configuração do fenômeno em certo momento, antes oferece perspectiva maior para pensar mais a fundo o modo de organização e de funcionamento (ou, por outro ângulo, de propriedade e de controle) de complexos de comunicação com os quais ele nem podia sonhar. Quem tem a capacidade de iniciativa, qual é seu modo de operação, em especial no plano simbólico, e o que produz para quem, eram questões centrais quando da construção do conceito de indústria cultural. Questão análoga se apresenta hoje, com relação ao complexo digital-informático, sempre lembrando que estamos aqui diante de componente nuclear no tipo de sociedade que Adorno se propõe examinar. Vale a pena lembrar, neste ponto, que a burocracia weberiana e a indústria cultural adorniana desempenham ambas papéis centrais em seus esquemas de análise do mundo contemporâneo: a primeira como expressão máxima daquilo que identificava como quadro administrativo necessário para a administração de qualquer organização complexa e a segunda como expressão máxima da centralidade da produção e reprodução de construções ideológicas necessárias para a reprodução de sociedades regidas pelo capital.

E agora?

Seria interessante ver como ambos reagiriam a aspectos das sociedades do século seguinte ao seu (no caso de Weber, cem anos depois) diante do acelerado processo de inovações em todas as áreas, em especial na pesquisa científica até a presente segunda década do século XXI. De certo modo pode-se aventar que os pontos importantes de convergência em suas linhas de atenção seriam dadas pelas questões da pesquisa em dispositivos com forte carga ideológica relacionados ao desenvolvimento de complexos eletrônicos de processamento de dados, em especial naquilo que tange à expansão e aprofundamento nas sociedades de formas e dispositivos de controle, envolvendo no limite o tema da chamada "inteligência artificial" (o completo pesadelo para ambos). De Weber conhece-se a afirmação segundo a qual, se Marx retornasse para ver o mundo do início do século XX se reconheceria naquilo que via. Talvez possamos aplicar isso ao próprio Weber no presente século. Ele seguramente se sentiria em casa, a contragosto e no entanto admirado pelo alcance e a profundidade do processo de racionalização, que antes já vira em curso, enquanto ficaria perplexo com a mescla de sub racionalização e pseudo piedade na proliferação em todos os quadrantes, a começar pelos Estados Unidos que outrora admirara, de organizações parasitárias tanto da religião como da economia e, por extensão, da política. Coisa assim eu não poderia prever, comentaria ele. Se na minha perspectiva há desafio premente para entender essa etapa do mundo, diria ele, será o esforço para compreender essa realização truncada e nesse sentido perversa das grandes formas de orientação da conduta que me haviam servido de referência para entender a aspectos centrais do mundo moderno e que agora ameaçam não dar lugar para configurações novas e sim introduzir como padrão a regressão. No que diz respeito ao conhecimento científico e ao avanço tecnológico, ele apreciaria as proezas realizadas e, no caso das ciências históricas e sociais, sentiria falta do tratamento de grandes problemas ao invés da dispersão em questões pontuais. Eu e Marx fazíamos isso melhor, diria ele. Isso sem deixar de apreciar a ênfase na pesquisa empírica, sobre temas nos quais contribuiu muito, como as análises de organizações e processos políticos, as relações tensas entre capitalismo e democracia, tudo isso culminando na questão das formas de civilização. Nisso se manteria fiel à latitude do seu modelo analítico, capaz de tratar de questões de longo prazo envolvendo sociedades inteiras sem prejuízo de notável capacidade de tratamento de processos muito intensos e concentrados no tempo, de conjunturas enfim. Os grandes estudos comparativos sobre modelos de civilização que derivam das pesquisas pioneiras sobre as relações entre religião e economia representam uma face disso, enquanto a outra é dada no campo da análise política, nos magistrais exames de complexos de eventos no âmbito de conjunturas sem prejuízo do contexto maior, como no caso da Rússia em 1905 e 1917.

Quanto a Adorno, sua primeira formulação seria incisiva. A teoria crítica da sociedade (considerando-se sempre sua referência marxista) e a obra de Max Weber são os dois projetos teóricos de seu tempo até o último quarto do século XX que melhor penetraram nos grandes problemas, sustentaria ele. Logo em seguida seu ar melancólico voltaria a se manifestar, porém. Tanto me esforcei por mostrar que o capitalismo tende a cristalizar-se em uma configuração compacta e todavia vulnerável como processo linear e intolerante a perturbações e que é nisso que se encontra sua fragilidade, mas ainda vejo muito dos vícios de antanho naqueles que buscam contestá-lo, diria ele e prosseguiria: Uns tentam o ataque frontal, vítimas de uma visão reificada do oponente, outros se fixam em objetivos pontuais e perdem de vista o conjunto. Em ambos os casos a índole historicamente específica do complexo maior deixa de ser examinada aqui e agora. No entanto, posso vislumbrar algo novo, que no meu tempo mal se esboçava. Coletivos infensos à hierarquia espalhados por um mundo unificado pelo capital se organizam em torno de questões abrangentes que conduzem por vários ângulos à contestação do todo, vale dizer do movimento regido pelo capital em sua inteireza. De especial interesse nisso é a crescente atenção ao problema eminentemente prático da resistência ao mundo possessivo da acumulação desenfreada e a seus efeitos na literal destruição planetária. É verdade que isso irrompeu com toda a sua carga de impaciência, revolta e mesmo confusão no período final de minha vida, e paguei caro pelo meu desconforto naquela circunstância. Difícil para mim, todavia, seria ficar indiferente ao humor aguçado de uma frase síntese de sua época como Deus está morto, Marx está morto, e eu também não me sinto nada bem. Dúvidas e angústias à parte, isso tudo é realmente novo e deve ser acolhido pela teoria crítica, desde que saiba cumprir algumas exigências. A primeira, claro, consiste em evitar o risco da fragmentação ao infinito e da produção de pequenos universos estanques de pesquisa e debate, para desespero meu com timbre "identitário". Vale a pena lembrar que a primeira coisa que nós da teoria crítica fizemos ao reconstruir o Instituto de Pesquisa Social em Frankfurt no pós-guerra foi montar equipes qualificadas (coisa pouco usual na época e efeito de nossa estada norte-americana) que para estudar em campo grandes temas do momento, como a organização do trabalho e os estudantes e a política. Creio ter contribuído nisso com minhas análises de cultura e seus desdobramentos. As questões da dificuldade de constituição de sujeitos autônomos e da emergência contínua de tipos de personalidade com viés autoritário valem para este novo momento tanto quanto para o meu senão mais, pelo se alcance planetário e pelo aprofundamento da ideologia, via indústria cultural, agora em novo nível de complexidade e potenciada no ambiente digital. Minha divisa "Nunca mais Auschwitz" continua viva, e vejo sinais que apontam para o pior, para o alvo máximo de minha crítica com intuito claramente prático, que é a reiteração contínua da barbárie. Creio que nisso temos combate que ainda me parece central, no sentido de impedir que o autoritarismo, a fraqueza do ego incapaz de reagir ao mundo falso, a subordinação da cultura à ideologia e, enfim, o pior de tudo, a consagração desse estado de coisas na normalização da barbárie é uma exigência que a teoria crítica, e nela a minha obra, pode ajudar a ganhar corpo. O desafio para mim seria o de incorporar uma questão que no meu tempo mal era percebida e agora se revela tão forte a ponto de representar aquilo que sempre procuramos, eu e meus colegas da teoria crítica. A saber, o problema tão fundo ao ponto de se tornar incontornável, da ligação das questões locais com a organização do conjunto da sociedade sob a égide do capital. Uma dimensão desse problema é particularmente expressiva. Não se encontrará ao longo de minha obra, por volumosa e diferenciada que seja, atenção concentrada na questão ambiental. E, como de hábito, quando ocorre é só de maneira indireta. Porém uma leitura cuidadosa revelará que está lá, como compromisso, como intrínseca ao modo de pensar a ordem do capital. Odeio citações e minha obra revela isso. Neste momento, contudo, vou abrir uma exceção, com uma passagem de escrito sociológico de 1961 sobre "estática e dinâmica como categorias sociológicas", em que sustento que a racionalização do trabalho, "ao invés de pautar-se primordialmente pela 'produtividade' deveria orientar-se igualmente pela conformação digna do próprio trabalho, pela satisfação e diferenciação de necessidades genuínas e pelo cuidado com a natureza e sua diversidade em meio ao seu tratamento para fins humanos". Agora essas formulações talvez soem próximo ao trivial, mas no início dos anos 1960 constituíam uma proposta expressiva do rumo que minhas preocupações na área poderiam tomar. É um belo desafio para os que aí estão, desde que se tenha força para impedir que o tema seja engolido pela voraz maquinaria ideológica da sociedade capitalista.

Junto a isso estão questões que trazíamos em nosso tempo mas só muito depois passariam a ganhar atenção, a exemplo da situação só aparentemente marginal do tratamento cruel dos animais e do mundo não-humano, como se para ele não valesse o direito àquilo que meu amigo Horkheimer com tanta força invocava, a compaixão, que só se aplica quando é irrestrita – e que de resto se sonega aos homens quando a eles se impõe a frieza burguesa. Não por acaso, em meus momentos brincalhões, que também existiam e Weber não compartilharia, eu designava as pessoas mais queridas com termos do mundo animal, eu próprio comparecendo com o mais impróprio, o assustador cão Rottweiler ao escrever sobre jazz, no lugar do simpático ursinho Teddy que meus amigos invocavam, e minha companheira Gretel era a girafa. Com relação a Gretel, se for permitida uma observação mais íntima, muito apreciaria poder pelo menos atenuar alguns gestos meus que ocultavam a sua imensa importância também no campo estritamente intelectual. Sem ela, com sua mescla de crítica e senso de humor ("mais uma adornice, hein?", como anotava à margem de passagens mais enroladas que revia após as ter transcrito de exposições orais), minha obra sairia mutilada. Pois receio não terem faltado em relação a ela aqueles pequenos atos em que se encontram aquilo que eu mesmo reconheci como o mais pungente, os germes da injustiça.

O que me faz falta e julgo fundamental é aquilo que, olhando de soslaio para Lukács, eu formularia assim: aquilo que é próprio à teoria crítica é o método. Causa-me mal-estar a hostilidade à dialética, que acaba fazendo Marx ser tratado como cachorro morto. Não obstante tudo isso, volto para meu tempo seguro de que o moinho da teoria é lento, mas produz biscoito fino. Não trabalhamos à toa, apesar de minha tristeza por reencontrar, ampliados, os problemas que tentávamos ajudar a resolver. Contudo, há sinais de que a promessa está longe de se esgotar, encerraria ele.

Destino e promessa

A razão de uma possível embora improvável convergência entre Weber e Adorno consiste em que ambos compartilhavam uma preocupação que, no modo de cada qual, conferia densidade ao seu pensamento. E o fazia ao orientá-los para além do momento presente e para buscar meios de discernir tendências no mundo social que os desafiavam. É bem por isso que a ênfase em tudo que vimos até aqui tem como ponto nodal aquela visada de cada um deles para o futuro com sólida posição no presente.

No fundo de suas maneiras de pensar, contudo, as discrepâncias são profundas. Em Weber avulta o caráter cada vez mais inescapável do destino, identificado como plena efetivação de um encadeamento rigoroso de ações e significados. Em Adorno, por sua vez, é a promessa, como noção bem fundada e dotada de conteúdo de uma vida social em que a forma não seja engodo. Àquilo que alarma Weber como curso impossível de ser detido no avanço da racionalização, Adorno responde com a incapacidade intrínseca à razão de encontrar sua forma cabal enquanto não tiver superado seu persistente malogro em cumprir a promessa que suscita, da vida verdadeira numa sociedade livre.

Essencial na conclusão de toda a argumentação apresentada com relação a Adorno é considerar a ideia de que a resposta crítica e não linearmente positiva à separação forçada não pode ser a integração igualmente forçada, e sim algo mais difícil: a aproximação, por movimentos regrados, das coisas e, por deliberação consciente, das gentes. Pois aproximação não é mera fusão, só ganha sentido quando se preserva a integridade dos participantes, o que só pode ocorrer quando seus gestos são espontâneos e livres. No horizonte brilha a redenção como promessa redimida, o resultado material da vontade de mudar, que por sua vez remete ao tema, central em Adorno, da reconciliação – dos humanos entre si, dos humanos com o mundo, da generalidade com a particularidade. Não reconciliação como conformidade às condições do mundo e sim em registro crítico, como a agora impossível embora tenazmente procurada experiência de plenitude na boa hora, *promesse du bonheur.*

Agora estamos efetivamente muito distantes do mundo de Weber. Essa distância fica mais patente se evocarmos um tema periférico embora expressivo, o da utopia e seu oposto, a distopia. Talvez Weber até aceitasse a ideia de distopia, mas falar em utopia só lhe causaria desgosto. Isso embora ele não hesitasse em defender o direito a apreciar a utopia, desde que isso não se aplicasse à organização da sociedade presente, à ação política enfim. Weber não hesitou em defender em juízo participante destacado na tentativa revolucionária alemã em 1919, o poeta Kurt Eisler, sem todavia esconder suas reservas: "Deus, em sua ira, fez deste homem um político". Não há registro de reação de Adorno a esse episódio, até porque, aos precoces 16 anos, ele estava mais ocupado com estudar a música mais avançada de sua época.

Crítica e resignação

Considerando-se, todavia, o conjunto das respectivas obras e aquilo que se pode intuir do perfil intelectual de cada um, dificilmente se encontrará ponto em que melhor transpareça o contraste entre ambos. De um lado o realismo puro e duro, a disposição heroica para enfrentar o "semblante severo do dia", a preferência por conceitos talhados em madeira dura como o sólido e incisivo tipo ideal, junto à busca sistemática da expressão rigorosa na análise dos fenômenos sociais. Tudo isso se apresentando sob o influxo de atitude energicamente resignada, vale dizer, mantendo firme o olhar perante o impossível. Sem contudo esmorecer, a despeito de saber que no final do dia o esperado resultado conclusivo não terá sido alcançado e que a obra resultante dessa busca de conhecimento estará destinada a ficar incompleta. Daí o matiz trágico da posição weberiana. Nada de utopia, portanto, e também nada de complacência, ainda menos de ação vácua, desprovida de fundamento sólido. Resta uma certeza, a de que conhecer o rumo do destino é passo decisivo para enfrentá-lo.

Tudo diferente em Adorno, esse apreciador de rios com seus meandros mais do que estradas retilíneas. Nele o tema da utopia também comparece, em registro acessório porém, como imagem do mundo diferente do atual, que acena para sua possível realização. Não é ponto central de sua argumentação, contudo. Adorno, tanto quanto Weber, desconfia de representações imaginárias de mundos possíveis. Nisso ele se revela, no seu modo tão diferente daquele de Weber, tão realista quanto ele. Por isso mesmo nele é mais significativa a referência à distopia, até porque ela corresponde ao mundo que aí está. Entretanto, a utopia pode estar muito distante e a distopia pode estar aqui, mas esta não logra abolir aquela, e é isso que importa.

Resignação em Weber, é verdade que à sua maneira. Nada é aceitável sem mais, exceto a contragosto o destino na figura do fato consumado, do desfecho consolidado de uma série de ações. Pois no mundo de Weber tudo conspira contra o desfecho, o encerramento drástico da ação. É um mundo marcado pela instabilidade, pelo avanço contínuo nas linhas abertas pelas ações pregressas e que perde sentido quando os rumos possíveis escasseiam ou já estão previamente demarcados, pela administração racional em registro burocrático talvez. Sobretudo, porém, pela expressão emblemática do mundo moderno, a inexorável racionalização, que não é promotora ou sinal do destino e sim a própria figura que ele assume. Como um leão enjaulado Weber arremete contra as grades e sabe que são sólidas, como também sabe que não anuir a elas mesmo sem poder eliminá-las é a própria figura daquilo que antes foi designado como resignação enérgica. Pois sabe que o obstáculo não irá ceder de todo, e esse conhecimento traz a marca da resignação, enquanto a outra face desse conhecimento, nos espaços entre as grades, lhe infunde energia para converter a aceitação passiva em acicate para outras formas de ação.

Para Adorno a questão não era fazer o possível em busca do impossível e sempre estar pronto a prestar contas de suas ações, como Weber esperava da alta política. Para ele a tarefa consistia no trabalho de formiga de percorrer a rocha dura penetrando em todas as suas fendas, por minúsculas que sejam, para mostrar que o movimento a que ela resiste compactamente ainda vibra dentro dela. E vibra em pontos inesperados, a serem atentamente procurados para dar alento aos golpes diminutos porém precisos que anunciam a mudança possível, apesar de tudo – e nesta última expressão encontra-se a promessa.

Em um, o nervo crítico expresso no lema radicalmente subversivo "seguir pensando", oposto à resignação. Em outro, a ânsia por conhecer o que realmente aconteceu, temperada pela resignação diante da consciência de que o desfecho é irreparável, mesmo para o agente mais determinado, mas que, longe de ser paralisadora ela é o nervo da atenção ao limite e por essa via, da ação liberada de ilusão. O tema da ilusão está presente em ambos, como miragem a ser atravessada em um, como indício de descompassos na reprodução do complexo social e cultural a ser transformado, em outro. Oposição pura e dura? Não, e nisso consiste o caráter fascinante e ao mesmo tempo fecundo do contraste entre ambos. Pois Adorno não é insensível à dura "positividade" de Weber e vê com respeito a sua firmeza no trato com os dilemas de sua época e a sua capacidade de tratar com a mesma destreza questões de largo alcance histórico e processos com alto dinamismo condensados em fases conjunturais. Por sua vez, Weber, que não teria como conhecer Adorno e que no mínimo leria com atenção suas análises musicais, tampouco seria insensível à capacidade dele para captar nuances finas de sentido que escapariam das malhas de qualquer tipo ideal. A despeito das grandes diferenças, e talvez mesmo por efeito delas, uma indisfarçável corrente percorre esses possantes polos. Há algo de crítico na resignação de Weber e algo de resignado na crítica de Adorno. Nada, contudo, de mescla. Os contornos permanecem bem marcados. Os momentos de hesitação de um e outro não contaminam a integridade de suas posições. Como pano de fundo disso, nada poderá superar o contraste entre a posição cultural e política de cada qual nem, ainda menos, a insuperável diferença entre a posição analítica e a dialética no modo de pensar problemas e conceber respostas.

Caminhos que em um momento pareciam encontrar meios de seguir juntos, mas que não logram escapar à bifurcação do veio central. Destino que exige dignidade frente ao inexorável. Promessa que exige persistência perante o impossível. Em ambos os casos, sem ilusões e sem desânimo. Tarefas difíceis, mas que ninguém espere dessas figuras modelares que diante disso viessem a esmorecer.

Desfecho. O capitalismo sem espírito

Aludiu-se acima ao "espírito" do capitalismo. O que vem a ser, afinal, essa enigmática entidade? No contexto da obra de Weber o termo tem algo de desconcertante, alheio como é ao modo habitual do seu pensamento. Não por acaso aparece entre aspas, que sugerem distanciamento ou pelo menos desconforto em face de termo retirado de concepções discrepantes no estudo da sociedade. Concepções essas que vão desde a mais diáfana e inacessível ao exame empírico até a mais próxima de Weber, na figura de Werner Sombart, seu competidor e colega nos estudos sobre o desenvolvimento do capitalismo e inventor da expressão "espírito do capitalismo". O tema não despertaria maior cuidado caso se restringisse a uma rápida menção no título da obra sobre a ética protestante precisamente ao "espírito" do capitalismo. Pois o mais leve contato com a obra de Weber mostra como ele usa aspas com muita e talvez exagerada frequência, em geral para indicar distanciamento do uso habitual de termo ou, no mínimo, para exprimir insegurança quando pressente que caberia formulação mais precisa. (Ser constrangido a debater-se na atmosfera rarefeita de termos e conceitos insuficientes para exprimir o que lhe importa dizer é, afinal, um obstáculo para todo autor de absoluta primeira linha e por isso mesmo dificulta ainda mais do que o normal a leitura de suas obras).

A conjectura, neste ponto, é que o termo vai mais fundo do que a alusão no título daquele livro e as referências a ele no corpo do texto sugerem. De todo modo, parece insuficiente a sua associação a ideias como a de um específico estilo de vida ou de uma disposição para determinada orientação da ação como atitudes, no limite como algo incorporado à conduta na forma de uma "disposição prática" quando Aristóteles fala em "hexis", ou "habitus" na versão latina, (como, aliás, aparece no próprio Weber em outros escritos). Tais acepções vão no rumo certo, sendo insuficientes todavia para dar conteúdo preciso àquele termo. Essencial nesse contexto é que quando se insiste em usá-lo não cabe reduzir seu significado mais fundo a meros móveis de conduta, sem tornar explícito o seu específico núcleo significativo, exatamente aquilo que permita falar de "espírito", mesmo com hesitações ou reservas.

O propósito, aqui, é um tanto ousado. Trata-se de esboçar uma leitura "ultraweberiana" do tema, que busca apontar aspectos centrais numa perspectiva que recusa obediência estrita à letra de formulações do próprio Weber, com a pretensão um tanto paradoxal de assim ser mais fiel a ele. Isso é feito no sentido de buscar o significado preciso daquelas formulações quando confrontadas ao (valha o termo) espírito do empreendimento weberiano. Tal ideia faz parte daquelas que Weber não teve condições para elaborar com mais vagar, nas condições de sobrecarga intelectual em que foi levado a trabalhar. Será o caso de lembrar que esse autor de obra monumental (ou seja, de grande porte e digna de memória) morreu aos 56 anos, quando estava pronto para arrematar o que havia feito e encetar novos voos?

Qual é, então, o significado nuclear do termo "espírito" quando associado ao capitalismo em seu desenvolvimento tal como se apresentava a Weber como problema, e em sua forma contemporânea, quando a questão weberiana continua instigante embora exigindo uma releitura atenta e eventualmente devendo ser formulada de outro modo? Para discutir isso, vamos seguir caminho por um viés pelo qual podemos pôr ênfase nas condições presentes que ainda permitem falar do tema. Ao invés de recorrer diretamente a Weber, vamos num primeiro passo concentrar a atenção em formulação sintética oferecida em obra contemporânea explicitamente inspirada no tema embora não "weberiana", para depois agravar a situação ao trazer ao debate autores inteiramente alheios àquele universo. Trata-se do livro de Luc Boltanski e Ève Chiapello sobre o "novo espírito do capitalismo".

Naquele estudo os autores partem de uma acepção muito ampla desse espírito, como a "ideologia que justifica o engajamento no capitalismo". Na perspectiva de Weber o termo problemático nesse ponto é "justifica", que sugere a presença plena de algo já constituído historicamente, quando na origem o problema consiste exatamente no processo histórico da sua constituição. Isso se deve à concepção de ideologia que usam, como fica patente mais adiante, ao escreverem que "em Max Weber o 'espírito do capitalismo' remete ao conjunto de motivos éticos que, embora estranhos em sua finalidade à lógica capitalista inspiram os empresários em suas ações favoráveis à acumulação de capital". E, mais adiante, reforçam seu argumento ao sustentarem que "o espírito do capitalismo é justamente o conjunto de crenças associadas à ordem capitalista que contribuem para sustentar e justificar essa ordem, justificando os modos de ação e as disposições coerentes com ela (...) e dão respaldo à adesão a um estilo de vida em sentido favorável à ordem capitalista. Nesse caso pode-se falar em *ideologia dominante*" (com realce no original).

Motivos éticos, conjunto de crenças. Weber não fala de ideologia (embora talvez apreciasse o tratamento do tema na perspectiva "dominante"), mas os termos invocados nessas passagens não são estranhos a ele. Apresentá-los em rápida sequência envolve, contudo, problemas difíceis, a começar por aquele da relação entre motivos éticos e espírito. Um passo importante para o esclarecimento da questão é dado quando eles operam uma flexão no argumento ao proporem "separar a categoria espírito do capitalismo dos conteúdos substanciais em termos de *ethos* que estão ligadas a ela em Weber, para tratá-lo como uma forma que pode ser preenchida de maneiras diversas em diferentes momentos da evolução dos modos de organização das empresas e dos processos de obtenção de lucros capitalistas." Com isso eles inadvertidamente operam a favor da concepção propriamente weberiana do tema, precisamente quando se propõem ir além dela em perspectiva diferente. O avanço proposto por eles não é sem fundamento, todavia é insuficiente para captar e desenvolver o cerne do argumento weberiano. Aquele argumento repousa, como assinalam Boltanski e Chiapello, em considerações da ordem do conteúdo e não, como também enfatizam, em considerações da ordem da forma. E é precisamente na referência formal que eles buscam abrir caminho para a assimilação na análise de mudanças no padrão de organização capitalista de preferência a modalidades de orientação dos atores naquilo que identificam como "conteúdos substanciais em termos de *ethos*". A ideia consiste em liberar a análise da configuração contemporânea do capitalismo de duas ameaças conjugadas. Por um lado encontra-se a sua possível limitação por efeito de considerações de ordem mais propriamente conjuntural no plano da orientação da conduta. Por outro, uma visão de prazo muito largo dos processos relevantes prejudicada por referências persistentes e pouco sensíveis a mudanças no plano dos conteúdos.

Deixando-se de lado as interessantes análises que isso propicia, a atenção concentra-se aqui em argumentos no sentido de que a perspectiva weberiana original está imune a esse tipo de reparos, por uma razão principal. É que o modo como nela comparece a dimensão de conteúdo conduz a questão do "espírito" por uma via que permite superar os limites que a construção típico-ideal do momento heroico do desenvolvimento do capitalismo poderiam impor à análise da sua fase contemporânea. Desde logo isso ocorre porque a ênfase numa forma vazia pronta a ser preenchida por variados conteúdos vai no rumo oposto ao de Weber, para quem a especificação do conteúdo relevante percorre a análise do início ao término, quando ele finalmente assume sua forma característica, que se traduz num tipo. O argumento de fundo consiste aqui em sustentar que a noção de espírito do capitalismo desempenha papel central na análise weberiana das condições de desenvolvimento do capitalismo e oferece o complemento analítico essencial para liberá-la da restrição à fase "heroica" daquele processo ou então de uma atomização da análise na tipificação de modalidades conjunturais de orientação das condutas de atores específicos. Para ver melhor isso seguiremos mais uma vez um percurso indireto, que nos fará passar por autores e concepções inteiramente alheias às de Weber.

Uma concepção instigante dos temas que nos interessam é oferecida pelo filósofo Ernst Cassirer em seu livro sobre a filosofia da Ilustração. Ao tratar de Montesquieu ele observa que nesse pensador se encontra o núcleo daquele conceito que mais tarde Weber denominaria (sem atribuir a si) tipo ideal. Montesquieu compôs uma teoria dos tipos de formas de governo, escreve Cassirer. Entretanto, o que mais diretamente interessa aqui é o modo como ele trata do nosso problema, relativo ao tema do espírito, ao lembrar que esse termo não se refere a uma condição difusa em alguma circunstância nem muito menos a alguma entidade, e sim a algo de importância máxima quando retomado no contexto weberiano. É que a referência nesse ponto é mais propriamente a um padrão, mais precisamente a um *princípio reitor* (o termo não é de Cassirer) de uma determinada configuração de ações sociais e das instituições correspondentes. Em termos que se tornariam usuais em Weber, o que está em jogo é uma "lógica" na forma de encadeamentos ordenados com feitio próprio. Nesses termos, Cassirer vai mais longe naquilo que aqui nos importa do que sugerir a afinidade entre a construção da obra de Montesquieu e o recurso analítico que mais tarde seria denominado tipo ideal. O passo decisivo consiste nisso, em conceber o espírito (das leis, no caso) com referência a um princípio que confere uma lógica específica a determinada configuração social mediante sua identificação com um tema no qual o próprio princípio ganha corpo, como na "honra" aristocrática.

Não basta, pois, propor a afinidade entre calvinismo e capitalismo nos termos como Weber faz em sua obra pioneira, ao associar significados de índole "ética" religiosa ao correspondente "espírito" econômico sem em seguida, apesar das indicações já presentes nele, enfrentar a questão da diferença entre uma ética e um princípio. Admitamos que uma "ética" envolve um modo continuado e sistemático da orientação da conduta por um conjunto de agentes, enquanto "espírito" denota uma específica relação ao conteúdo significativo que anima essa ética, ao formar aquilo que aqui é denominado seu princípio reitor. A assimetria entre essas duas modalidades de orientação da ação é mais da ordem do método do que substantiva, figurando a ética como o lado ativo do princípio. Trata-se então de ver como aquela relação entre a orientação da ação religiosa e a da ação econômica se condensa num princípio que lhe confere consistência e continuidade ao colocar em seu núcleo uma específica forma de conduta. É assim que o espírito se apresenta como princípio reitor do complexo significativo, aquilo que confere sentido ao conjunto. E o faz de modo peculiar, na sua condição de unidade temática significativa, que no nosso caso se exprime, como veremos adiante, na ideia de *Beruf*, que se traduz ora por vocação ora por profissão.

Falar, pois, em "lógica" envolve a referência a um processo que confere unidade e consistência a um conjunto de termos seja qual for a sua natureza, enquanto falar em "princípio" é aludir à forma por ela assumida quando se condensa em um termo. E tal lógica faz mais do que isso: torna impositiva tal ordenação. Isso permite retomar em nosso contexto a referência que Boltanski e Chiapello fazem à ideologia ao falarem do espírito do capitalismo. Não, contudo, como motivação ou justificativa, nem tampouco naquilo que diz respeito às noções e representações sociais envolvidas, e sim pelo seu específico modo de operar.

Neste ponto cabe seguir indicação de autor que está praticamente nas antípodas de Weber, o marxista puro e duro Louis Althusser (que por sinal tem muito de interessante a dizer sobre Montesquieu), quando atribui à ideologia a capacidade de *interpelar* os sujeitos, ou mais exatamente aqueles que ela constitui como tais. A interpelação de que fala Althusser pode ser entendida como a forma mais drástica de orientação mediante chamamento (este ponto é central) e imposição. Pois é precisamente isso que o espírito do capitalismo faz com os agentes, seus portadores, antes de quaisquer incentivos ou justificativas. E o faz numa configuração significativa que se ajusta sem resto à índole impositiva da orientação dos agentes em relação à conduta central na ordem capitalista, o trabalho remunerado, ao envolver a ideia de chamamento, de vocação. E isso através de um termo que, na melhor tradição germânica, aponta simultaneamente para lados diferentes e que acabam se revelando complementares e inseparáveis – e, diga-se de passagem, envolve intrincados problemas de tradução, que acabam conduzindo a soluções canhestras como a adotada aqui, de invocar diretamente a sua versão original. Trata-se da mencionada ideia de *Beruf*, em que a concepção de matriz religiosa de *vocação* se combina com a concepção secular de *profissão* como ocupação sistemática em área específica de trabalho. (Atente-se, de passagem, para o eventual deslize significativo entre vocação e profissão.)

Neste ponto desenha-se o cerne da argumentação aqui desenvolvida. A saber, que é na referência cruzada à ação religiosa e à ação econômica inscrita no termo

Beruf, como vocação mediante empenho atento ao mérito extramundano e como profissão mediante esforço inspirado no merecido resultado intramundano, que iremos encontrar aquilo que a costumeira referência à relação entre os tipos de ação na religião e na economia não capta inteiramente. O problema é de caráter substantivo e não apenas formal. É que um ponto central do presente argumento consiste em sustentar que no próprio interior da conjunção significativa entre vocação e profissão repete-se em outro nível uma assimetria fundamental. É algo análogo ao que anteriormente havia conduzido à dispensa da âncora religiosa e à expansão do lado econômico da conexão que havia marcado a fase heroica do desenvolvimento do capitalismo, liberando toda a energia para a lógica intrínseca da acumulação. Se na primeira fase a dimensão religiosa perde alento e a econômica avança, isso sem dúvida envolve a dispensa de uma orientação que, de suporte à ação propriamente econômica que era, se convertera em entrave.

A ruptura da íntima conexão significativa entre orientação religiosa e conduta econômica não conduz, todavia, a algo como a autonomia plena da orientação econômica da ação nem muito menos à liberação do agente. Um segundo e decisivo passo será dado mais adiante no interior do próprio campo econômico, mediante a emergência em posição nuclear de uma nova configuração. Apresenta-se essa como centrada precisamente na ligação a uma nova figura histórica do remanescente significativo da configuração anterior, dado pela vocação como inclinação íntima. Trata-se do motivo emergente da dedicação sistemática no âmbito produtivo nos termos da *profissão*. A conjugação de ambas se dá no complexo do *Beruf*. É precisamente nele que se encontra o novo núcleo significativo, já não o da fase de constituição do capitalismo e sim na sua consolidação naquilo que Weber veria como um destino histórico.

O ponto essencial é que a ocupação da posição central por aquela ideia eminentemente prática marcada pela translação da vocação para a profissão não deixa solta a ação econômica, antes lhe impõe limite de novo tipo e com uma consequência da maior importância. É que agora não temos uma espécie de substrato religioso calibrando a ação econômica e sim uma articulação mais compacta entre vocação e profissão. E é nessa articulação que se encontra aquilo que aqui nos importa identificar, que é precisamente o espírito do capitalismo em sua expressão mais plena. O tema do *Beruf* ocupa posição eminente no capitalismo moderno até o período contemporâneo, na sua dissolução (e nisto consiste o problema) por precisamente essa razão. É possível detectar um traço de tensão na relação entre religião e economia no período heroico. Mas isso se reconfigura quando o elo significativo entre religião e economia perde alento. Isso, contudo, sem deixar a orientação da ação econômica solta, na medida em que os termos da relação persistem no âmbito da vocação e da profissão, conquanto atenuados. É isso que permite a emergência de um legítimo *espírito do capitalismo*, apto a servir como princípio ordenador das relações no campo econômico. Um tanto paradoxalmente é então que efetivamente se articulam a dimensão ética e o espírito, como Weber havia buscado desde sua análise do período heroico. A questão passa então a ser a do vigor e da persistência desse enlace entre vocação e profissão como *Beruf*. E já se pode adiantar que esse peculiar enlace significativo não tem como se manter diante do avanço da dimensão econômica mediante o passo complementar à dispensa da orientação vocacional e posterior exaustão da dimensão profissional.

O desenvolvimento do capitalismo no século XX demonstrou como depois desse passo só há um caminho, aquele da rota exclusiva para o capitalismo estritamente econômico. Peculiar ao capitalismo moderno é a radicalidade do seu caráter aquisitivo nos termos de Weber, da expansão crescente dos retornos dos investimentos e da riqueza mobilizável na geração de retornos ampliados. Pois bem, uma vez atingido esse ponto, perde substância a presença de andaimes históricos, seja na figura de consonâncias de modalidades da orientação da ação ou então na constituição de um princípio reitor das formas de ação como aquele espírito em que se possam associar a capacidade de organização das condutas ao estímulo significativo ao seu exercício. Passa então a orientação capitalista da ação a ocupar soberana o núcleo dinâmico das formas de associação. Nessa perspectiva oferecida pela etapa mais recente do capitalismo e superados tanto o acicate calvinista quanto o conforto espiritual do *Beruf*, Weber e Adorno começam a percorrer rotas que sugerem uma problemática convergência mais à frente. E o responsável pela operação nesses trilhos, para usar a imagem de Weber, observa ao longe e é nada menos do que Marx. O exame disso, entretanto, exigiria não poucas digressões adicionais. Por exemplo, cumpriria examinar a instigante análise que Michael Löwy faz do tema benjaminiano do "capitalismo como religião" e seu exame da obra weberiana sob o mote da "jaula de aço".

A consideração do modo como a perspectiva weberiana traz contribuição da maior importância nesse campo de problemas passa pelo estabelecimento de um paralelo entre duas reconstruções do análogo a uma obsolesciência histórica, em que uma modalidade de orientação da ação perde alento e abandona o curso dos eventos. A primeira é inteiramente manifesta no estudo weberiano e seu importante papel histórico é fortemente realçado. Trata-se da circunstância na qual o arrimo religioso se revela dispensável para a continuidade do desenvolvimento do complexo social do capitalismo moderno. O segundo caso de perda de substância de componente central daquele processo não ocupa lugar no mesmo relevo que o anterior e sempre corre o risco de não ser considerado na medida de sua importância. É ele, contudo, que sustenta um pilar fundamental na compreensão da passagem para a fase contemporânea da sociedade de economia capitalista. Trata-se, novamente, de um caso daquilo que talvez se pudesse denominar deriva histórica, quando um componente central em uma configuração vê sendo diluídos os nexos significativos que lhe conferiam a sua índole específica. No caso, o componente em questão é precisamente o tema do *Beruf*, que nos vem ocupando aqui.

O desenlace

Nas turbulentas águas do último século, a vocação e a profissão, antes entrelaçadas, vão perdendo fôlego e uma nova conformação da ordem capitalista vai emergindo, com a ação economicamente orientada assumindo solitária a posição dominante, com forma e alcance ainda difíceis de discernir. O que desde logo é manifesto é que a dispensa da âncora religiosa, ao concentrar todas as formas racionais de controle na economia a deixa em condições de também dispensar quaisquer limites que não aqueles intrínsecos à racionalidade capitalista orientada para o êxito contábil na forma do lucro. Nisso está envolvida uma dispensa mais grave do ponto de vista da orientação da ação. Pois não é este ou aquele componente do complexo maior que está sujeito à dispensa, mas é o próprio cerne da sua organização no cenário histórico moderno, a ideia de *Beruf*.

Digressão 5 – O paradoxo da racionalidade

Ao longo da exposição emergem tanto a força como o limite do empreendimento weberiano. A força reside na capacidade de captar num olhar atento para os grandes traços e para os delicados elos entre eles a índole particular de grandes formas de orientação da ação e revelar as bases significativas de relações para demonstrar a relevância dessas associações de traços, dessas afinidades, para processos em grande escala como o do desenvolvimento do capitalismo moderno. O limite está dado por aquilo que na teoria weberiana da ação se poderia designar como o *paradoxo da racionalidade* e, mais especificamente, da racionalização. É que, ao impor estrita coerência e consistência aos processos de ação, a orientação racional não só vai suprimindo instâncias intermediárias no desenrolar dos processos como vai tornando inequivocamente imperativas determinadas sequências de eventos ou atos, ao ponto de empurrar para posição secundária o próprio agente. Em instigante analogia ao tema marxista do caráter automático que vai assumindo a valorização como reiteração intrínseca ao valor, a ação racionalizada vai também se automatizando à sua maneira, numa forma perversa de autonomia. E é nessa variação de modos que se encontra o núcleo das afinidades teóricas, com todas as suas consequências práticas, entre essas duas figuras cimeiras do pensamento social moderno.

O tema da dispensa histórica de uma consonância significativa central dada pela afinidade entre o sentido da ação calvinista e sua correspondente capitalista encontra sua figura seguinte, talvez inevitável dada a sua inspiração racional, naquilo que para Weber não era segredo senão fonte de perturbação. O destino da época que se abria aos seus olhos consistia em nada menos do que a perda do princípio significativo que encontrava expressão na transfiguração decisiva das duas faces da relação originária da forma moderna do capitalismo, o fugidio mérito da graça divina e o puro e duro mérito do êxito mundano. Elas não desaparecem, nem ocorre a subordinação de uma à outra. Dá-se o mais fatídico, quando elas se entrelaçam e com isso abrem o caminho para serem dispensadas ambas, junto com a figura que permitia nomear aquela amálgama menos do que síntese, a vocação-profissão, o *Beruf*.

É indubitável o interesse de Weber nesse tema, que poderia suscitar o mais adequado prolongamento às análises contidas na obra sobre a ética protestante e o espírito do capitalismo. O problema, no entanto, encontra-se no descompasso entre a atenção ao tema e seu tratamento propriamente analítico, que não encontra expressão cabal nos contextos em que se poderia esperá-los. O que se encontra com grande vigor é sua expressão naquilo que se poderia designar como "retórica" mais do que "análise", em textos que apontam para as tendências substantivas que entrevia nas sociedades com perfil capitalista contemporâneas. É nos momentos em que deixava escapar sua angústia com essas tendências, mais em falas e escritos de caráter público e não submetidas à severa vigilância sobre o fazer ciência (a *Wissenschaft*, termo que literalmente designa um fazer antes de uma instituição) que

Weber deixa claras as questões e posições que seguramente se empenharia em submeter à análise metódica.

Essa circunstância ocorre justamente no final da sua vida, naquele que seria o seu último pronunciamento público. Proferida em 1919, com a Alemanha a cujo poderio político ele sempre havia dedicado atenção prioritária envolta nas consequências da derrota militar e convulsionada pela emergência de posições políticas radicais (com lideranças à esquerda como Rosa Luxemburgo, que Weber detestava, e Karl Liebknecht, assassinados ambos por milícias da extrema direita em ascensão), essa conferência perante estudantes expõe o núcleo de seu pensamento, político até a medula. Ao ser publicada a palestra recebeu o título "política como vocação" ou, numa versão também registrada, "a vocação para a política". Em ambos os casos, todavia, na formulação do tema a ideia de vocação se sobrepõe à de profissão, mesmo quando ele claramente está discutindo a profissão de político. Nesse ponto as traduções tendem a subestimar o alcance das novas condições de combinação dos temas da vocação e da profissão, que precisamente definem nosso problema aqui. Isso fica manifesto quando se considera a orientação de suas reflexões no momento em que se dirige àqueles que poderiam gerar o que mais o preocupava, novas lideranças políticas burguesas na reconstrução nacional. Mais do que em qualquer outro momento, era o futuro que estava em jogo e não a reconstrução do passado ou o diagnóstico do presente. É verdade que isso se dá no seu melhor estilo, em que passado e presente se condensam na indicação de tendências futuras.

É bem possível que nessa intervenção quase ocasional se encontre em grau máximo o alcance do pensamento weberiano até para além das amarras da "Wissenschaft", da ciência metodicamente disciplinada, que entretanto definem a sua base. No que concerne às nossas preocupações aqui importa salientar como nesse texto diretamente dirigido à questão do *Beruf*, da vocação e profissão, ambas elas se apresentam conjugadas com potência máxima, embora não explicitamente centrais no argumento. À primeira vista a argumentação é conduzida de modo direto, linear mesmo. Primeiro, enumeram-se as qualidades básicas para o exercício da política (pois é isso que está em jogo, para além do mero conhecimento), na tríade formada por paixão, senso de responsabilidade e discernimento (na acepção mais aguda, de "golpe de vista", Augenmass), para em seguida discutirem-se questões fundamentais da dimensão ética do mundo. Tudo isso ainda se refere ao lado da "vocação", para em seguida caminhar para uma severa exposição da conduta e da organização política efetivas, já no lado da "profissão" e, na transição entre um tema e outro, alçar voo em considerações sobre as tendências do mundo nas circunstâncias dadas.

Seria difícil esperar um equilíbrio formal das partes, quando o tema maior dizia respeito de modo mais direto ao exercício da profissão. Uma leitura mais apressada poderia sugerir que primeiro se apresentam algumas exigências normativas seguidas por considerações abstratas sobre o cenário normativo do mundo, para finalmente se chegar ao que importa, o mundo do político profissional. Uma segunda vista de olhos, todavia, sugere algo que só uma análise mais exigente do texto permitiria demonstrar de modo inequívoco. A saber, que nele se exercita exatamente uma reflexão, no melhor estilo intransigente de Weber, daquilo de que falamos a respeito da conjugação entre vocação e profissão. Isso com toda a tensão envolvida, para desembocar, não diretamente em rigorosas considerações de ordem científica, porém em análises que as tomam como base para prosseguir na busca de entender o mundo que se ia desenhando em tempos difíceis.

O essencial nisso tudo é que naquela fala de Weber se encontra condensado ainda que não tematizado o destino da conjugação entre vocação e profissão, expressa no termo que dá o título para a conferência, *Beruf.* Para ele essa conjugação era fundamental na constituição da figura que almejava ver cultivada no cenário moderno, a do político profissional como operador qualificado do poder inspirado na ética da responsabilidade. Todavia, suas observações mais incisivas sobre o modo como se organizava a política em nações representativas como os Estados Unidos, que vira de perto, junto com a disjunção que já apontara em outros momentos entre a democracia política e o capitalismo econômico apontavam para tendências que já iam no sentido da desagregação daquela conjugação entre vocação e profissão que se observaria no futuro. Weber não seria tomado de surpresa pelas formas de organização da política e do trabalho que suas análises já vislumbravam nas primeiras décadas do século XX e seguramente não se surpreenderia com um mundo de perfil "neoliberal", bem afastado do liberalismo de perfil mais clássico que dava fundamento à sua posição teórica e prática no enfrentamento do "semblante severo do dia".

A conclusão como problema

Tudo indica que, se adotarmos a perspectiva weberiana, teremos que enfrentar a questão de que o rumo histórico percorrido pelo capitalismo vem deixando sulcos cada vez mais profundos e que o problema que se impõe é o de como conhecer e enfrentar aquilo que no presente contexto é o *capitalismo sem espírito,* a ação econômica aquisitiva sem mais nos termos de Weber, ou *sans phrase* como poderia completar em seus termos Marx. Independente do exame substantivo dessa ordem de questões, uma conclusão de caráter mais particular se apresenta. No presente desfecho de um conjunto de considerações iniciadas com referência estrita a Max Weber, vai-se revelando pouco a pouco o "espírito" fundante das considerações que se encontram na versão original deste livro. Tudo indica que é hora de lembrar quanto o empenho intelectual inspirador do presente volume sobre Max Weber desde o início (na realidade, por fecundação mútua) trazia consigo em segundo plano a possibilidade, indireta embora, de uma interlocução tensa com as propostas da Teoria Crítica da Sociedade, em especial as de Theodor W. Adorno.

O que se manifesta de mais significativo e em certa medida perturbador na presente obra é aquilo que acaba vindo à tona na figura de um dos grandes temas de Adorno, precisamente um que seria inteiramente estranho a Weber, o da *reconciliação,* a aproximação das diferenças como diferenças. Seremos levados a concluir que na explicitação de suas divergências ambos os modos de pensar revelam-se mais próximos do que poderíamos suspeitar na entrada? Que crítica e resignação se entrecruzam nesses autores como se formassem, em sua tensa conjugação, algo como o *espírito* de uma vertente de grande peso no pensamento social do século XX até hoje?

NOTA BIOGRÁFICA[1]

Nascido em setembro de 1938 em uma família de alemães judeus imigrantes, Gabriel Cohn viveu sua infância em área rural do Vale do Paraíba. Na cidade de São Paulo, terminou sua formação no ensino médio e ingressou, em 1960, no curso de Ciências Sociais da então Faculdade de Ciências e Letras da Universidade de São Paulo. Na instituição, realizou não apenas sua formação em todos os seus estágios, como sua carreira docente, iniciada em 1964. A vivência no tempo da consolidação da chamada Escola Paulista de Sociologia e o aprendizado com mestres como Florestan Fernandes e Octavio Ianni, em momento crítico e desafiador da realidade brasileira, ofereceram fundamentos amplos e preciosos à sua trajetória acadêmica e científica. Em busca de temas, problemas e interesses de pesquisa, vale apontar sinteticamente para os seguintes trabalhos desenvolvidos.

1. DIAS, Marcia Tosta. Gabriel Cohn. In: LIMA, J. C.; BOMENY, H. (Orgs.). SBS Memória. Retratos. Sociólogos e sociólogas brasileiras. 1ª ed. Florianópolis: Editora Tribo da Ilha, 2021, v. 1, p. 381-391.

A dissertação de mestrado A política do petróleo no Brasil (1920-1954), defendida em 1967 e publicada com o título de Petróleo e Nacionalismo ([1968]-2017), foi elaborada quando Cohn já havia ingressado na carreira docente e integrava o corpo de pesquisadores do CESIT – Centro de Sociologia Industrial e do Trabalho, liderado por Florestan Fernandes e Fernando Henrique Cardoso. Como parte desse grande projeto de estudo das peculiaridades do desenvolvimento no país, o estudo revelou as origens, agentes e principais dinâmicas das iniciativas estatais para a política do petróleo, iluminando objeto até então pouco analisado e que veio, logo a seguir, a ocupar lugar de destaque na realidade brasileira.

Em Sociologia da Comunicação. Teoria e ideologia ([1973] -2014), livro originado na tese de doutorado Cultura e comunicação de massa (1971), mantém a atitude de enfrentamento de um problema daquele momento – emergência e consolidação dos meios de comunicação de massa – ampliando sua perspectiva de análise que passa a contemplar, então de maneira decisiva, o trabalho com a teoria social. A investigação originada de sugestão recebida de Octavio Ianni, seu grande mestre, revelou fina pesquisa em bibliografia notadamente estrangeira, com destaque para aquela de língua alemã. Nesse trajeto, consolida-se a aproximação do autor com os teóricos da Teoria Crítica da Sociedade, sobretudo com a obra de Theodor Adorno, autores que registravam naquela altura sua primeira recepção no Brasil. Tais atividades de Gabriel na área de Sociologia da Comunicação abriram também espaço inédito no âmbito da pós-graduação em Sociologia a um conjunto de trabalhos, por ele orientados, com foco no jornalismo, publicidade, música gravada e música popular.

Do trabalho com a bibliografia sobre sociologia da comunicação surge outro tipo de contribuição do sociólogo que se expande para outras áreas: a de organizador/editor/tradutor de coletâneas temáticas ou autorais que marcaram época. Os volumes se constituíam, em geral, de textos inéditos em português que chegavam ao leitor brasileiro acompanhados de ensaios escritos por Cohn, que informaram, em grande medida, a recepção inicial e o debate de tais ideias entre nós. São eles: Comunicação e indústria cultural (1971), Sociologia – para ler os clássicos (1977), e os volumes com textos de Max Weber (1979) e de Theodor Adorno (1986) da coleção Grandes Cientistas Sociais, lançados pela Editora Ática.

O caminho estava bem sedimentado para a produção de sua grande obra, concebida como tese de livre-docência (1977) e publicada com o título de Crítica e resignação. Fundamentos da sociologia de Max Weber ([1979]-2003). O estudo tem sido considerado como um dos mais sofisticados exemplares da teoria sociológica brasileira. O modo como a pesquisa busca as recônditas razões do objeto, a arguta análise que se expressa em escrita clara mesmo na mais intricada matéria, se consolidam como elemento distintivo da produção teórica de Cohn. Importante também notar a presença da inspiração em preceitos metodológicos de teóricos da Teoria Crítica notadamente T. Adorno, quando propõe e realiza a análise imanente da sociologia weberiana, especialmente de sua teoria da ação social.

Em 1987, transferiu-se do Departamento de Sociologia para o de Ciência Política, ampliando sua pauta de temas e referências que passou a incluir, de maneira mais sistemática, autores como Habermas, Arendt e Rawls, para citar alguns. Por outro lado, deu sequência à publicação de ensaios sobre teoria sociológica com foco em

Luhmann, Simmel, Wright Mills sem, no entanto, desviar sua atenção de Weber, Adorno e Adorno e Horkheimer. Tem publicado artigos em jornais como Folha de S. Paulo, onde trabalhou no período da graduação, O Estado de São Paulo, Valor Econômico, dentre outros. De 1991 a 2003, foi editor da Lua Nova. Revista de Cultura e Política, publicada pelo CEDEC – Centro de Estudos de Cultura Contemporânea. Seus editoriais eram uma atração à parte.

Em termos do exercício institucional e de gestão, presidiu as seguintes entidades: Associação dos Sociólogos do Estado de São Paulo (1983-1985), Sociedade Brasileira de Sociologia (1985-1987) e Associação de Pós Graduação em Ciências Sociais (2005-2006); de 2006 a 2008 foi diretor da Faculdade de Filosofia, Letras e Ciências Pelo conjunto de sua contribuição recebeu, em 2011, o título de Professor emérito da mesma FFLCH e o de Pesquisador emérito do Conselho Nacional de Desenvolvimento Científico e Tecnológico – CNPq; em 2018, foi a vez do Prêmio de Excelência Acadêmica em Sociologia, conferido pela Associação Nacional de Pós-Graduação em Ciências Sociais – Anpocs. Aposentou-se em 2008.

Em 2016, Gabriel Cohn publica o primeiro volume de Weber, Frankfurt. Teoria e pensamento social, conjunto de ensaios entre inéditos e já publicados em diferentes momentos de sua trajetória. O "complexo temático" do livro abrange a tríade civilização, cultura, ideologia, presente em problemas e autores direta ou indiretamente atuantes na intrincada trama que envolve Weber, Frankfurt. Em 2020 publica "Weber, Adorno e o curso do mundo", em que o diálogo-confronto entre os dois autores alcança complexidade e sofisticação ímpares. Em seu conjunto, suas obras reinventam o compromisso, proposto por Adorno e sempre reiterado sobre a importância de seguir pensando, resistir e continuar pensando.

Sugestões de obras do autor:

COHN, Gabriel. *Petróleo e nacionalismo*. São Paulo, Editora da UNIFESP, 2017, 2a. Edição, 1968.
COHN, Gabriel.(Org.) *Comunicação e indústria cultural*. São Paulo, Companhia Editora Nacional, 1971.
COHN, Gabriel. *Sociologia da comunicação*. Teoria e ideologia. Petrópolis, Editora Vozes, 2014, 2a. Edição, 1973.
COHN, Gabriel. (Org.) *Sociologia* – para ler os clássicos. Rio de Janeiro, Azougue Editorial, 2005, 2a. Edição, 1977.
COHN, Gabriel. *Crítica e resignação*. Fundamentos da sociologia de Max Weber. São Paulo, Editora Martins Fontes, 2003, 2a. Edição, 1979.
COHN, Gabriel.(Org.) *Max Weber*. São Paulo, Editora Ática, Coleção Grandes Cientistas Sociais, 1979.
COHN, Gabriel.(Org.) *Theodor W. Adorno*. São Paulo, Editora Ática, Coleção Grandes Cientistas Sociais, 1986.
COHN, Gabriel. Weber, Frankfurt. *Teoria e pensamento social*. Rio de Janeiro, Azougue Editorial, 2016.
COHN, Gabriel. Weber, Adorno e o curso do mundo. *Sociologia e Antropologia*. Rio de Janeiro, v. 10, n. 02: 395-422, Maio – Agosto de 2020.

Sobre o autor:

AVRITZER, Leonardo. *Leituras críticas sobre Gabriel Cohn*. Belo Horizonte, Editora da UFMG. São Paulo, Editora Fundação Perseu Abramo, 2013. Coleção Intelectuais do Brasil.
BASTOS, Elide, R., ABRUCIO, Fernando, LOUREIRO, Maria R., REGO, José M. *"Gabriel Cohn"*. Conversas com sociólogos brasileiros. São Paulo, editora 34, 2006.
BRITO, Leonardo O. B. Gabriel Cohn e a Escola Paulista de Sociologia. *Sociologia e Antropologia*. Rio de Janeiro, v. 10, n. 02: 467-492, Maio – Agosto de 2020.
COHN, Gabriel. *Gabriel Cohn* (depoimento, 2013). Rio de Janeiro, CPDOC/Fundação Getulio Vargas (FGV), (2h 39min).

Musse, Ricardo, & Klein, Stefan (2018). Um olhar sobre a teoria crítica no Brasil: entrevista com Gabriel Cohn. *Tempo Social*, 30(3), 289-300.

DIAS, Marcia Tosta. Gabriel Cohn. In: LIMA, J. C.; BOMENY, H. (Orgs.). SBS Memória. *Retratos. Sociólogos e sociólogas brasileiras*. 1. ed. Florianópolis: Editora Tribo da Ilha, 2021, v. 1, p. 381-391.

PESSANHA, Elina. Tempo, movimento e teoria social: Gabriel Cohn, um voo solo a partir de São Paulo. *Sociologia e Antropologia*. Rio de Janeiro, v. 10, n. 02: 377-391, Maio – Agosto de 2020.

TORRE. Bruna D. "Abra-te Sésamo": A teoria crítica de Gabriel Cohn. *Sociologia e Antropologia*. Rio de Janeiro, v. 10, n. 02: 449-465, Maio – Agosto de 2020.

WAIZBORT, Leopoldo (org.) [1998] *A ousadia crítica.* Ensaios para Gabriel Cohn. Rio de Janeiro, Beco do Azougue, 2008.

Marcia Tosta Dias (Unifesp)

BIBLIOGRAFIA

ADORNO, Theodor W. (1964). *Versuch über Wagner*, Droemer Knaur, Munique/Zurique.

____. (1975). *Negative Dialektik*, Suhrkamp Verlag, Frankfurt am Main.

ARATO, Andrew (1974). "The New-Idealist Defense of subjectivity". *Telos*, n.º 21.

ARENDT, Hannah (1960). *The Origins of Totalitarianism*, Meridian Books, Nova York.

ARON, Raymond (1964). *La philosophie critique de l'histoire – Essai sur une théorie allemande de l'histoire*, Librairie Philosophique J. Vrin, Paris, 3.ª ed.

ASHCRAFT, Richard (1971). "Marx and Weber on Liberalism as Bourgeois Ideology", *Comparative Studies on Society and History*, n.º 1. Também em Gabriel Cohn (org.), *Sociologia: para ler os clássicos*, LTC, Rio, 1977, pp. 186-239.

BAUMGARTEN, Eduard (org.), (1964). *Max Weber – Werk und Person*, J. C. B. Mohr (Paul Siebeck), Tübingen.

BENDIX, Reinhard (1962). *Max Weber – an intellectual portrait*, Doubleday/Anchor Books, Nova Jersey.

____. "Max Weber et la sociologie contemporaine", *Revue Internationale des Sciences Sociales*, XVII, n.º 1.

BENJAMIN, Walter (1965). "Schicksal und Charakter", *in Zur*

Kritik der Gewalt und andere Aufsätze, Suhrkamp Verlag, Frankfurt am Main, pp. 66-77.

____. *Oeuvres choisies*. Tradução de M. de Gandillac, Julliard, Paris, 1959, pp. 47-56.

BLAU, Peter (1963). "Critical Remarks on Weber's Theory of Authority", *The American Political Science Review*, LVII, n.º 3.

BLUMER, Herbert (1962). "Society as Symbolic Interaction", *in* Arnold Rose (org.), *Human Behavior and Social Processes*, Routledge & Kegan Paul, Londres.

BORMANN, Klaus v. (1973). "Die Zweideutigheit der Hermeneutischen Erfahrung", *in* Karl-Otto Apel *et al.*, *Hermeneutik und Ideologiekritik*, Suhrkamp, Frankfurt am Main, pp. 83-119.

BOURDIEU, Pierre (1974). "Uma interpretação da sociologia da religião de Max Weber", *in A economia das trocas simbólicas*, seleção e introdução de Sérgio Micelli, Perspectiva, São Paulo.

BRUBAKER, Rogers (1984). *The Limits of Rationality*. Allen & Unwin, Londres.

BUKHARIN, Nicolai (1967). *L'economie politique du rentier – Critique de l'economie marginaliste*, EDI/CNRS, Paris.

BURGER, Peter (1976). *Max Weber's Theory of Concept Formation – History, Laws, and Ideal Types*, Duke University Press, Durham, Carolina do Norte.

BURKE, Kenneth (1957). *Counter-Statement*, The University of Chicago Press (Phoenix Books), 2.ª ed.

CARVALHO FRANCO, Maria Sylvia (1972). "Sobre o conceito de tradição", *Cadernos CERU*, volume especial sobre a XXIII Reunião da SBPC, n.º 5.

CASSIRER, Ernst (1955). *The Philosophy of Enlightenment*, Beacon Press, Boston. [*A filosofia do iluminismo*. Trad. de Álvaro Cabral, Ed. Unicamp, 1997.]

____ (1962). *An Essay on Man*, Yale University Press, New Haven.

____ (1972). *Las ciencias de la cultura*, FCE, México.

COSER, Lewis A. (1965). "The Stranger in the Academy", *in* Lewis A. Coser (org.), *Georg Simmel*, Prentice-Hall, Nova Jersey, pp. 29-39.

____ (1965a). "Introduction", *in* Lewis A. Coser (org.), *Georg Simmel*, pp. 1-26.

DAHRENDORF, Ralf (1968). "Homo Sociologicus – on the History, Significance and Limits of the Category of Social Role", *Essays in the Theory of Society*, Routledge & Kegan Paul, Londres, pp. 19-87.

____ (1969). *Society and Democracy in Germany*, Anchor Books, Doubleday, Garden City, Nova York.

DANTO, Arthur (1964). "Nietzsche", *in* D. J. O'Connor (org.), *A Critical History of Western Philosophy*, Free Press/Macmillan, Nova York.

DELEUZE, Gilles (1973). *Nietzsche et la philosophie*, PUF, Paris, 4.ª ed.

DILTHEY, Wilhelm (1956). *Introducción a las ciencias del espiritu – Ensayo de una fundamentación del estudio de la sociedad y de la historia*, tradução de Julián Marias, Revista de Occidente, Madri.

____ (1964). *Gesammelte Schriften*, V Band, *Die Geistige Welt – Abhandlungen zur Grundlegung der Geisteswissenschaften*, B. G. Teubner, Stuttgart/Vandenhoeck & Ruprecht, Göttingen, 4.ª ed.

____ (1968). *Gesammelte Schriften*, VII Band, *Der Aufbau der Geschichtlichen Welt in den Geisteswissenschaften*, B. G. Teubner, Stuttgart/Vandenhoeck Ruprecht, Göttingen, 5.ª ed. Tradução para o inglês de trechos selecionados em H. P. Rickman (org.), *Wilhelm Dilthey, Pattern and Meaning in History – Thoughts on History and Society*, Harper Torchbooks, Harper & Row, Nova York, 1962.

FERNANDES, Florestan (1959). *Fundamentos empíricos da explicação sociológica*. Nacional, São Paulo.

FINK, Eugen (1973). *Nietzsches Philophie*, Kolhammer – Urban Taschenbücher, 3.ª ed., revista.

FLEISCHMANN, Eugène (1964). "De Weber à Nietzsche", *Archives européenes de sociologie*, IV, 2. Também em Gabriel Cohn (org.), *Sociologia: para ler os clássicos*, LTC, Rio, 1977.

____ (1964a). *La philosophie politique de Hegel*, Paris, Plon.

FREUD, Sigmund (1972). *Über Träume und Traumdeutung*, Fischer Taschenbüch Verlag, Frankfurt am Main.

GADAMER, Hans-Georg (1973). "Rhetorik, Hermeneutik und Ideologiekritik, Metakritische Erörterunge zu 'Warheit und Methode'", *in* Karl-Otto Apel *et al.*, *Hermeneutik und Ideologiekritik*, Suhrkamp, Frankfurt am Main, pp. 57-82.

____ (1973a). "Replik", *in* Karl-Otto Apel *et al.*, *Hermeneutik und Ideologiekritik*, Suhrkamp, Frankfurt am Main, pp. 57-82.

GEHLEN, Arnold (1957). *Die Seele in Technischen Zeitalter – Sozialpsychologische Probleme in der Industriellen Gesellschaft*, Rowolt, Hamburgo.

GIDDENS, Anthony (1972). *Capitalism and Modern Social Theory*, Heinemann, Londres.

GLOCKNER, Hermann (1968). *Die Europäische Philosophie von den Anfängen bis zur Gegenwart*, Reclam, Stuttgart, 3.ª ed.

GOFFMAN, Erving (1959). *The Presentation of Self in Everyday Life*, Doubleday (Anchor Books), Garden City, Nova York.

____ (1961). *Encounters – Two Studies in the Sociology of Interaction*, Bobbs-Merril, Indianápolis.

GREGORY, James (1963). "Herder's Treatment of Causation and Continuity in History", *Journal of the History of Ideas*, XXIV, n.º 2.

HABERMAS, Jürgen (1970). *Zur Logik der Sozialwissenschaften*, Suhrkamp, Frankfurt am Main.

____ (1971). *Erkenntniss und Interesse*. Suhrkamp, Frankfurt am Main. Tradução para o inglês, *Knowledge and Human Interests*, Beacon Press, Boston.

____ (1972). "Theorie der Gesellschaft oder Socialtechnologie? Eine Ausernaudersetzung mit Miklas Luhman", *in* Jürgen Habermas/Niklas Luhman, *Theorie der Gesellschaft oder Socialtechnologie*, Suhrkamp, Frankfurt am Main, pp. 142-290.

____ (1973). "Zu Nietzsches Erkenntnisstheorie", *in Kultur und Kritik*, Suhrkamp, Frankfurt am Main.

HALEVY, Elie (1966). *The Growth of Philosophic Radicalism*, Beacon Press, Boston.

HAMEROW, Theodore S. (1966). *Restoration, Revolution, Reaction – Economics and Politics in Germany, 1815-1871*, Princeton University Press.

HAYEK, Friedrich von (1953). *Scientisme et sciences sociales*, Plon, Paris.

HEGEL, G. W. F. (1952). *Phänomenologie des Geistes*, org. J. Hoffmeister, F. Meiner, Hamburg, 6.ª ed.

HELLER, Erich (1961). "Rilke and Nietzsche", *in The Disinherited Mind*, Penguin Books.

HIRANO, Sedi (1975). *Castas, estamentos e classes sociais – Introdução ao pensamento de Marx e Weber*. Alfa-Ômega, São Paulo, 2.ª ed.

HOLANDA, Sergio Buarque de (1979). "Introdução", em: S. B. de Holanda (org.) *Ranke*. São Paulo, Ática, 1979: 7-62.

HONIGSHEIN, Paul (1968). *On Max Weber*, Free Press/SSRB, Nova York/Michigan.

HUGHES, H. Stuart (1967). *Coscienza e societá – Storia delle Idee in Europa del 1890 al 1930*, Einaudi, Torino, 3.ª ed. (trad. de *Consciousness and Society*, Knopf, Nova York, 1958).

JAMESON, Fredric (1974). "The Vanishing Mediator: Narrative Structure in Max Weber", *Working Papers in Cultural Studies*, n.º 5, pp. 111-49.

JONAS, Friedrich (1969). *Geschichte der Soziologie*, Rohwolt, Hamburgo, vol. IV.

KAUFMANN, Walter (1956). *Nietzsche – Philosopher, Psychologist, Antichrist*, Meridian Books, Nova York.

KEYNES, John Maynard (1956). *Essays and Sketches in Biography*, Meridian Books, Nova York.

LACROIX, Bernard e B. Londerer (1972). "Durkheim, Sismondi et les Socialistes de la Chaire". *L'Année Sociologique*, XXIII, 1972: 159-174.

LANDMANN, Michael (1968). Introdução a Georg Simmel, *Das Individuelle Gesetz*, Suhrkamp, Frankfurt am Main, pp. 7-29.

LOEWITH, Karl (1970). "Weber's Interpretation of the Bourgeois-Capitalistic World in Terms of the Guiding Principle of 'Rationalization'", *in* Dennis Wrong (org.), *Max Weber*,

Prentice-Hall, New Jersey. Também em Marialice M. Foracchi e José de Souza Martins (orgs.), *Sociologia e sociedade*, LTC, Rio, 1977.

LOWELL, Jerry (1973). "Weber et Goldmann", *Archives Européennes de Sociologie*, XIV, n.º 2.

LUHMAN, Niklas (1972). "Moderne Systemtheorien als Form Gesamtgesellschaftlicher Analyse", *in* Jürgen Habermas/Niklas Luhman, *Theorie der Gesellschaft oder Sozialtechnologie*, Suhrkamp, Frankfurt am Main, pp. 7-24.

____ (1972). "Sinn als Grundbegriff der Soziologie", *in* Jürgen Habermas/Niklas Louhman, *Theorie der Gesellschaft oder Sozialtechnologie*, SuhrKamp, Frankfurt am Main, pp. 25-100.

LUKÁCS, Georg (1959). *El asalto a la razón*, Fondo de Cultura Económica, México.

____ (1960). *Historie et conscience de classe*, Des Éditions de Minuit, Paris.

____ (1963). *The Historical Novel*, Beacon Press, Boston.

____ (1967). *Faust und Faustus*, Rohwolt, Hamburgo.

____ (1968). "Marx y Weber: Reflexiones sobre la decadencia de la ideología", *in* Irving Louis Horowitz (org.), *Historia y elementos de la sociología del conocimiento*, EUDEBA, Buenos Aires, 2.ª ed., t. I, pp. 49-55.

MANN, Thomas (1977). "Ironie und Radikalismus", *in Essays, II, Politik*, Fischer Taschenbüch Verlag, Frankfurt am Main, pp. 241-58.

MANNHEIM, Karl (1959). "Conservative Thought", *Essays on Sociology and Social Psychology*, Routledge & Kegan Paul, Londres, pp. 74-164.

MARCUSE, Herbert (1971). "Industrialization and Capitalism", *in* O. Stammer (org.), *Max Weber and Sociology Today*, Harper Torchbooks. Também na *Revue Internationale des Sciences Sociales*, XVII, n.º 1.

MEINECKE, Friedrich (1919). *Weltbürgertum und Nationalstaat – Studien zur Genesis des Deutschen Nationalstaates*, R. Oldenbourg, Munique e Berlim, 5.ª ed. revista.

MENGER, Karl (1963). *Problems of Economics and Sociology*, editado com introdução de Louis Schneider; traduzido por

Francis J. Nock, University of Illinois Press, Urbana (tradução de K. Menger, *Untersuchungen über der Methode der Sozialwissenschaften und der Politschen Oekonomie inbesondere,* 1883).
MERTON, Robert K. (1957). "*Social Theory and Social Structure.* The Free Press, Glencor.
MITZMANN, Arthur (1971). *The Iron Cage – an Historical Interpretation of Max Weber,* Grosset & Dunlap, Nova York.
MOMMSEN, Wilhelm (1949). *Grösse und Versagen des Deutschen Bürgertums – Ein Beitrag zur Geschichte der Jahre 1848-1849,* Deutsche Verlags-Anstalt, Stuttgart.
MOMMSEN, Wolfgang J. (1964). *Max Weber und die Deutsche Politik – 1890-1920,* J. C. B. Mohr (Paul Siebeck), Tübingen, 2ª ed., revista e ampliada.
____ (1965). "La sociologie politique de Max Weber et sa philosophie de l'histoire universelle", *Revue Internationale des Sciences Sociales,* XVII, nº 1.
____ (1974). *Max Weber und die Deutsche Politik – 1890-1920,* J. C. B. Mohr, Tübingen.
MYRDAL, Gunnar (1963). *Aspectos políticos da teoria econômica,* Zahar, Rio.
NIETZSCHE, Friedrich (1969). *Umwertung aller Werte* – aus dem Nachlass herausgegeben von Friedrich Würzbach, DTV, Munique, vol. 2.
____ (1974). *Obras incompletas,* seleção e notas de Gérard Lebrun e tradução de Rubens Rodrigues Torres Filho, Coleção "Os Pensadores", Abril Cultural, São Paulo, vol. XXXII.
PARSONS, Talcott (1964). *The Structure of Social Action,* Free Press/Macmillan, Nova York (brochura).
____ (1964). *The Social System,* Free Press, Nova York.
____ (1971). "Value-freedom and Objectivity", *in* O. Stammer (org.), *Max Weber and Sociology Today,* Harper Torchbooks.
PLESSNER, Helmuth (1974). *Die Verspätete Nation – Uber die Politische Verfürbarkeit Burgerlichen Geistes,* Suhrkamp Verlag, Frankfurt am Main (edição original, 1935).
POULANTZAS, Nicos (1974). *Les classes sociales dans le capitalisme aujourd'hui,* Éd. Seuil, Paris.

RAMMSTEDT, Otthein (1969). "Georg Simmel: Logik – Eine Kollegmitschrift von G. Salomon – Delatour", *Soziale Welt*, 20, n.º 2, pp. 221-37.

RICKERT, Heinrich (1943). *Ciencia cultural y ciencia natural*, Espasa-Calpe Argentina, Buenos Aires.

____ (1961). *Introducción a los problemas de la filosofía de la historia*, Editorial Nova, Buenos Aires.

RICOEUR, Paul (1977). *Interpretação e ideologias*, organização e tradução de Hilton Japiassu, Francisco Alves, Rio de Janeiro.

RINGER, Fritz K. (2000). *O declínio dos mandarins alemães*, Edusp, São Paulo.

ROLL, Eric (1959). *Historia de las doctrinas económicas*, FCE, México.

ROTH, Guenther (1968). Introdução para a edição norte-americana de *Economia e sociedade* (*Economy and Society*, Bedminster Press, Totowa, Nova Jersey).

____ "History and Sociology in the Work of Max Weber", *British Journal of Sociology*, XXVII, pp. 303-13.

RUNCIMAN, W. G. (1968). *A Critique of Max Weber's Methodology of Social Science*, Cambridge University Press.

SABINE, George (1973). *A History of Political Theory*, Dryden Press, Illinois, 4.ª ed., revista e ampliada por Thomas L. Thorson.

SCHUTZ, Allfred (1968). "Elaboración de los objetos mentales en el pensamiento de sentido común", *in* Irving L. Horowitz (org.), *Historia y elementos de la sociología del conocimiento*, EUDEBA, Buenos Aires, vol. 1, pp. 98-115.

____ (1972). *The Phenomenology of Social Life*, Heinemann, Londres.

SIMMEL, Georg (1955). *Conflict and the Web of Group-Affiliations*, The Free Press, Glencoe, Illinois.

____ (1964). *The Sociology of Georg Simmel*, traduzido, editado e com introdução de Kurt H. Wolff, Free Press/Macmillan, Nova York (brochura).

____ (1968). *Das Individuelle Gesetz – Philosophische Exkurse*, Suhrkamp, Frankfurt am Main.

STARK, Werner (1961). *Historia de la economía en su relación con el desarrollo social*, FCE, México.

STERN, Henri (1971). "Réligion et societé selon Max Weber", *Revue Internationale des Sciences Sociales*, X, n.º 4.

TAUBES, Jacob (1969). "Kultur und Ideologie", *in* Th. W. Adorno (org.), *Spätkapitalismus oder Industriegesellschaft?* F. Enke Verlag, Stuttgart.

TENNBRUCK, Friedrich H. (1958). "Georg Simmel", *in Kölner Zeitschrift für Soziologie und Sozialpsychologie*, 10, n.º 4, pp. 587-614.

____ (1959). "Die Genesis der Methodologie Max Webers", *Kölner Zeitschrift für Soziologie*, XI, n.º 4.

____ (1965). "Formal Sociology", *in* Lewis A. Coser (org.), *Georg Simmel*, Prentice-Hall, Nova Jersey, pp. 29-39.

TRAGTENBERG, Maurício (1974). *Burocracia e ideologia*, Ática, São Paulo.

TURNER, Bryan (1977). "The Structuralist Critique of Weber's Sociology", *British Journal of Sociology*, XXVIII: I-16.

VON FERBER, Christian (1959). "Der Werturteilstreit 1909-1959", *Kölner Zeitschrift für Soziologie*, XI, n.º 1.

WEBER, Max (1972). *Wirtschaft und Gesellschaft*, J. C. B. Mohr (Paul Siebeck), Tübingen, 5.ª ed., revista.

____ (1972a). *Gesammelte Aufsätze zur Religionssoziologie*, J. C. B. Mohr (Paul Siebeck), Tübingen, 6.ª ed., vol. I.

____ (1973). *Gesammelte Aufsätze zur Wissenschaftlehre*, J. C. B. Mohr (Paul Siebeck), Tübingen, 4.ª ed. Tradução para o francês de trechos selecionados em Max Weber, *Essais sur la théorie de la science*, Plon, Paris, 1965, tradução e introdução de Julien Freund.

WINCH, Peter (1967). *The Idea of a Social Science*, Routledge & Kegan Paul, Londres.

WINDELBAND, Wilhelm (1949). *Preludios filosóficos*, Santiago Rueda, Buenos Aires.

____ (1970). "Geschichte und Naturwissenschaft", *in* H. G. Gadamer (org.), *Philosophisches Lesebuch 3*, Fischer Verlag, Frankfurt am Main, pp. 219-34.

WOLFF, Kurt H. (1964). "Introduction", *The Sociology of Georg Simmel,* traduzido, editado e com introdução de Kurt H. Wolff, Free Press/Macmillan, Nova York.

WRIGHT MILLS, Charles (1962). *A imaginação sociológica,* Zahar, Rio.

Neste trabalho os textos de Max Weber são sempre citados nas edições originais. Entre os utilizados com maior frequência, os seguintes têm tradução brasileira disponível:

A ética protestante e o espírito do capitalismo, tradução de M. Irene de Q. F. Szmrecsànyi e Tamás I. M. K. Szmrecsànyi, Pioneira, São Paulo, 1967.

"A psicologia social das religiões mundiais", "Rejeições religiosas do mundo e suas direções", "Política como vocação" e "Ciência como vocação", *in* Max Weber, *Ensaios de sociologia,* volume organizado por Hans Gerth e C. Wright Mills, tradução de Waltensir Dutra, com revisão técnica de Fernando Henrique Cardoso, Zahar, Rio, 2.ª ed., 1971.

"A objetividade nas ciências sociais", *in* Gabriel Cohn (org.), *Max Weber,* Coleção "Grandes Cientistas Sociais", direção de Florestan Fernandes, Ática, São Paulo, 1979.

ÍNDICE ONOMÁSTICO

GRÁFICA PAYM
Tel. [11] 4392-3344
paym@graficapaym.com.br